地权的转移与保障

——田园诗后的生活

梧桐雨 著

南方出版传媒
花城出版社
中国·广州

图书在版编目（CIP）数据

地权的转移与保障：田园诗后的生活 / 梧桐雨著. -- 广州：花城出版社，2022.1
ISBN 978-7-5360-9580-9

Ⅰ. ①地… Ⅱ. ①梧… Ⅲ. ①农民－土地所有权－研究－中国 Ⅳ. ①F321.1

中国版本图书馆CIP数据核字(2021)第247381号

出 版 人：肖延兵
策划编辑：张 懿
责任编辑：林 菁
技术编辑：薛伟民 林佳莹
封面设计：庄海萌

书　　名	地权的转移与保障：田园诗后的生活 DIQUAN DE ZHUANYI YU BAOZHANG TIANYUANSHI HOU DE SHENGHUO
出版发行	花城出版社 （广州市环市东路水荫路 11 号）
经　　销	全国新华书店
印　　刷	佛山市浩文彩色印刷有限公司 （广东省佛山市南海区狮山科技工业园 A 区）
开　　本	880 毫米 ×1230 毫米　32 开
印　　张	12.25　1 插页
字　　数	260,000 字
版　　次	2022 年 1 月第 1 版　2022 年 1 月第 1 次印刷
定　　价	69.80 元

如发现印装质量问题，请直接与印刷厂联系调换。
购书热线：020-37604658　37602954
花城出版社网站：http://www.fcph.com.cn

目录

第一章
隐士们的理想生活　　1

第一节　田园诗后的生活真的那么美好吗　　3
第二节　自然主义者设想的田园生活　　15
第三节　土地权利演变史有共通性　　28

第二章
中国土地权利变迁简史　　35

第一节　井田制与土地公有制　　36
第二节　秦汉的土地私有化　　41
第三节　唐朝的均田制和两税法　　50
第四节　宋朝的"不抑兼并"政策　　66
第五节　明清的一条鞭法与摊丁入亩　　83
第六节　党的土地政策演变　　95

第三章
国外土地变迁简史   **115**

第一节　苏俄范式：从农奴制到集体农庄　117
第二节　英国的庄园制和圈地运动　128
第三节　罗马帝国的土地制度　137
第四节　美国的土地利用模式　152
第五节　以色列的集体农庄　161

第四章
土地政策制定与社会状况变迁   **167**

第一节　人口结构变迁与群众居住需求　171
第二节　产业结构调整与就业职业问题　181
第三节　涉及农村土地社会矛盾易发多发　197
第四节　完善农村土地流转制度的政策建议　208

第五章
土地财产权利的重要性   **215**

第一节　思想启蒙、公地悲剧与科斯定律　217
第二节　对完善农村土地产权的期盼　236
第三节　土地开发权与征地拆迁　252

第四节　住宅土地使用权70年后怎么办　　270
　　第五节　城乡一体化发展的基础　　279

第六章
完善基层社会治理是地权的保障　　287

　　第一节　土地违法典型案例的背后　　288
　　第二节　基本公共服务均等化与社会保障　　301
　　第三节　参政权、协商民主与财产保护　　306

第七章
改革财税体制是走出土地财政的必由之路　　323

　　第一节　土地财政的现状与风险　　325
　　第二节　房产税到底怎么征　　338
　　第三节　继承权与遗产税　　361
　　第四节　阳光财政与债务控制　　370

序言

《管子》云："地者，一方物之本源，诸生之根菀也。"

土地，既是资源，又是资本，但首先是资源。本书尝试融汇古今，比较中西，从历史出发，总结概括出土地管理的客观规律。选择中国土地制度变迁的重要时间节点、典型国家（地区）的土地制度发展模式，以法学上的财产权利保护作为理论基础，以有关政治哲学为补充分析，指出持久保障农民土地权利、妥善改革财税制度可以促进我国稳妥健康地推进城镇化之路，实现城乡一体化发展。

本书不讲高深晦涩的政治哲学、法学理论，只是力求把笔者近年来在学习、工作中涉及地权的所思所想表达出来，分享给社会，希望能起到抛砖引玉的效果。本书论证的方式是力图用简明、通俗的笔触，在严肃学术研究基础上适当地生动、形象些，确保逻辑清晰，确保科学性、思想性与可读性相得益彰。

笔者通过自身二十多年的细心观察、切身体会，从社会基层了解掌握他们的真实想法和利益诉求，而不是在书斋里想当然地设想。本书的优势，是笔者以多重视角观察分析公共问题，不仅以普通市民、农民的身份思考、体会，还从党和政府的角度观察企业、公众和政府自身的所思所为。

二是通过田野调查、问卷调查、文献检索获取大量珍贵的数据、资料，并进行缜密分析。当然，档案并不意味就是真实历史，也不能代替严密考证与分析。无论是发达的东部城市还是欠发达的内陆山区县，我们都去过，一住就是两个月以上，而且用"放大镜或探照灯"仔细考察过。

以中国幅员之辽阔，我们总有没有去过的地方，本书主要选取我较为熟悉的成长地安徽和工作地广东两省的典型案例和代表性现象进行分析。幸运的是，前者正是中国农村改革的先驱者，小岗村就在那里大放异彩，能够代表中部地区；后者是我国改革开放和经济改革的桥头堡，能够代表沿海发达省份。它们的代表性是不言而喻的。当然，我们也适当兼顾了全国其他省份、城市的土地使用情况，以点带面，贯穿主线，力图能够看得懂中国的整体面貌。

三是从中国的纵向比较分析、国家之间的横向比较分析。历史可以启迪未来，他山之石可以攻玉。对历史的评述，本书不仅要把事件放在当时的历史环境中去考察，同时也运用现代社会被普遍接受的价值观去分析比较，尽量给出客观的、经得起考验的结论。

本书的主要内容，并没有全面去讨论农村、农民和农业问题，中央的政策会越来越完善的；而是专门从土地的角度去解析农村面临的问题，并给出解决之道，算是政策上的意见建议。

我们先从隐士的所谓理想生活入手——不同的土地，有相同的期盼，进而揭示他们悠闲隐士生活背后的真实辛酸生活。没有土地管理等公共基础、公共服务设施的完善配套，田园诗后的生活都是神话。

然后，简介中国土地制度简史，力求使读者对我国土地制度演变史有一个清晰的历史脉络。从井田制与土地公有制，秦汉的土地私有化——商鞅变法，唐朝的均田制和两税法，宋朝的"不抑兼并"政策，明清的一条鞭法与摊丁入亩等等。我党凭借马列主义指导，联系中国实际，始终不忘土地革命，争取到了大多数农民的支持，最后取得革命战争阶段的胜利。讨论了为什么"平均地权"的思想成了我国长期的历史价值追求之话题。

接着，谈了国外土地权利变迁简史，对我国土地制度完善有一定借鉴意义。选取的国家主要是苏俄、英国、罗马帝国、美国和以色列，这些国家土地制度都各有特色，有的是集体农庄耕作，有的是庄园制生产，有的是大机械化生产。

接下来，阐明了土地政策制定与社会状况变迁关系问题。因为当前涉及土地问题社会矛盾易发多发，信访举报问题涉及农村土地纠纷占比太高，引出土地权益分配要科学合理，要靠法治防止土地问题恶化。

然后，论证了土地财产权利和基层社会治理问题。解析了财产权、征地权，讨论了社会普遍关心的土地（房产）使用期限、政经分离、农用地规模经营等土地衍生问题。

最后，就如何破除土地财政，如何征收房地产税，提出了本书解决方案及相关配套制度设计。

关于本书的写作缘由，也来解说几句。

"版籍、田粮，政事之大。"[1]我国历代王朝都重视土地管理、粮食生产等"本""农"的问题，只不过取得的治理效果差别较大。

近年来，随着中央惠农、富农政策的持续实施，曾经连续十多年中央一号文件都是以三农问题为主题，社会主义新农村建设、乡村振兴战略、农村脱贫攻坚工作取得了长足进步，农村的面貌焕然一新。但是，一些涉及土地的纠纷问题甚至犯罪时有发生，值得我们去深思。在工作实际中，我们也时常面对人民群众这方面的大量诉求。

"'鲤鱼跳农门'曾是当初拼命读书的激励，如今，跳出来的和留守的，殊荣同归，只有距离远近和眼界高低……为何要写下这篇文章？实际上，留在城市，可以充耳不闻，躲进小楼。可是作为法科学生，还是忍不住要疾呼，还是忍不住心痛，我姑且称之为一种源自骨子里的使命感！"[2]

这是一位法学博士在数次回到贵州农村老家后得到的感慨。他批判了家乡面临的问题和落后面貌，充满一个知识分子深深的焦虑。贵州不能代表全国，我国很多地方的农村还是欣欣向荣的，特

---

[1] 《大明会典》卷九《授职到任须知》，明太祖朱元璋给赴任地方官的训话。

[2] 西原秋：《农村从来就没有过诗情画意 只有干不完的农活》，载于《凤凰国际智库》。

别是2020年底随着贵州最后一个贫困县摘帽，全国如期完成脱贫攻坚任务，全面建成了小康社会。引用此段内容只是希望能引发我们的思考。

"与三十年前的前辈相比，我们中间的很多青年人接受了比较系统的学术训练，拥有了很多知识和很高端的文凭，可以建立很精巧的经济学模型，也可以讲很多不错的田野故事，但却缺乏对这个伟大变革时代的清醒认识，缺乏对当下中国社会矛盾（特别是土地领域中的社会矛盾）的全面了解。"[1]青年学者程雪阳说得好。

是的，改革是需要勇气和魄力的，幸运的是，我们并不缺乏改革的思路和措施，很多东西思想界和社会大众早已形成共识；我们只需要以壮士断腕的魄力，打破既得利益固化的藩篱。2019年新修订的《土地管理法》允许集体经营性建设用地入市、允许进城落户的农村村民自愿有偿退出宅基地等内容，都是有益的突破、明显的进步。

党中央要求我们好好研究土地流转、土地使用权到期后续期的法律安排等问题，推动形成全社会对公民财产长久受保护的良好和稳定预期。2012年12月，习近平总书记在中央经济工作会议上的讲话中指出，把解决好"三农"问题作为全党工作重中之重，是我们党执政兴国的重要经验，必须长期坚持、毫不动摇。总书记又在多个场合强调，农村改革不论怎么改，都不能把农村集体所有制改垮

---

[1] 程雪阳：《地权的秘密——土地改革深度观察》，上海三联书店，2015年11月版，第217页。

了、把耕地改少了、把粮食生产能力改弱了、把农民利益损害了。这些底线必须坚守，决不能犯颠覆性错误。[1]

近年来对市县的巡视巡察工作表明：涉及农村土地房产管理方面的投诉问题远远多于城镇的。这说明相对于城镇土地管理，在具体制度层面农村还有不少需要改进的地方。你也许会发现或多或少的问题，但神州这块土地是值得你深爱的。

"天下兴亡，匹夫有责"，我们要积极建言献策。这些是我克服种种困难，下定决心写这本书的重要原因。当然，本人的阅历、知识有限，书中难免有错漏之处，还望读者和专家批评指正，以期以后更加完善。

本书在写作过程得到了同乡、同事、同学和朋友们的热情帮助，他们无私地提供了一些插图和难能可贵的改进意见，这里表示诚挚的感谢！

2021年1月，于广州荔湖湖畔。

---

[1] 中共中央党史和文献研究院编：《习近平关于"三农"工作论述摘编》，北京：中央文献出版社，2019年4月版，第25页。

第一章　隐士们的理想生活
——不同的土地，相同的期盼

本章内容提要：

- 田园诗后的生活真的那么美好吗
- 陶渊明的归隐与桃花源
- 晋代土地、赋税情况
- 梭罗的田园生活
- 美国的土地扩张与奴隶制
- 土地权利演变史有共同性
- 土地权利保障强度等级表

地权的转移与保障
——田园诗后的生活

陶渊明和梭罗,一个中国东晋的大诗人,一个美国19世纪的文学家、哲学家。他们国籍不同,所处的时代也完全不同,似乎不可能有任何交集的。但是仔细深究,他们的思想却能穿越时空,有诸多相近的地方,这一点值得玩味,发人深思。中国历史上不乏所谓的"盛世",罗马帝国、大英帝国也称霸过全球,但从历史的长河看,人类摆脱贫困之路是漫长的、曲折的。

诚然,有所谓的黄金时代,像在古希腊和罗马时代,在中国的北宋,以及只有一小部分人享受舒适生活的其他时期和地方,而且其中一小部分人有时克服了低微的生活水平。但是,这样改善的时期从未持久。[1]

所以,人类不分民族都有对美好生活向往的权利,但是你并不是生活在真空里,没有政府做好水电路网气等公共基础设施,以及医疗教育等公共服务,这一切都会成为空中楼阁。而土地政策,又是其他公共政策的基础性制度。

---

[1] [美]加里·M.沃尔顿、休·罗考夫著,王珏总译校:《美国经济史》,北京:中国人民大学出版社,第10版,第16页。

第一节　田园诗后的生活真的那么美好吗

伯夷、叔齐不吃周粟饿死首阳山的故事，长期以来被文人墨客津津乐道，他们被视为"有骨气"的精神代表。这两人可是一个国家的王子啊，位于辽宁省境内的孤竹国。他们忠于商朝，周武王伐纣成功后，逃亡首阳山，坚决不吃周朝发放的粮食。在山野里风餐露宿，采薇而食，最后终于饿死了，令人唏嘘。看来，在山野里隐居没那么容易的。

图1-1：后人建造的陶渊明归来亭，位于江西九江　摄影：作者

地权的转移与保障
——田园诗后的生活

陶渊明是我国田园诗的开创者，直接影响了后世唐朝王维、孟浩然的创作思想，宋代苏东坡也非常推崇他的诗歌，追和了109首；欧阳修、王安石高度评价陶诗。他的作品还被翻译成多国文字，文化影响力早已跨国国界、走向世界了。

这样一位伟大的诗人却在41岁正值中年时即归隐田园。不过，如果他不这么做，就不会开拓田园诗这片文学处女地，我们反而读不到这些优秀作品了。

陶渊明归隐田园的动机

这个动机可以概括为两个方面：

一方面，认为在主观意愿上，自己本性是热爱自然的。他说："少无适俗韵，性本爱丘山。误落尘网中，一去三十年。羁鸟恋旧林，池鱼思故渊。开荒南野际，守拙归园田。……久在樊笼里，复得返自然。"这篇课文，我们中学时都学过。

另一方面，认为在客观环境上，他不能同官场同流合污。官场充满狡诈、虚伪、黑暗，政治迫害盛行；市井也充满了喧嚣，自己对"樊笼里"的生活很厌倦，不愿同污浊的社会随大流，还是去过宁静、恬淡、闲适的生活比较好。

比如，他在《感士不遇赋》序言中写道："自真风告逝，大伪斯兴，闾阎懈廉退之节，市朝驱易进之心。怀正志道之士，或潜玉于当年；洁己清操之人，或没世以徒勤。"也就是说，自从淳朴之风消失，于是虚伪之风盛行，廉洁谦让的操守在民间渐被淡忘，追逐高官厚禄的侥幸之心在官场上日益泛滥。一些胸怀正直、立志治世之士，正当壮年而隐居不仕；一些洁身自好、节操清廉之人，却徒劳终身。这不是很可悲吗？正直的人还有什么出路呢？！

渊明又有诗云："周生述孔业，祖谢响然臻；道丧向千载，今朝复斯闻；马队非讲肆，校书亦已勤。"就是说，周生传授孔子业，祖谢响应遂紧跟。儒道衰微近千载，如今于此又听闻。马厩岂能作讲舍，你们校书太辛勤。对周续之三人讨好刺史檀韶的谄媚行为进行了辛辣的讽刺。

图1-2：陶渊明纪念馆一景　摄影：作者

归隐后的陶渊明

一开始，他感觉是一种解脱，满怀兴奋，对未来的生活充满憧憬。尤其是"采菊东篱下，悠然见南山"一句成为千古名句，清末民初国学大师王国维认为已经达到"无我之境也"。

他又在《时运》中写道:"山涤余霭,宇暧微霄。有风自南,翼彼新苗。"看到南风吹动着新长出的庄稼,心中有一种劳动成果的欣喜吧。开始时,他从事劳动生产的热情还是挺高的。《归园田居·其三》云:"种豆南山下,草盛豆苗稀。晨兴理荒秽,带月荷锄归。道狭草木长,夕露沾我衣。衣沾不足惜,但使愿无违。"豆子长势不佳,自己锄草一直忙到晚上才回家,路难走,露水打湿了衣服,这些都没关系。他在《诸人共游周家墓柏下》中感慨:"今日天气佳,清吹与鸣弹。感彼柏下人,安得不为欢?"此诗写了同几位友人共游周家墓柏下的情景,充满了乐观情绪。

图1-3:后人画的陶渊明隐居图　摄影:作者

陶渊明所过的实际生活

不幸的是,事与愿违。

陶渊明所处的时代,大背景是三国两晋南北朝,这一大时代的特点就是处在所谓"分久必合,合久必分"的国家大分裂时期,军阀混战，民不聊生，百姓经常流离失所。仅作者所在的浔阳地区（现江西九江），就在元兴三年和义熙六年先后发生政府军和叛乱者的大战，土地荒芜，农业生产遭到巨大破坏。当战乱、疾病、饥荒接踵而来时，他渐渐认识到生活的不易、农业生产的艰辛。

他在《饮酒二十首》之十六里写道："竟抱固穷节，饥寒饱所更。敝庐交悲风，荒草没前庭。披褐守长夜，晨鸡不肯鸣。"指出，现在自己年龄大了，但学业停滞事业无成。自己抱着君子安于清贫的思想隐居田园，历尽饥寒之苦。悲风袭击破屋，前庭长满荒草。因为饥寒不能入睡，所以披衣起来，坐等天明。偏偏晨鸡不肯报晓，夜显得更长。这是刚隐居时就遇到的尴尬情况。

陶渊明54岁时，写了一首诗简单回顾自己的遭遇，这首诗叫《怨诗楚调示庞主簿邓治中》。诗中写道："……炎火屡焚如，螟蜮恣中田。风雨纵横至，收敛不盈廛。夏日长抱饥，寒夜无被眠。造夕思鸡鸣，及晨愿乌迁。在己何怨天，离忧凄目前。吁嗟身后名，于我若浮烟。……"就是说，种庄稼靠天吃饭，但是天灾屡降，气候无常，先是干旱，害虫滋生；后来又狂风暴雨，铺天盖地，庄稼收不了一把，从而夏天挨饿，冬天受冻，自己的生活已经完全陷入绝境。

还有《归园田居》其四："徘徊丘垄间，依依昔人居。井灶有遗处，桑竹残朽株。借问采薪者，此人皆焉如。薪者向我言，死没无复途。"最后，他62岁时竟然需要乞讨接济生活了。"饥来驱我去，不知竟何之。行行至斯里，叩门拙言辞。主人解余意，遗赠岂虚来？谈谐终日夕，觞至辄倾杯。……"（《乞食》）

8 | 地权的转移与保障
——田园诗后的生活

这些诗不仅写了自己的穷困和农村的凋敝，也充分反映了当时农业农村和农民的境况，读来让人感叹不已，表达了作者对统治阶级的怨恨和不满。通过此诗可以清楚地看到战乱和自然灾害中农村的面貌。

陶渊明毕竟是一位伟大的诗人。他的诗作充满了坦诚，他的处世之道也充满了人性的光辉。我国现代启蒙思想家、文学家、哲学家胡适在回忆自己的家教时就常常提到渊明。他说朱子在《小学》里记录的一件事是：渊明做县令时，曾给儿子送去一个长工，还附带一封信"此亦人子也，可善遇之"。这句话使胡适30年来不敢轻用一句暴戾的辞气对待那帮他做事的人。[1]

图1-4：位于陶渊明故居附近的现代菜园。生活不是在别处，生活还是要继续。摄影：作者

---

[1] 胡适：《领袖人才的来源》，载于《独立评论》第12号，1932年8月7日。

糟糕的晋代土地、赋役形态

西晋的土地制度是"占田制",即政府规定每个平民占用土地的最高限额,男子70亩,女子30亩。不管你圈占是否足额,都是按最高定额纳税。但是,门阀士族和品官拥有政治特权,占用广大土地却不用纳税,税负又转嫁到普通农民头上。

"从一品官到九品官还可以占有佃客,多者十五户,少者一户,这些佃客免除国家赋役,只给其主人种田、纳租、服役。"[1]社会贫富差距扩大,大家族占有土地等大量财富。比如,喜欢斗富的巨富石崇有"水碓三十余区,苍头八百余人,他珍宝、货贿、田宅称是。"(《晋书·石崇传》)。这样,农民的实际负担比曹魏时期高出了一倍。

到了东晋南朝,曾短暂地实施过按田亩数征税的比例税额制,但遭到地主反对后被废。晋太元年间,实行按口税米制,就是人头税,所有人都得收租。通过这些野蛮制度,农民被残酷剥削、压榨。

占山法颁布后,等于承认了私人占有国有山泽的合法性,严重破坏了秦汉以来的山海湖泽归国家或皇家管理的传统,地主、品官们疯狂掀起占领山地沼泽的活动。后来虽有所禁止,但没能挡住门阀地主的贪欲大门。

据历史记载,南朝齐宗室大臣萧子良"封山泽数百里,禁民樵采"。实际上就是只许州官放火,不许百姓点灯。

---

[1] 齐涛主编:《中国古代经济史》,济南:山东大学出版社,2011年8月第2版,第167页。

图1-5：徽州山水——翡翠谷一瞥　摄影：作者

山水诗人的鼻祖谢灵运的劣行，和他的前辈陶渊明的高洁品性相比真是天壤之别。

《宋书·谢灵运传》这样描述他："（谢灵运）性豪奢，车服鲜丽，衣裳器多，多改旧制。……奴僮既众，义故门生数百，凿山浚湖，功役不已。"祖上留下了大量财产还不满足，到处开山建房，围湖造田，据为己有。

更糟糕的是，其行为被正直的地方官上报后，还受到皇帝的袒护，难怪他在《山居赋》里扬扬自得，尽情夸耀自己的良田美宅和大庄园了。他虽然回始宁（今浙江绍兴）隐居两次，但时间都比较短，很快复出，算不上真正的隐士。比如，他在名诗《登池上楼》里说："进德智所拙，退耕力不任。徇禄反穷海，卧疴对空林。"

就是说，自己追求仕途顺利，修德圆满，却智慧拙劣；退隐耕田，却又无法胜任。为了追求俸禄，来到这偏远的海边做官，兼又卧病在床，面对着光秃秃的树林。世人不能光对此诗名句"池塘生春草，园柳变鸣禽"生动形象的意境啧啧称赞，还要看看谢灵运整体的精神境界，这样也许对他认识得更深刻、全面些。

东晋还有一个特有的土地管理制度叫"土断"。原来，五胡乱华、永嘉之乱后，北方汉民族不堪被歧视、被压迫，纷纷南迁，人数达到总人口的八分之一。这些北方人进入南方后，官方就将他们编入临时户籍，称为"白籍"；而原地居民就叫作"黄籍"。问题是，黄籍人要缴税，白籍人不用缴或者根本就不入籍，这是官府不愿看到的。所以，从公元454年（孝建元年）开始，政府开始整合户籍，统一征税，就叫"土断"，东晋南朝总共搞了八次。

据刘义庆在《世说新语·尤悔》中记载，东晋的简文帝司马昱甚至连稻子和杂草都分不清，虽然他还有些羞耻心，悔恨自己天天靠稻谷活命却不认识稻子。但这样的统治者，你能指望他出台什么好的农业和土地政策呢？

官府对敢于私自窝藏、收留北方流入侨民不入户逃避赋税、徭役的行为，打击起来是毫不手软的。据《晋书·武帝纪中》记载，余姚的大家族虞亮因为藏匿了一千多逃亡的人，被公开诛杀，没有尽到属地监管责任的会稽地方官司马休之也被免职了。经过这样的铁腕治理，土断还是成效显著的。"土断后，将北来侨民置于封建政府控制之下，'王公以下皆正土断白籍'（《晋书·成帝纪》），封建政府控制下的土地和人口大量增加，租调也随之增加，取得了财阜国丰的效果。"[1]

东晋后期，尤其是南北朝时期，随着佛教的传入，中国开始出现一种新的土地所有制——寺院所有制。据何兹全等人统计，东晋时僧侣只有2.4万人，但到了北齐时，已达300多万人。抚军司马杨炫之的名著《洛阳伽蓝记》，就勾画了佛教在北魏洛阳繁盛的图景。他们拥有政治、经济和宗教特权，通过皇帝官僚、地主富豪的馈赠、购买或直接强占，攫取了全国近三分之一的田地！寺院又不纳税，"寸绢不输官府，升米不进公仓"。农民的土地被挤占，税赋变相被转移增加后，更加食不果腹、流离失所，或者只能干脆加入寺院。

可是，东晋南朝这样的悲剧，直到后面的世代，在小农经济占主要的中国农耕时期，一直是反复地上演，一乱一治，未能跳出王朝兴衰周期律。

陶渊明一没有祖上留下的可观遗产，二没有做官领取俸禄或者搜刮民脂民膏，三没有向范蠡那样经营商业项目，四没有后期唐朝李白那样的依靠社会名流源源不断的资助，五没有稳定的稿费来源，虽然他不停作诗……

总之，现实中他没有额外收入，只能靠种田维持生存，正因如此，其经济状况恰好能反映一般农民的生产生活情况。虽然渊明逐渐贫困，但他本着"先师有遗训，忧道不忧贫"的思想坚持隐居到底，绝不出仕与官场同流合污。

---

[1] 蒲坚主编：《中国历代土地资源法制研究》，北京大学出版社，2011年10月第2版，第130页。

桃花源与乌托邦

既然现实中得不到悠然自在、自给自足的生活,陶就构想出一个理想社会来,这就是著名的桃花源。

作为外来闯入者形象的武陵人看到的桃花源是"忽逢桃花林,夹岸数百步,中无杂树,芳草鲜美,落英缤纷"。我们仿佛看到了绝美风景,闻到了阵阵花香!真是无限美好,令人神往!而桃花源的社会形态是:"土地平旷,屋舍俨然,有良田美池桑竹之属。阡

图1-6:张大千晚年名画桃源。画上面的题字为:"种梅结实双溪上,总为年衰畏市喧;谁信阿超才到处,错传人境有桃源。"原来,1983年,在台湾省台北市郊区悠然生活的张大千,仅仅坚持两年,他的别墅式住宅即被房地产开发商开发,盖成现代化小区了,世间再无桃花源,画家无奈而作。

像这样功成名就的人,是不缺钱的,尚且面临社会主流的压力——城镇土地的集约利用,何况普通老百姓呢?他心中的桃花源,只能从现实重新回到纸上了。

图源:搜狐网,搜狐号:国画经典

陌交通，鸡犬相闻。其中往来种作，男女衣着，悉如外人。黄发垂髫，并怡然自乐。"这里并没用长生不老、巨量金银财宝，并没有完全的超现实主义，人世间怎么会有这么和谐自然的社会？所以渔人大惊了。

这样一个美好社会当然不希望就此中断，人家告诉外来者"不足为外人道也"，可是世俗之人不听，立即报官了。结果呢？"南阳刘子骥，高尚士也，闻之，欣然规往。未果，寻病终，后遂无问津者。"无人能够找到，也就无人能够再实行破坏。陶渊明设置这样一个结果，既希望人们相信这样的地方真实存在，又不想人们去干扰、破坏她，可见他对统治阶级是有疑虑，有心理矛盾的。这一点，和古希腊哲学家柏拉图的《理想国》与英国空想社会主义者托马斯·莫尔的《乌托邦》是有很大差别的。

古希腊的哲学家们认为生产劳动应该由奴隶或其他人进行，城邦的公民主要从事管理与哲学思考，而最理想的统治者应该是哲学王。

莫尔希望人们共同努力按照设计的蓝图去建设它，实现它，描绘得更加细致入微，并且不怕别人知道。乌托邦是一个几乎与世隔绝的岛国，全新的世界。乌托邦人厌恶战争，但也不怕战争，并且在固定时间刻苦参加军事训练，守护自己的家园。

不过，莫尔设想的乌托邦，还是农业社会，虽然也有部分人有专门手艺。矛盾的是，乌托邦的脏活、累活甚至军事行动，多半是由奴隶完成的。原来所谓的田园诗后的生活，还是建立在同样是人类其他人的苦难基础上的！他保证说，乌托邦的奴隶没有残忍和压榨，其生活比其他国家的自由人还要好上好几倍呢。

第二节　自然主义者设想的田园生活

中国的隐士陶渊明支撑了生活20多年,而美国自然主义者梭罗(Henry David Thoreau)在瓦尔登湖仅仅坚持了两年多,能不能算隐居还是个问题。但从实际情况看,梭罗并没有完全抵制现代文明,也没有完全接受自然,而是想选择结合自然和文化的田园生活。

图1-7:梭罗隐居地瓦尔登湖位置。基于百度地图编辑

地权的转移与保障
——田园诗后的生活

1845年,梭罗开始在瓦尔登湖边上隐居。至于为什么要隐居,可能有三个原因:

首先,是他有债务负担,讨厌商业。这在1837年的经济危机后尤其如此,早期的他还是赞美过重商主义的。

其次,他不喜欢铁路、机器等象征工业文明的东西。他认为田园牧歌式的真实生活被碾压了、污染了。他的瓦尔登湖,有一个象征意义就是纯净生活、净化世界。后来英国作家劳伦斯的名著《查泰莱夫人的情人》和这种思想如出一辙,劳伦斯深刻批评了工业文明和战争对田园诗生活的戕害和阉割,借一个惊世骇俗的情爱故事来表达主题。

最后,是社交问题的困扰。这是绝大多数离群索居人士的共同心理特征,不喜欢与人交往、比较敏感,与导师爱默生关系的恶化,等等,都驱使他去寻找一个远离世俗的、属于自己的"小木屋"。

对梭罗来说,因为他是19世纪著名作家爱默生的朋友,自己也有点名气,慕名来参观拜访的人络绎不绝,加上交通方便,他想真正地隐居似乎不太可能。他自己也承认:到哪里都少不了人的。

理查德·扎克斯在《西方文明的另类历史》里说,梭罗经常到康科德去,因为相距不过1000米。他妈和姐姐每周六都会给他送食物,而他自己则时不时回家去,"将家里装点心的坛子舔个干干净净"。"他的文友们更是频繁地光顾他的木屋,在湖畔开派对,做野餐,甚至成立了一个称之为'瓦尔登湖协会'的文人社团。他们经常邀他进餐,最频繁的是爱默生。当地甚至有一个笑话说:每当爱默生夫人敲响她的晚餐钟时,梭罗是第一个飞快地穿过森林跃过篱笆在餐桌前就座的。"[1]

英国历史学家汤因比反对这种遁世主义,反对他们对人本身的否定。他说:

> 一个人可以在诡辩式的"回归自然"的游戏中玩弄遁世的把戏,如玛丽(法王路易十六的妻子)在其巴黎日记中所记的那样;或如提奥克里图斯(古希腊诗人)在他位于考斯的田园里所做的那样。一个人可以把这种把戏变成一段矫揉造作的表演,如狄奥根尼(古希腊哲学家)在他的浴盆里,以及梭罗在他帐篷中的作为。……他必定使自己隔绝在生活之外,除了否定之外便一无所爱。[2]

当然,梭罗并没有完全隔绝。因为梭罗一生反对蓄奴,认为与奴隶制的美国政府交往有辱于自己的人格,就有一个25人的反奴隶制团体曾去过他的小屋,庆祝西印度群岛的奴隶得到解放。但是,他在这里赢得了隐士的名声,还完成了世界名著《瓦尔登湖》。

他在书中《冬天的访客》一章里提到:只有在冬季,尤其是下雪天,他才不被打扰。

---

[1] 程映虹:《梭罗瓦尔登湖的神话》,载于《读书》杂志,1996年第5期。

[2] [英]阿诺德·汤因比著,刘北成、郭小凌译:《历史研究》(插图本),上海世纪出版集团,2005年4月版,第228页。

地权的转移与保障
——田园诗后的生活

> 在这种季节里,我那儿难得有客人来。当积雪最深的时候,往往一连一星期,甚至半个月都没有一个人走近我的屋子,可是我生活得很舒服,像草原上的一只老鼠或者牛,或者鸡,据说它们即使长时期地埋葬在积雪中,没有食物吃,也能活下去哩……

那么,作为自然主义者,他在瓦尔登湖旁边做什么?爱默生曾在《梭罗的一生》中评价道:

> 梭罗以全部的爱情将他的天才贡献给他故乡的田野与山水,因而使一切识字的美国人与海外的人都熟知它们,对它们感到兴趣。他生在河岸上,也死在那里;那条河,从它的发源处直到它与迈利麦克河交汇的地方,他都完全熟悉。

除了研究动物、植物和大自然,他也关心人们的政治权利。或者,什么都不做,学习东方人打坐、冥想,从黎明一直坐到中午。用心感受时间的流逝,给生命留下更多的余地。他在第五章《寂寞》中写道:

> 大部分时间内,我觉得寂寞是有益于健康的。有了伴儿,即使是最好的伴儿,不久也要厌倦,弄得很糟糕。我爱孤独,我没有碰到比寂寞更好的同伴了。

这是四体不勤，懒惰吗？不是的。梭罗也子承父业，做过一段时间铅笔，铅笔相对于中世纪老是要蘸墨水写字的鹅毛笔，显然是书写工具的进步；他因为热爱自然和大地，还当过一段时间的土地测量员，法国先贤卢梭也做过这个职业，这时候人类的几何知识相对又更丰富些。所以，梭罗并没有完全拒绝现代文明，他所设想的田园生活并不是回到史前人类茹毛饮血般的野蛮生活。对此，爱默生又解释说：

> 他从来不懒惰或是任性，他需要钱的时候，情愿做些与他性情相近的体力劳动来赚钱——如造一只小船或是一道篱笆，种植、接枝、测量，或是别的短期工作——而不愿长期地受雇。他有吃苦耐劳的习惯，生活上的需要又很少，又精通森林里的知识，算术又非常好，他在世界上任何地域都可以谋生。

梭罗对日常生活的物质要求不高

他崇尚简朴生活，够用就行。他认为，"大部分的奢侈品和所谓的舒适生活，不仅可有可无，甚至可能会阻碍人类升华"。当然，和陶渊明一样，自己也亲自参加耕种，也种过豆子，只不过种得既不专业，收成也不好，受到当地农夫的严厉批评。

"豆子种得这样晚！豌豆也种晚了！"——因为别人已

经开始锄地了,我却还在播种——我这业余性质的农民想也没想到过这些。"这些作物,我的孩子,只能给家畜吃的;给家畜吃的作物!"(第六章 访客)

前文已交代,梭罗并不全靠这些粮食和蔬菜为生,所以从他的字里行间可以看出自嘲、戏谑的成分,自己耕的土地只能算半开化的。

由于我们没有一个人能摆脱掉的贪婪、自私和一个卑辱的习惯,把土地看作财产,或者是获得财产的主要手段,风景给破坏了,农事跟我们一样变得低下,农民过着最屈辱的生活。

他似乎不注重收获,也不关心果实是不是由人们独享,认为松鼠和鸟雀的需要也要照顾。这种态度在政治上,终于演变成近乎无政府主义性质了。他认为最好的政府是管得最少的政府,和其导师爱默生的观点是一致的。"事实上,国家应该考虑的唯一利益是人,财产总是跟随人;政府的最高目标,是要提高人的文化素养。"[1]隐居两年后的1847年,他不赞成公款的某些开支,拒绝纳税,于是被关到监狱待了一夜。好在一个朋友替他缴了,他才被释放。第二年,又是同样的事、同样的处理结果。他的理由在《论公民的不服从》一文中有解释:"人人都承认革命的权利,即当政府是暴政或政府过于无能令人无法忍受的时候,有权拒绝为其效忠,并抵制它的权力。"

---

[1] [美国]爱默生著、蒲隆译:《政治》,载于《爱默生随笔全集》(下)北京理工大学出版社,2015年11月版,第362页。

图1-8：秋天的瓦尔登湖，Walden in the Fall。图片来源：图虫创意

梭罗正处于美国土地大扩张时代

梭罗是幸运的，他所处的时代，正是美国土地大扩张时代，土地方面的取得、交易和利用相对容易。有人说，美国是个"买"来的国家，很形象，但不准确。如果从最初独立的13块英属殖民地算起，这个国家是靠金钱购买和武力征服两只手完成扩张的，他们还把这种扩张称之为"显然天命"（obviously destiny）。具体进程是：

1803年，拿破仑一心要征服欧洲，缺钱筹集军饷。于是美国用当时1500万美元的高价从法国购买了路易斯安那，面积相当于13个州！

1819年，先是吞并一部分，后从西班牙手里买了整个佛罗里达地区。

1845年，吞并得克萨斯共和国（孤星共和国）。

1846年，合并俄勒冈。

1848年，武力战胜墨西哥，取得加利福尼亚、新墨西哥州。

1853年，从墨西哥购买到加兹登地区。

据统计，在这半个世纪，美国本土共获得了300万平方英里的面积，其中有14亿英亩（一英亩相当于一个足球场大小）是公共领地，终于把领土从大西洋沿岸扩张到太平洋，成了"两洋"大国。同时，用武力和血腥手段把印第安人土著赶到并牢牢地限制在中部小块土地上。然而，美国并没用停止扩张步伐，于1867年又从同样缺钱的俄国沙皇手中买到了阿拉斯加；于1898年，合并了夏威夷。不过，这两大块地，前者是个异常寒冷的大冰窖，后者是个支离破碎的大洋群岛，都不适合大面积耕种庄稼。

正如马克思在《资本论》中说："美洲金银产地的发现，土著居民的被剿灭、被奴役和被埋葬于矿井，对东印度开始进行的征服和掠夺，非洲变成商业性地猎获黑人的场所：这一切标志着资本主义生产时代的曙光。这些田园诗式的过程是原始积累的主要因素……（奴隶制）是殖民地财富的唯一自然基础。"

我们再看这一时期美国人口数量的变化。美国是移民国家，爱尔兰的土豆病饥荒和1848年前后欧洲剧烈革命运动等事件，都导致移民、难民大量拥入；再加上居高不下的出生率，导致美国人口以约30‰的速度增长，即从1800年的530万人增长到1860年内战前夕的3144万人。不过，差不多的国土面积，相比于中国西汉时期的5700万人，这时的美国仍然是地广人稀的。而且，两个时间段相差1800年，生产工具、耕种技术和生产率是天壤之别的。美国这时已经有了汽船、钢铁船、蒸汽机，铁路建了3万英里，开始大踏步进入工业文明；西汉还处于十分原始的农耕文明的经济生活状态。

所以，因人均可耕地面积大，梭罗所处的美国时代，土地仍是廉价品。

1832年，土地法令规定，购买土地最少面积减少到40英亩，而且价格很低。拓荒者只要50美元就能买到一块农田，当时普通劳动者的收入大约是每月25美元，也就是埋头干两个月就行了。另外，退伍军人还可以用土地凭证去换地，享受打折优惠，价格就更低了。大量的移民，只要无不良嗜好，用心耕作，或者去参加淘金活动，就能享受自由生活，这就是"美国梦"。这在处于清朝中期停滞僵化的中国、作为英国殖民地民族尚未觉醒的印度和社会一片混乱的欧洲旧大陆是做不到的，这在制度文化尚处于磨合期、社会不稳定的拉丁美洲同样也是做不到的。

1841年，美国又通过了《优先购买权法案》。擅自占用已经经过测量但还没有公开出售的土地，先占者可以最低价购买160英亩的土地，享有优先购买权。这等于鼓励开拓、垦荒。

地权的转移与保障
——田园诗后的生活

1862年，也就是梭罗逝世那年，林肯总统的《宅地法》施行。其中规定：年满21岁的公民，在一块地上居住或耕种5年以上，即可获得160英亩的公共土地。如果是不到5年的移民，也可以每英亩1.25美元的最低价获得土地的所有权，注意，是所有权不是使用权。

梭罗的时代还有奴隶制劳动方式

梭罗又是不幸的，他的国家居然有一半的国土在进行奴隶制耕种方式，显然与人类文明进程背道而驰。

梭罗隐居地在马萨诸塞州，位于美国东北方自由区，没有奴隶制庄园，相对安定平和。以自由、平等、人权标榜的白人精英阶层领导的国家，居然有大片国土进行古老的蓄奴生产，这是梭罗不能接受的。他在1851年的日记中记载过自己曾收留一个逃亡的奴隶，并且把他送上了去加拿大的自由之车。

或许，人性中有一种好吃懒做、作威作福的劣根性吧。陶渊明写下"采菊东篱下，悠然见南山"时似乎很惬意，也很有诗意，鲁迅先生在《致杨霁云信》中一针见血地指出：陶渊明这时候，"不但有妾，而且有奴，奴在当时，实为生财之具。纵使陶公不事生产，但有人送酒，亦尚非孤寂人也"。这算什么归隐田园呢？我国西藏到了1959年民主改革前，实行的还是野蛮的农奴制。给奴隶最低限度的吃穿用物品，榨取尽可能多的劳动果实和价值，这就是中外奴隶主、农场主们的收益最大化如意算盘，何来人权之有呢？

美国黑人奴隶问题由来已久。由于早期印第安人土著居民被殖民者大量野蛮屠杀、余下的土著有着自己的生活方式和文化,更不愿意到白人仇家手下去打血汗工,而美国源源不断输入的移民又不能满足土地大幅扩张、生产规模扩大的需要,这使奴隶贩子们延续贩卖廉价劳动力的商机,所以美国独立之初并没用立即废止黑奴制度。

1787年,美国宪法通过,建国之父们没有超出他们的时代,允许奴隶制继续存在,把蓄奴这个烫手山芋留给下一代解决了,只是说20年后不能再输入奴隶了。包括总统华盛顿自己也是奴隶主,据说拥有316名奴隶!逃跑个私人奴隶,还大动干戈地登报寻找。同年,《西北土地法令》也规定了在西部不允许出现奴隶制度。

20年后,1807年,美国真的禁止从事国际奴隶贸易活动了。1820年,英国开始动用强大的海军力量,在国际公海上拦截、查禁奴隶贸易。1838年,所有英国殖民地废除了奴隶制。美国在1825年时拥有的奴隶数量超过西半球的1/3,是奴隶最多的国家。美国没有这么快动手,因为南方蓄奴州为了自身利益已形成铁板一块的守旧、阻挠势力,北方自由区发展新兴工业又急需自由劳动力,不可调和的矛盾终于爆发了内战。泰勒版经典电影《乱世佳人》,通过艺术的方式很好地描述了这个社会背景。

内战期间,林肯颁布了《解放黑人奴隶宣言》,更快地瓦解了南方势力。美国终于获得了大一统的局面,至今再没打过内战。南北统一后,当众议院和参议员都通过了给每个黑人家庭40英亩土地的议案,这是多么美好的事情啊!但它却被约翰逊总统否决了,黑人也没有被赋予选举权等政治权利。直到1910年前,大多数黑人仍

图1-9：美国南方州棉花种植园劳作情景。一般是白人监工拿着皮鞭，监视着黑奴们采摘运输棉花。此图在2020年劳动节由"美国国家地理"重新发布，引起较大争议。图源：美国国家地理中文微博

然是以佃农的身份，在南方从事农业生产为生，只是比以前稍稍自由了一些。不过，种族歧视问题在美国至今都一直未能得到根除，在新冠肺炎肆虐的2020年，美国有黑人先后因被白人警察跪杀或从背后连开七枪，引发全国性抗议运动甚至演变为骚乱。

在其他美洲国家，奴隶废除更晚。1873年，波多黎各废除奴隶制。1886年，古巴废除了奴隶制。两年后，南美洲最大的国家巴西

才最终废除奴隶制。

总之,梭罗虽然没有达到在"小木屋"延续田园诗式生活的愿望,但他的探索和对后人的启发还是要肯定的。人类历史和思想进步,本来就是一个不断试错、纠错的过程。"从未改变的是他的先验主义信念:他已踏上了朝圣的生命历程,朝圣的天国是在俗世时间里能够达到或者达不到的生命的充实。"[1]

---

[1] [美国]罗·米尔德著,马会娟等译:《重塑梭罗》,北京:东方出版社,2002年1月版,序言部分,第5页。
先验主义:认为由人的心智形成的观念和概念具有自主存在的性质,人的思想和经验是世界的基础,是一种唯心主义的哲学。这种哲学的源头是古希腊哲学家柏拉图,后经梭罗导师爱默生发扬光大。

第三节　土地权利演变史有共通性

陶渊明与梭罗，两个完全不同的人，处在不同的土地上，却对生活有着共同的期盼。那就是没有战乱，少点奴役和剥削，战胜天灾，自由自在地过着田园般的生活，也就是德国诗人荷尔德林和哲学家海德格尔说的"诗意地栖居"。

然而，荷尔德林写这首诗时，已经是穷困潦倒，近乎无家可归了。

如前所述，限于时代发展的阶段和人性的弱点，陶渊明与梭罗也没能实现这种美好生活。我国现代文学家沈从文的家乡在凤凰县，与所谓的桃源县都处在湘西地区，他就说过："千余年来读书人对于桃源的印象，既不怎么改变，所以每当国体衰弱发生变乱时，想做遗民的必多，这文章（《桃花源记》）也就增加了许多人的幻想，增加了许多人的酒量。"[1]

据美国汉学家、佛经翻译家比尔·波特在《空谷幽兰》中介绍，现在约有五千多位来自全国的修行者隐居山谷，过着古代农耕

---

[1] 沈从文：《桃源与沅州》，载于《沈从文作品集》，西安：太白文艺出版社，2012年7月第2版，第465页。

文明的生活。不过，他们生活所需的粮食、油盐和衣物等，除了少量自己生产，主要来自周边村民的施舍或者是山外亲戚朋友的供给。

在人类文明还没有达到现代工业文明阶段的背景下，土地贵族们才能过上稍微衣食无忧的生活，但一场黑死病就消灭了半个欧洲人口，天花、麻风病让中国人闻风丧胆，时代总是有局限性的。《红楼梦》里的贾史王薛四大家族过着穷奢极欲的生活，但其背后是佃农们长年累月的辛勤劳动。曹雪芹在第三十九回《村姥姥是信口开河　情哥哥偏寻根究底》里，借刘姥姥之口道出所谓大清帝国康乾盛世时代农民的生活状态：

图1-10：雪天的陕西终南山。摄影：咕咚。在我国古代，尤其首都是长安的汉朝、隋唐时期，终南山因为地缘优势，成了隐士们的首选。他们有的在朝野进退自如，也有的是真正的隐士，如姜子牙、老子、张良、王重阳等，最后终南山成了我国隐士文化的代名词。

> 刘姥姥道："这样螃蟹，今年就值五分一斤。十斤五钱，五五二两五，三五一十五，再搭上酒菜，一共倒有二十多两银子！阿弥陀佛！这一顿的银子，够我们庄稼人过一年了！"……

地权的转移与保障
——田园诗后的生活

因说道:"我们村庄上,种地种菜,每年每日,春夏秋冬,风里雨里,那里有个坐着的空儿?天天都是在那地头上作歇马凉亭,什么奇奇怪怪的事不见呢?"

到了现代,武侠小说开始形成流行文化,尤其是网络虚拟世界还不发达的20世纪后期。古龙原著、郑少秋主演的《楚留香》红遍大江南北、长城内外。很多男人都羡慕生活在明朝的楚留香这个人物,他风流倜傥、武功高强、仗义疏财(盗帅),最关键的是还有红袖、甜儿和蓉蓉三个红颜知己。在这里别忘了,红袖除了是秘书之外,还是生活助理,为香帅打点土地收租事宜。在江湖世界,古龙虽然天马行空发挥想象力,但并没有脱离历史实际,香帅的稳定财产来源还是土地收租,劫富济贫的偷盗只是偶尔为之。

2019年,网红李子柒突然火了起来,原因又是展示"理想的田园生活"。她通过其供职的杭州公司,拍了一些视频,主要展现其四川老家的农村生活,尤其是美食制作方面。黄豆酱、烧鸡、豌豆等等,在视频节目里都一一呈现。视频不仅在国内微博、B站上有累计超过2000万的粉丝,在国外YouTube视频网站上也有1000多万粉丝。

笔者认为,美女、美食与美景是她受关注的主要原因,如果一个老太婆去演立马关注度崩盘。我国有几个村能像她老家那样有天然泉水可饮用?既然农村那么美好,你还跑去杭州打工干吗呢?你的婆婆算不算空巢老人?在钢筋水泥的森林里待久了,现代人骨子里还是保留着田园牧歌的历史基因的,比较向往桃花源里的生活罢了。一句话，她的节目过于美化了西部农村的生活，是不现实的，在国外也误导了公众。

幸福，是奋斗出来的。没有群众支持公共部门做好道路、排污、供水、供电、通信、邮政快递等公共基础设施或公共服务设施，你的田园诗生活都是白搭或不能长久的。用美国钢铁大王卡耐基的名言来说，"每个人都不是一座孤岛"。"无论人口稳定在什么样的水平上，只有拥有高等技术的社会才能够使健康、舒适和福利等标准维持在令人满意的程度。幸福的原始人的神话仅仅是一个神话。"[1]

虽然人类历史的车轮滚滚向前，正如宋代袁采言所说的"贫富无町视，田宅无定主。有钱则买，无钱则卖"。似乎没有什么规律可循。但是，一方面，是科学技术和制度文化的限制；另一方面，是懒惰、对他人的支配欲和优越感等人性劣根性。这客观、主观的双重因素决定了人类历史的发展进程，也决定了土地权利演变史注定有很大的共通性。下文的"土地权利保障强度等级表"，就是对这种状况的高度总结与提炼。

---

[1] [美国]郝伯特·A.西蒙著，汤俊澄等译：《管理决策新科学》，北京：中国社会科学出版社，第143页。

表1-1：土地权利保障强度等级表

等级	权利内容	分值 I	分值 II	备注
A	是否占有土地	有，得1分。如租期在10年内的短租	无，得0分。无产者，赤贫状态	
B	是否有稳定、长期的土地使用权（40年以上）	有，得2分	无，得1分。如现在的农村宅基地使用权	
C	土地使用权有无年限限制	有，得2分。如现在的城镇国有土地使用权	无，得3分	虽有年限但自动续期的，不扣分
D	土地使用权是否有自由处分权利	充分，得5分；部分有得4分	无，得3分	指交易范围的宽窄和限制条件的多寡
E	是否有土地所有权	有，得6分	无，得5分	虽无所有权，但主体为国家或集体等无争议公共实体的，不扣分
F	土地被征收的难易程度及补偿的合理性	充足，得8分；一般，得7分	很弱，得6分	
G	当地政治是否长久稳定、是否易受强权和犯罪侵害	较好，得9分	较差，得8分	包括赋税、徭役负担的轻重

注：
1. 地上附着物和房产可参照比对。
2. 本表所指土地是产权清晰无争议的，并以政府登记为准。
3. 本表从上到下是权利递增关系，即后面的等级包含了前面的积极部分，如C = B+A，D=A+B+C……
4. 本表满分为10分，分值越高，土地权利保障越有力。

附：全国土地分类标准

一、土地分类介绍

土地分类有利于土地开发管理和城市规划编制，也是最重要的工作方法和依据之一。土地分类服务于城市规划，具有很强的目的性，对于城市不同规划目的，土地分类中会划分不同的标准。在法律上，中国土地分类主要按土地的用途和利益性质两个标准进行划分，具体如下：

1.按照用途进行土地分类：可以分为农用地、建设用地和未利用土地。

2.按照依土地利益性质分类：土地可以分为公益性用地和经营性用地。

二、2017年版国家标准《土地利用现状分类》（GB/T21010-2017）

1.耕地土地分类主要有水田、水浇地、旱地。

2.园地土地分类主要有果园、茶园、橡胶园、其他园地。

3.林地土地分类主要有乔木林地、竹林地、红树林地、森林沼泽、灌木林地、灌丛沼泽、其他林地。

4.草地土地分类主要有天然牧草地、沼泽草地、人工牧草地、其他草地。

5.商服用地分类主要有零售商业用地、批发市场用地、餐饮用地、旅馆用地、商务金融用地、娱乐用地、其他商服用地。

6.工矿仓储用地主要有工业用地、采矿用地、盐田、仓储业用地。

7.住宅用地主要有城镇住宅用地、农村宅基地。

8.公共管理与公共服务性用地主要有机关团体用地、新闻出版用地、教育用地、科研用地、医疗卫生用地、社会福利用地、文化设施用地、体育用地、公共设施用地、公园与绿地。

9.特殊用地主要有军事设施用地、使领馆用地、监教场所用地、宗教用地、殡葬用地、风景名胜设施用地。

10.交通运输用地主要有铁路用地、轨道交通用地、公路用地、城镇村道路用地、交通服务场站用地、农村道路、机场用地、海口码头用地、管道运输用地。

11.水域及水利设施用地主要有河流水面、湖泊水面、水库水面、坑塘水面、海滩涂、内陆滩涂、沟渠、沼泽地、水工建筑用地、冰川及永久积雪。

12.其他土地主要有空闲地、设施农用地、田坎、盐碱地、沙地、裸土地、裸岩石（砾）地。

第二章　中国土地权利变迁简史

本章内容提要：

- 井田制与土地公有制。初税亩。
- 秦汉的土地私有化：商鞅变法。
- 唐朝的均田制和两税法。
- 重农抑商思想。
- 宋朝的"不抑兼并"政策：方田均税和青苗法。
- 西城所。
- 公田法。
- 明清的一条鞭法与摊丁入亩。

天朝田亩制度。

- 党的土地政策演变：小岗村、华西村。
- 台湾省土改。
- "平均地权"的历史价值追求

第一节　井田制与土地公有制

"普天之下，莫非王土；率土之滨，莫非王臣。"《诗经·小雅》里记述的这句话直白地反映了周朝初年确立的土地国有制。不要以为这是我国的特色，实际上，它是人类早期文明的共同特征。君权神授，皇帝（国王）再将土地赋予下面的臣民。在古埃及，每一寸土地都是法老的，使用者每年要缴15%左右的土地税。即使是现代的英国，从名义上讲土地所有权还是属于国王的。

中央帝国的朝廷再通过分封制，把土地及土地上的人民封给姬姓诸侯或极少数异姓王，诸侯可以再将土地分配给自己的子女，但不准买卖，从而间接控制了全国土地。作为王朝代表的周天子享有土地最终所有权，诸侯们则拥有土地使用权，反映了土地的公有制性质。

土地公有制是井田制实行的前提条件。因为只有大片的土地在当权者面前，才方便当权者在某个时刻人为划分、任性切割，一如美国很多州的州界和非洲不少国家的国界。长期武装对抗或多重势力协商妥协的结果，边界线必定是弯弯曲曲、纵横交错的。

土地公有制的井田制的普遍实行

所谓井田制,就像"井"字和"田"字的象形,用田埂和沟壑做界址,把大块土地划分为整齐的小块地。记八家为井而有公田者,《孟子·滕文公上》解释说:"方里而井,井九百亩。其中为公田,八家皆私百亩,同养公田。公事毕,然后敢治私事。"

井田分为公田和私田两类。公田是王公贵族们的禄田,是他们俸禄、收入的主要来源,我们经常听到、看到奴隶和封建社会的封赏提到"食××户",就是农奴佃农们为他们劳作,当然是无偿的。私田是农奴自己的份地,是维持生活用的。这些王公贵族和官僚老爷们凭什么不劳而获?农奴们向天质问。

《诗经·魏风·伐檀》里有云:"不稼不穑,胡取禾三百廛兮?不狩不猎,胡瞻尔庭有县貆兮?彼君子兮,不素餐兮!"一群伐木者砍檀树造车时,想到统治者不种庄稼、不收割、不打猎,却占有这些劳动果实;自己长年累月劳动,生活却物质匮乏,异常悲惨,真是怒火冲天!农奴们只能祈求风调雨顺,秋天获得丰收以供生活和祭祀。如:"有渰萋萋,兴雨祈祈。雨我公田,遂及我私。"(《诗·小雅·大田》)就是说,凉风飕飕,乌云满天,小雨飘下细绵绵。雨点落在公田里,同时洒到我私田里吧。

到了春秋末期和战国时期,随着铁器、牛耕等生产技术的进步和人口的增加,生产力大幅提升,井田制无法再满足社会需要,彻底瓦解了。于是更多的土地取得和流转,私田开始大量出现。各诸侯国的明君都比较重视土地分配管理,比如春秋五霸之首的齐国提出:"地者政之本也,是故地可以正政也。地不平均和调,则政不

地权的转移与保障
——田园诗后的生活

可正也,政不正则事不可理也。"(《管子·乘马第五》)

宜疏不宜堵。公元前594年,鲁国开始实行"初税亩",对私田进行征税,而不是像郑国那样采用直接没收私田的粗暴方法导致剧烈政治动荡。从此,一直到2005年12月,国家主席胡锦涛签署第46号主席令,宣布全面取消农业税,延续了2600多年的农业税终于寿终正寝了,加在农民身上的主要负担也终结了。

图2-1:西汉时期,河西走廊地区使用的单辕犁,俗称"二牛抬杠"。两千多年来,牛耕是我国农耕文明的标配,直到21世纪初还在零星使用,后来逐渐被拖拉机替代。而犁子的形态,变化并不大。摄影:作者

土地制度公私并存现象得以延续

秦汉以后一直到现代的土地制度是公有制和私有制并存的局面，不同的朝代只是两者的比例有所不同而已。

每次朝代更迭后，人口大量减少，国家掌握土地，将大部分土地重新分配，然后土地兼并，农民揭竿而起，而后又朝代更迭……这就是所谓的"其兴也勃也，其亡也忽也"的历史兴衰周期律。土地制度的公有制和私有制成分，也随着朝代的更迭进行此消彼长的运动。理想主义和绝对平均主义的改革没有成功过。

西汉末年，王莽针对当时严峻的土地兼并问题，颁布王田诏令，企图恢复井田制。其中规定："今更名天下田曰王田，奴婢曰私属，皆不得买卖。其男口不盈八，而田过一井者，分余田予邻里乡党。"（《汉书·王莽传》）土地不得买卖，超过九百亩的要分给邻居乡亲。

王莽本是位有很高文化道德修养、严格按儒家仁政思想施政的政治家。他当上大司马（军队总司令）时，就准备先动自己的奶酪，曾建议太后王政君将本家王氏家族的土地、家产都分给穷人。政府对上一年多征收的赋税予以补偿，老百姓不再需要自己配备服兵役的物资，对孤寡老人进行救济。人民从无比痛苦，突然恢复到尧舜禹时期的善治，只能说这些政策都太好了，好得从地主到农民都惊讶得无法接受，引起了巨大的社会震动，也引发了既得利益集团的强烈反对和反扑。

随着王莽短命政权的覆灭，刘秀重新坚持土地私有制，井田制没能得到恢复。这种情况，和清朝中后期太平天国面临的政治形势和颁布的《天朝田亩制度》的命运是何等相似啊!

三国时期,司马朗也曾提出恢复井田制:"往者以民各有累世之业,难中夺之,是以至今。今承大乱之后,民人分散,土业无主,皆为公田,宜及此时复之。"(《三国志·魏书·司马朗传》)在国家处于复杂的大分裂时代,恢复井田制也没成功。

这些美好的愿望,带有很强的理想主义色彩,但在土地私有制基本固化、经济发展到了一定程度的时期,没有稳定的政府和强大的军事力量做后盾,改革也只能是一纸空文,难以实施。何况,土地改革向来是社会制度的根本改革,牵一发而动全身。

第二节　秦汉的土地私有化

"秦王扫六合，虎视何雄哉？！"大唐伟大诗人李白在其《古诗十九首》里这样赞叹秦始皇的丰功伟绩。秦皇之所以取得如此巨大的历史成就，当然不是他一个人的力量。除了出色的将领和强大的军队外，秦国内政相对于六国仍然属于开明专制、井然有序的，这里面离不开一代代秦国君臣的上下一心、励精图治。其中，商鞅变法的意义最为巨大，基本实现了秦国富国强兵的目标。

商鞅变法的基础内容是奖励农耕

在农业上，要把经济基础农业做大做强，首先要做的就是改变土地这个根本制度，也就是废井田，开阡陌。建立土地私有制，允许土地自由买卖。秉持重农抑商的指导思想，通过免除徭役（复其身）等奖励手段和没为奴婢（收帑）等残酷的惩罚手段相结合，引导人民多从事农业生产和纺织事业，抑制工商业，夯实国家强盛之本。《商君书》"垦令"一章里，商鞅一口气列出了抑制粮食买卖、提高商品税、严刑峻法、打击官僚贵族享乐等20个措施，甚至不准穿奇装异服、听所谓靡靡之音，充满了半军事化管理思想和禁欲主义。目的都是使各行各业的人们尽可能地去开垦荒地，"则草必垦矣"。比如，第二项措施：

> 訾粟而税，则上壹而民平。上壹则信，信则官不敢为邪。民平则慎，慎则难变。上信而官不敢为邪，民慎而难变，则下不非上，中不苦官。下不非上，中不苦官，则壮民疾农不变。壮民疾农不变，则少民学之不休。少民学之不休，则草必垦矣。

这段的意思是：根据粮食产量算赋税，那么国家的田赋制度就会统一，而百姓承担的赋税才会公平。国家的田赋制度统一了，就会在百姓中有信誉，有了信誉大臣便不敢胡作非为。百姓的负担公平，就会谨慎对待自己的职业，百姓慎重对待自己的职业就不会轻易改变。如此百姓就不会议论君主不对，心中也不会感到官吏害民。百姓就不认为君主不对，心中也不恨官吏，那么壮年农民就会尽力从事农业生产不改做其他行业。从而年轻人一定会不断向他们学习，从事农业生产。年轻人不断学习务农，那么荒地就一定能开垦了。

这种重本抑末（商业）的思想在当时来说是先进、有效的；后经汉武帝刘彻发扬光大后，一直延续到清朝末年，严重束缚了资本的萌芽壮大，渐渐不适应近代商品经济社会的发展。

在军事上，实行军功与土地奖励挂钩政策。"明尊卑爵秩等级，各以差次；名田宅、臣妾、衣服，以家次。有功者显荣，无功者虽富无所芬华。"(《史记·商君列传》)秦朝规定适龄男子必须服兵役,一年正规军,一年边防军,是全民皆兵的国防动员体系,像现在的瑞士、韩国和我国台湾省。军人在战场上立功,就可以得到爵秩,官府就给予土地和住宅。这和那些不劳而获、世袭罔替的没落贵族体制相比,无疑让底层人民看到了向社会中上层流动的希望。

有恒产者有恒心,而农耕时代最重要的财富一直是土地。通过奖励耕战,秦国的力量被源源不断地激发出来,再配上卓越的将领,遇到英明的帝王,歼灭六国似乎只是时间问题。

在法制上,秦代对土地产权的保护是比较严格的。秦代的政治指导思想是韩非、李斯等人的法家,对法律工具的使用是空前重视的。我们从秦朝《法律答问》中可以看出,对"盗徙封"的擅自移动农田界线的行为处罚都有规定,包括了小块土地,可见一斑。

秦代甚至专门制定了土地方面的法律,叫作《田律》,对农业的气候条件、水利设施,生物资源保护,重要税收等做了详细规定。比如,刍稿是牛马吃的干草、秸秆等饲料,属于"粮草"的范畴,对军国化的秦代算战略物资了。针对刍稿这种重要税种是这样规

图2-2:传统农耕社会的舂米机　摄影:作者

范的：不论土地是否耕种，只要占有了，每顷地都要按照授田面积缴纳刍三石、稿二石。干叶或乱草够一束以上即收，缴纳时可以运来称量。

商鞅的结局是悲惨的，被车裂了（五马分尸），因为他的改革措施得罪了贵族既得利益集团。支持改革的秦孝公死后，惠文君即位，商鞅被诬告谋反，然后他带亲兵和秦军拼死抵抗一番，被杀死后，再车裂尸体示众。可以说，商君是中国最早的改革殉道者之一。

秦汉私田的来源

秦汉两朝，虽然允许土地私有制，但土地国有仍然是占主体成分的，国家的控制力还在。国家既然控制土地资源，就可以用来做政治服务，除直接授田外，赐田、赋田，合法非法的买卖等都是秦汉私田的来源。

授田是秦汉最基本的土地分配制度。授田前提之一是有统计的户籍制度。秦汉中央政府掌握着详细的户口、田赋资料，这是封建社会统治的基础。萧何入咸阳，明初李善长入南京，首先想到的就是把这些基本资料控制住。至于授田的面积，一般每人二十到三十亩，一户百亩左右，在当时的生产技术条件下，是足够的了。但在君主专制政体下，社会做不到长期稳定，贵族官僚的侵犯不时出现，实际执行中，不可能完全做到。

赐田是汉朝私田的重要来源。皇帝既然是天子，天下都是他的，掌握着生杀予夺的大权，他当然自认为天下的土地想给谁就给谁了。汉武帝不仅建设了强盛的汉朝，他也是汉朝赏赐土地最突出、最积极的皇帝。他慷慨地赐予自己的大奶妈、姐姐等皇亲国戚大量的土地，只需一个请求或心情舒畅。司马迁在《史记》中曾记述一个东方朔的故事。武帝在建章宫见到一个奇怪的四脚兽（应该是麋鹿），很想知道这是什么动物，可是问了一圈没人知道。于是向东方朔咨询，东方老先生一看机会来了，说某地有公田鱼池蒲苇数顷，你赐给我，我就告诉你。武帝欣然答应了。这么随意、爽快！这就是家天下。再如，苏武在匈奴被扣为人质，牧羊19年，甚至娶了匈奴老婆。汉昭帝时，他终于回国，被赐予钱二百万、公田两顷、住宅一处。苏武毕竟是个伟大的、有气节的爱国者，这个算金钱加物质激励。

到东汉时，赐田的对象向社会下层转移。汉明帝曾下诏郡国以公田赐给贫困者，按照土地等级实施。

土地买卖是私人占有土地的基本方式。开国丞相萧何利用权势强买土地，出租经营，结果被人投诉了。司马相如和卓文君到了成都，买了田宅，成了富人。《后汉书》说马防："兄弟贵盛，奴婢各千人以上，资产巨亿，皆买京师膏腴美田。"可以说，皇亲国戚、达官贵人、富商、地主都对购买土地有着强烈的兴趣，有时觉得小农势单力薄好欺负，可能就要强买强卖、兼并土地、非法侵占了。

也有用非法侵占的方式把土地据为己有的。丞相匡衡在临淮郡的封地，明知道旧地图有误，他却利用行政区划的漏洞，多划了400顷地，被廷尉弹劾后贬为庶人。这有点现在侵吞国有资产的味道。《史记·淮南衡山王列传》载：淮南王夺人田宅；衡山王又数侵夺人田，坏人冢以为田。两人一并被汉武帝处理。王公贵族利用自己的政治特权胡作非为，侵犯人民土地财产可谓史不绝书。

汉廷用专门罪名打击土地犯罪

一是买卖公田罪。公田不得买卖，私下交易就是重大犯罪。

二是专地盗土罪。用偷梁换柱的方式，非法占有土地，如前述匡衡案。

三是商者不农罪。这是重农抑商思想的政策体现，但商人赚取了利润，还是想方设法把它投入到农耕社会最重要的资源土地上，该法条执行起来效果大打折扣。

四是田宅逾制罪。封建社会等级森严，田宅方面也不例外，诸侯敢有不把上级和皇帝放在眼里的，一严格执法必定倒霉。

五是名田他县罪。占了土地，你不能不登记；登记了，也不能像块飞地一样，登到封地之外的县吧？这种违法行为同样要受到惩处。

除了这些法律手段，汉廷为了防止土地被恶性兼并，抑制豪强势力，不惜直接动用政治手段。这也是汉朝政治的亮点所在，为后世各朝代频繁模仿。汉高祖刘邦直接将关东大族迁至关内，便于在眼皮底下监视他们，维护封建政权统治秩序。汉代弄了个"豪强役使"的罪名，对田客超出标准的地主进行惩罚，防止他们不断壮大，威胁地方政府和大汉皇权。

汉武帝时，为了适应对匈奴长期作战的军国需要，扩大财税收入来源，根据御史大夫张汤和侍中桑弘羊的建议，实施算缗和告缗政策。按照《史记·平准书》的解释,所谓"算缗"就是:工商业主、高利贷者、囤积商人等,不论有无市籍(商人户口册),都要如实向政府申报自己的财产,并规定凡二缗抽取一算(税率12%)。小手工业者,则每四缗抽取一算(税率6%)。所谓"告缗",就是对隐瞒不报或申报不实的人,罚戍边一年,并没收财产。政府赏给举报人被没收财产的50%。

另外规定:除官吏、三老(教育官)和北边骑士外,凡有轺车(小马车)的,一乘抽取一算;贩运商的轺车,一乘抽取二算;船五丈以上的抽取一算。禁止有市籍的商人及其家属占有土地和奴婢,敢于违抗法令的,即没收其全部财产,触犯了商者不农罪。可见,这两个政策实际上就是强征财产税和车船税,沉重打击了富商和豪强势力,这两个税种在我国确实很古老。此事也反映了桑弘羊不愧是我国古代卓越的(或者说是先知先觉的)财政学家、经济学家。

西汉统治者一手打击豪强,一手推行黄老哲学,暂时减轻了赋税徭役。汉初刘邦、吕后、文景二帝一直到汉武帝20岁实际掌权前的窦太后,统治者充分吸取暴秦骤亡的深刻教训,注重人民的休养生息,无为而治,采取了减轻农民赋税徭役的好政策。

经过70年的坚持,收到了显著的政策效果,也就是钱库里的串钱绳都烂了,仓库里的粮食多得都暴露出来了——封建社会惯常表现盛世的官方说法。汉高祖刘邦规定田租十五税一,汉景帝时直接减半为三十税一;汉文帝曾下诏督促各郡县,务必减少徭役以取信于人民。这比起秦朝粟米征收为十税一,强迫修长城般地无穷苛政、徭役，想想孟姜女哭长城的血泪故事，汉代人民当然是欢欣鼓舞的。

到汉武帝时，西汉的人口达到了近6000万，可以说在疆域基本维持不变、高产粮食作物传入中国前，这已经是传统农业社会的顶峰了，甚至具有5292万人口的盛唐也没能超越。

行之有效的汉代屯田制

中国历史上，在中英鸦片战争前，华夷之变时而发生，北方少数民族一直是中原王朝的主要威胁。秦始皇时，命蒙恬北筑长城，却匈奴七百余里，收复河套地区。汉武帝时，卫青、霍去病开始大举反攻匈奴，因为远离关中腹地，粮草长途供应就成了大问题，一不小心就会被敌人拦截或焚毁。于是，在汉成帝"移民实边"政策的基础上，武帝开始命令士兵直接参与边区屯田，动用有组织的军事力量，屯田规模巨大，华北、西北边防地区全部进行。

因为屯田是军国大事，汉朝为了管理好屯田建立了一系列制度。设立专门的屯田管理机构，叫农都尉、属国都尉。成立军事组织把屯田士兵编制起来，集中居住，不得私自离开驻地。规定每个屯田士兵的定额，一般每人二十亩。发放一定的劳动补贴，供应口粮和生活必需品，但劳动成果要上交国家。士兵可以携带家眷，家眷要集中居住在坞壁中。

所谓坞壁，是一种带围墙的防御型建筑，分为内坞与外坞，留有出口入口，配置大门，派守卫站岗，有的坞上可以举烽火，报告敌情。士兵当然不能随时看望家人，而只有在规定的休息日才能和家人团聚。对不少男人来说,女人,或许只有女人,才是他们长久扎根异国他乡的决定因素,更何况到边远艰苦地区。所以,这个细节设计是比较人性化的,也是行之有效的。

汉朝探索实行的屯田制度,亦兵亦农,兵农一体。这不仅相当程度解决了军队后勤粮草保障问题,也相对减轻了国内农民的赋税徭役负担,对于保持军队战斗力和政权稳定具有重大意义。

所以,汉代以来各个时期,屯田制的思想延续下来直到今天。如曹魏时期颁布了《屯田法》,且耕且守,进行了空前绝后的大规模的屯田。这归功于邓艾的主张,也是三国竞争的需要。唐代的兵农一体屯田方式,承载了大唐帝国的辉煌文明;还有我们今天独一无二的新疆生产建设兵团做得也很好。

1949年末,毛泽东同志借鉴历代屯田戍边经验,为了西北边疆的长治久安,决心在新疆大兴屯垦戍边事业。随后,中央军委发布《关于1950年军队参加生产建设工作的指示》,决心在全军立即开展大生产运动,从根本上解决部队粮饷问题。在中央指示下,拓荒者王震将军创立了新疆生产建设兵团。兵团辖区面积达7万平方公里,和西欧的爱尔兰大小相当,人口近300万。兵团实行"军事、行政、企业合一"的特殊行政区划单位,属于国务院计划单列的省部级单位,下辖14个师(市),拥有政治、经济、教育、文化、卫生、土地、司法等机构。

为了让解放军战士能安心在边疆从事生产、防卫工作,王震还设法从湖南等地召集女青年赴疆支援祖国的拓荒事业,让战士们真正扎根新疆,留下了"三千湘女上天山"的美丽故事。

第三节　唐朝的均田制和两税法

众所周知，大唐帝国是我国封建社会发展的鼎盛时期，创造了光辉灿烂的文化，现在世界各地华人聚集区被称之为"唐人街"就来源于此。唐朝制定的一系列政策、制度给周边国家尤其是日本带来了深刻的影响，是他们学习的楷模，唐朝的土地制度也有承前启后的重大意义。

历史总是惊人的相似。隋唐的关系和秦汉是相似的，秦朝和隋朝都是二代而亡，时间跨度不超50年，都是由于实行暴政，灭亡时都爆发了大规模农民起义。汉朝和唐朝是我国古代相对强盛的朝代，产生了明君，且朝代存续时间达三四百年；两朝的前期统治者都知道深刻吸取前朝的暴亡教训，知道让人民休养生息。前面已论述，朝代的更迭和大规模战争，代价是人口的锐减，唐朝初期的人口只有200万户，而隋朝高峰时有近900万户，人口降幅高达77%！劳动力的大幅减少又造成大量的土地荒芜，战争结束后需要将土地重新分配给社会，这就是从北朝、隋朝一直沿用到唐朝中期的均田制。

均田制并不是名义上的将全部土地推倒重来，平均地权，而是将无主荒芜的田、发配边疆贬谪的人的田、没有子孙所谓户绝者的田，划为公田，供政府重新分配。这绝不是没收富人的田，授予穷人，不是乌托邦式的绝对平均主义。另外，官府所有的屯田、营田[1]和牧场所用田地当然不在均田范围内，这部分田地其实占了很大比重。

均田制的分配特征是官民二元分割

1. 对官吏的授田，慷慨大方

有爵位的贵族从亲王到公侯伯子男，授永业田[2]100顷递降至5顷。

职事官从一品到八品、九品，授永业田60顷递降至2顷。

散官五品以上授永业田同职事官。

勋官从上柱国到云骑、武骑尉，授永业田30顷递降至60亩。[3]

此外，各级官僚和官府，还分别领有多少不等的职分田和公廨田。职分田的地租作为官僚俸禄的补充。京官文武执事职分田，从一品的12顷、二品的10顷到九品的2顷递减。各地方官和边关官员将士，也根据不同的级别和职务给予土地。公廨田的地租做官署的费用，最早由隋朝的苏孝慈提出。这两种土地的所有权归国家。

---

[1] 营田，主要是内地开垦荒地用于生产的屯田。

[2] 所谓永业田，就是死了也不用还给官府的私有土地。

[3] 至于唐代亩、顷等面积单位相互关系，据《旧唐书》卷四十八和《唐六典》记载："凡天下之田，五尺为步，二百又四十步为亩，百亩为顷。"

授予官吏的永业田具有完整的产权,具有土地所有权的私有制性质,可以买卖、抵押和继承。对王公贵族、官僚集团这样慷慨大方,自然是笼络人心维护统治的需要,如果一点利益都不给,谁跟着你起兵反隋、镇压农民起义呢?

2. 对百姓的授田,区别对待。

丁男和中男(十六岁以上),每人授20亩永业田,80亩口分田[1]。当丁男年老时,政府要收回50亩口分田。当他死了后,口分田全部收回,但永业田可以继承给子孙。

老男(60岁以上)、残疾授口分田四十亩;寡妻妾,授口分田30亩。这些人如果为户主,每人授永业田20亩、口分田30亩。

杂户授田如百姓。杂户属贱色,五人给一亩园宅地;良人给三人一亩。杂户包括隶户、兵户、府户、营户、别户、绫罗户、细茧户、监户、佛图户、寺户等。按唐律规定,凡反逆相坐,没其家为官奴婢,一免为番户(官户),再免为杂户,三免为良人。可见其社会地位低于良人,在贱民阶层中略高于官户,与太常音声人相等。

工商业者、官户授田减百姓之半。若在人多地少的狭乡则不授田。这是重农抑商政策的延续和具体表现,当然,和前代不授田的惯例相比,已经是很大的进步了。

道士、和尚给田30亩,尼姑、女冠给田20亩。为什么直接给道教、佛教等不事生产的人士授田?不怕引起老百姓非议吗?应该说

---

[1] 口分田,就是种植谷物,死了要交还的耕地。

这是政治需要和统治者的思想信仰偏好共同绝对的。唐初李渊集团为了增加李唐王朝统治的政治合法性，神话自己的权力，生硬地将老子李耳认做了自己的祖先，崇尚道教就是自然而然的了。武则天掌权后，喜欢佛教，对和尚尼姑授田自然也毫不含糊。其实，经过魏晋南北朝的宗教发展，佛教、道教都有了相当的社会基础和接受度，被认作是社会的常态而不是异类了，所以唐朝的这项政策能够执行下去。

此外，一般妇女、部曲、奴婢都不授田。部曲，是家里的奴仆，和奴婢一样属于贱民。一些现代人士看了武侠小说就幻想着只要梦回大唐，处处繁荣美好。其实，在中古时代的唐朝，如果你出身为贱民，非但没有人身安全和自由，连土地财产官府都不给你的，哪里有自由和平等？

均田制授田的原则是明确的。《唐六典·尚书户部》规定："凡给口分田皆从便近；居城之人本县无田者，则隔县给授。凡应收授之田皆起十月，毕十二月。凡授田先课后不课，先贫后富，先无后少。"一目了然，通俗易懂。考虑全面，便于执行。在人多地少的狭乡，农民减半授田。但是，在君主专制政体下，政策的执行效果取决于君主的开明程度和官僚系统的效能。

在贞观十八年，明君唐太宗曾到河南灵口地区视察，发现这里村落的丁男授田只有30亩，深感忧虑，难以入睡，担心农民授田不足。后来，政府颁布了鼓励垦田的法令，制定了激励人口从人多地少的狭乡向人少地多的宽乡迁移，才缓解了这个问题。

唐朝对土地的买卖有所松动

贵族官僚的永业田和赐田，可以自由出卖。"其赐田欲卖者，亦不在禁限。其五品以上若勋官，永业地亦并听卖。"职分田和公廨田在原任官离职时，则由新任官接管，不得出卖，也不得传给子孙。

百姓原则上是不准买卖永业田和口分田的，但百姓迁移和无力丧葬的，准许出卖永业田。迁往人少地多的宽乡和卖充住宅、邸店的，并准许卖口分田。买地的数量不得超过本人应占的法定数额。官民土地财产权的处分，还是不平等。

唐朝对土地买卖程序十分完善，已接近近现代契约精神。土地买卖实行登记制度，要到官府去申报缴税。否则，要承担法律责任。"其卖者不得更请。凡卖买皆须经所部官司申牒，年终彼此除附。若无文牒辄买卖，财没不追，地还本主。"（《通典·田制下》）买卖双方还要制定法律文书契约，不过，有些地券都具有很明显的"冥世土地买卖契约"的特征，让神明做证，以对违约行为进行诅咒惩罚。典型的是《乔进臣买地券》。

元和九年九月廿七日，乔进臣买得地一段。东至东海，西至山，南至刡各，北至长城，用钱九万九千九百九文。其钱交付讫，其得更不得忓恢，如有忓恢，打你九千，使你作奴婢。上至天，下至黄泉。

保人　张坚故
保人　管公明

保人　东方朔

见人　李定度

涿州范阳县向阳乡永乐村敦义里

南二里 乔进臣牒[1]

再看一件唐代寺院购买官庄的买地契约，记载了大中初年位于长安东北部的安国寺购买土地的情况。

安国寺

万年县泸川乡陈村安国寺，金□壹所，估计价钱壹百叁拾捌贯五百壹□文。舍叁拾玖间，杂树共肆拾玖根，地□亩玖分。庄居：东道并菜园，西李升和，南龙道，北至道。

牒前件庄，准敕出卖，勘案内□正词、状请。买价钱准数纳讫，其庄□巡交割分付，仍帖买人知，任便为主。□要有悔改，一任货卖者奉使判。口者准判牒知任为凭据者，故牒。[2]

诸子均分制的不动产继承方式

唐律规定，如果有兄弟不幸早死，则财产份额由其子代位继

---

[1] 罗振玉：《地券征存》，北京图书馆藏。

[2] 《金石萃编》卷一百一十四。

承。未出嫁的女儿有继承权，但是数额相对少一些；已经出嫁的则没有份。如果一个家庭没有儿子，在传统农业社会被视为"户绝之家"，这时候出嫁的女儿也享有继承权。例如，对园宅地，私有权可以无限期使用，子孙有权继承，包括出家僧人。比如，在敦煌文书P3744号《沙州僧张月光兄弟分书》表明，出家僧人张月光可以与俗家兄弟平分财产：

（前缺）

在庶生，观其族望，百从无革。是故在城舍宅，兄弟三人停分为定。余之资产，前代分擘俱讫，更无再论。前录家宅，取其东分。东西三丈，南北，北至张老宅门道，南师兄厨舍南墙□□□□定，东至三家空地。其空地约旧墙外三□□□□□内，取北分，缘东分舍，见无居置，依旧堂□□□□□见在椓木并檐，中分一间，依数与替。如无替，一任和子拆其材梁，以充修本。分舍枇篱，亦准上。其堂门替木壹合，于师兄日兴边领讫。……区分已定，世代依之。一一分析，兄弟无违。文历已讫，如有违者，一□（则）犯其重罪，入狱无有出期；二乃于官受鞭一忏。若是师兄违逆，世世堕于六趣（佛家语，即地狱趣、饿鬼趣、畜生趣等六种惩罚）。恐后无凭，故立斯验。仰兄弟姻亲邻人为作证明。各各以将项（？）印押署为记。其和子准上。

这种继承方式和中世纪欧洲有很大不同,后者坚持长子继承制,可以避免大片土地被越分越小,最后形成高度碎片化造成土地管理的不便;不过,从公平性来说,唐朝的土地继承制强调家族男性人人有份,相对较公平些。再以现代的眼光看,中欧这时期土地继承制的共同点都是歧视女性,女性没有平等继承权或者什么都没有。唐朝堂而皇之地将"夫者,妻之天也"写进法典(《唐律疏议·名例律》),这是封建社会贯彻儒家"三纲五常"思想桎梏的一贯表现。

至唐中叶以后,由于生产技术的提高和商品经济的发展,土地兼并非常严重,国有土地通过各种方式不断地转化为私有土地,政府控制的土地日益稀少,政府授田的均田制已名存实亡。

在生产工具的改进上,曲辕犁(又称江东犁)的推广使用,使农耕对耕牛的依赖大大减轻。由二牛抬杠,变为单牛耕作,这种犁不仅掘土更深,而且能调节耕作的深浅,是巨大的进步。所以,在淮河流域一直使用到1990年代初才完全被拖拉机代替。

从安史之乱后,人口锐减,田地荒芜,一些豪强地主乘机兼并小农土地或者从政府手里低价购买,全国逐渐形成了庄园经济。比如,有记载说:"百姓凋残,强人侵食;如宋智阖门尽为老吏,吞削田地,其数甚多,昨乃兼一户人,共一毡装,助其贫防,不着百钱乃投此状来,且欲沮议。"(《敦煌掇琐》卷七十)私人庄园主把土地出租给佃户耕种,自己收地租。庄园收地地租比政府收的要高得多,不过佃户的人身依附关系并不重,甚至可以购买少量田地。加上政府对原来授田的农民横征暴敛,不堪忍受,或纷纷逃亡，或出卖土地而投靠贵族官僚地主为佃户，"丁口滋众，盲无宋田"。

庄园的大量出现标志着国有土地所有制占主要成分的情况开始下降，土地私有制大幅上升。一方面，富户、贫民逃税者众多，赋税收不上来；另一方面，军费和行政办公费用又大幅增加，唐朝政府出现了严重的财政危机。唐德宗建中元年（780年），在宰相杨炎的建议下，均田制瓦解，两税法颁布施行。

两税法是土地赋税的重大改革

唐朝前中期的赋役仍属于人头税性质，就是"租庸调"制。每丁每年纳粟二石，叫作"租"；每年服徭役二十日，若不应役，则按每日三尺绢折纳，叫作"庸"。合起来，就是度。输绢二丈，叫作"调"。但是，"租庸调"制的弊端越来越明显。杨炎曾痛彻地指出："故科敛之名凡数百，废者不削，重者不去，新旧仍积，不知其涯。百姓受命而供之，沥膏血，鬻亲爱，旬输月送无休息。吏因其苛，蚕食千人。凡富人多丁者，率为官为僧，以色役免；贫人无所入则丁存。故课免于上，而赋增于下。是以天下残瘁，荡为浮人，乡居地著者百不四五，如是者殆三十年。"（《旧唐书·杨炎传》）富人都想方设法成为不课税户，逃税了；最终赋税几乎都转嫁到贫民头上了，迫使百姓成为流民浮人。

到了唐朝后期，两税法施行。主要内容是："夏输无过六月，秋输无过十一月，置两税使以总之。凡百役之费，先度其数，而赋于人，量出制入。户无主、客，以见居为簿；人无丁、中，以贫富为差。不居处而行商者,在所州县税三十之一,度所取与居者均,使无侥利,其租庸杂徭悉省,而丁额不废。其田亩之税,以大历十四年垦田之数为定,而均收之。"(《文献通考·田赋考》)逾岁之后,有户增而税减轻,及人散而失均者,进退长吏,而以尚书度支总统焉。(《旧唐书·杨炎传》)

亮点之一:这个"量出制入"已有现代国家实行财政预算管理的雏形。就是根据上年度的支出情况,制定下年度的征税额度,有一定的计划性。严重的财政危机往往是封建王朝发生社会危机和政权更迭的导火索。在专制君主政体下,君主们持有的是"家天下"的思想,权力不受制约,用钱、用权向来随意,遇到昏君就更加不可收拾了。

天宝年间,在节度使制度弊端下,唐朝边关国防费用达到了开元前的6倍。开元二十五年,唐朝官僚集团总人数超过了36万人(《通典》卷四十),冗员充斥于官府,工资俸禄涨了3倍,耗费巨大。天宝年间,光后宫就有4万多人!白居易说唐明皇、杨贵妃的故事,"后宫佳丽三千人,三千宠爱在一身"仅仅指的是后妃们,此外还有大量的太监、乐人、杂役,不事生产,纯粹为皇家服务,还需要朝廷财政供养。爱情固然美好,需要歌颂,但不能以人民的沉重负担为代价。唐王朝的财政已经入不敷出,捉襟见肘了。

亮点之二:一定程度上压减了苛捐杂税。唐朝将其他赋税并入两税之中,即"其租庸杂徭悉省"。后世宋朝的田亩二税和张居正的一条鞭法,都是这种简政思想、减轻人民负担的延续。对违反规定擅自征收者,必须惩罚。"两税外辄别率一钱,四等官准擅行赋，以枉法论。"唐德宗在《停杂税制》中这样宣示。当然，到了唐朝后期，法制松弛，政治腐败，各种杂税又像鬼魅一样出现了。柳宗元被贬为永州司马时，曾在《捕蛇者说》里严加痛斥：

> 悍吏之来吾乡，叫嚣乎东西，隳（hui）突乎南北；哗然而骇者，虽鸡狗不得宁焉。吾恂恂而起，视其缶，而吾蛇尚存，则弛然而卧。……余闻而愈悲，孔子曰：苛政猛于虎也！吾尝疑乎是，今以蒋氏观之，犹信。呜呼！孰知赋敛之毒，有甚于是蛇者乎！故为之说，以俟夫观人风者得焉。

亮点之三：征税税基由按人头转为按田亩数。"户无主、客，以见居为簿；人无丁、中，以贫富为差"，标志着商鞅变法后实行了近千年的征税方式开始出现历史性大转折。以前的做法是，不管你占多少亩地，足额不足额，取最大额度照征不误，极不公平，也不合理；改革后，除鳏寡孤独外，所有人户和田亩都要纳税，包括皇亲国戚、官僚贵族，征税覆盖面空前扩大，国家财政有了一点保障。

亮点之四：商业税收正式开征。"不居处而行商者，在所州县税三十之一，度所取与居者均。"就是对流动商贩征收货物价值的三十分之一，属于财产税的范畴。对固定的商铺，则按两税征收。这是对商品经济进一步发展的政策反映，不是汉武帝时的战时经济征税性质；税种的扩大也能扩大政府财政收入来源的稳定性，相对减少了农民的负担。

但是，中唐以后，宫市制度危害越来越深，其实就是封建皇权特权对正常市场经济秩序的掠夺。所谓宫市，就是朝廷派人到市场上去进行政府采购。看到中意的东西，就随便给点钱或直接掠夺；有时甚至还要物主把货物送进宫内，然后倒打一耙，向物主勒索"门户钱"和"脚价钱"。大诗人白居易在《卖炭翁》中痛斥过这种现象：

图2-3：唐朝著名地标：大雁塔
摄影：作者

> 卖炭翁，伐薪烧炭南山中。满面尘灰烟火色，两鬓苍苍十指黑。卖炭得钱何所营？身上衣裳口中食。可怜身上衣正单，心忧炭贱愿天寒。……翩翩两骑来是谁？黄衣使者白衫儿。手把文书口称敕，回车叱牛牵向北。一车炭，千余斤，宫使驱将惜不得。半匹红绡一丈绫，系向牛头充炭直。

真是太凄惨了！哪有什么契约社会等价交易的影子，分明就是政治特权的打压，重农抑商的政治思想又不经意间流露。大唐帝国这样的政府采购和目前极少数地方政府的天价采购把利益输送给商户恰恰相反。

为何重农抑商成为农耕社会通用国策

为什么在中国古代农业社会，即使是汉唐这样的强盛朝代仍然奉行重农抑商的传统政策呢？古波斯帝国（今伊朗一带）歧视商人，国内商业活动拱手让给巴比伦人（今伊拉克一带）、犹太人去做。似乎商品经济的每一步发展都是社会不经意间，或者只是政治控制有所放松的时候才萌芽一点？

英国历史学家汤因比给出了这样的答案："在中国……儒学虽然懂得水利对农业和交通的价值，但对农业以外的经济事业（商业）不感兴趣。这种经济结构的缺陷不仅可以用来解释中国这样的统一国家不断崩溃的事实，而且也适用于其他建立在同样的经济和社会基础之上的国家。譬如，它可以解释埃及古王国的覆灭，可解释公元5世纪罗马帝国的统治在其西部行省的垮台……"[1]仅仅是一句"不感兴趣"还不足以解释中国的状况。

从文化上看，民以食为天。虽然华夏第一相管仲对商人的存在价值是充分肯定的，但还是被后世的儒家主流思想所淹没。"故无使下当上必行之，然后移商人于国，非用人也，不择乡而处，不择君而使，出则从利，入则不守。国之山林也，则而利之。市尘之所及，二依其本。"（《管子·侈靡第三十五》）

在小农经济条件下，商人贩卖粮食会被看作是投机倒把的行为，为儒家"君子喻于义，小人喻于利"的思想所不齿，因此，统治者、士大夫不喜欢他们。我国向来慈善文化缺失，虽然也有一些

---

[1] [英国]阿诺德·汤因比著，刘北成、郭小凌译：《历史研究》（插图本），上海世纪出版集团，2005年4月版，第41页。

乐善好施者，儒家也提倡说："君子有三思，不可不察也。少而不学，长无能也；老而不教，死莫之思也；有而不施，穷莫之救也。"（《孔子家语》）但是，现实中富家地主向来被看作为富不仁，商人在传统文化里处于末流，因此，农民也不喜欢他们。这就是中国古代重农抑商政策的群众和社会文化基础。

从经济上看，在农耕社会种子、农药和化肥没有重大突破的前提下，农业的产量不会有重大提升，农业生产抗天灾的能力低下，农产品的剩余总归是有限的。既然生产技术这么低下，那么，就不能让商业等逐利活动把农民过多地吸引过去，也不能过于自由迁徙，造成农业劳动力短缺，威胁农耕社会的经济根基。所以，统治者总是想方设法把农民束缚在土地上，让他们安心劳作，并且有些愚民政策的意味。《吕氏春秋·上农》说得很明白：

> 古先圣王之所以导其民者，先务于农。民农非徒为地利也，贵其志也。民农则朴，朴则易用，易用则边境安，主为尊民农则重，重则少私义，少私义则公法立，力专一。民农则其产复，其产复则重徙，重徙则死处而无二虑。舍本而事末则不令，不令则不可以守，不可以战。民舍本而事末则其产约，其产约则轻迁徙，轻迁徙，则国家有患，皆有远志，无有居心。民舍本而事末则好智，好智则多诈，多诈则巧法令，以是为非，以非为是。

到了明朝后期，启蒙思想开始萌芽，我国杰出的思想家、史学家李贽勇敢地站出来，为商人鸣不平，对靠自己的辛劳获利的商人表示同情。他在《又与焦弱侯》一文中说："且商贾亦何可鄙之有？挟数万之货，经风涛之险，受辱于官吏，忍诟于市易，辛勤万状，所挟者重，所得者末。"[1] 可是李贽自己最后也被统治者迫害致死，后来改朝换代，大清王朝的思想就更加保守了。

整个明清时期，徽商是最有实力的商人集团之一。徽商，是对安徽徽州地区一府六县出身商人的统称。他们以盐商江春和药商、金融家胡雪岩为代表。徽州在文化上也很先进，清朝初年的80年间曾经产生了519位进士，文化名人有戴震、胡适等人。"由于席丰履厚、移民持续不断、人群素质相对过高，因此，徽商对于江南社会有着重要的影响——它为江南输入了大批的人才、带来了财富和规范、促进了江南城镇的繁荣，对于明清江南社会文化之塑造，也有着重要的作用。"[2]

然而，统治阶层内心深处并不喜欢徽商，虽然康熙、乾隆数次下江南南巡，多数都是他们接待的。但皇帝们仅仅因为有大臣报称"食盐定价过高"，就从商人们手里拿走1000万两白银。而这个时候的英国，早已产生"无代表，不纳税"的政治思想。胡雪岩对支持左宗棠收复新疆做出巨大贡献，最后还是被他老乡李鸿章（"宰相合肥天下瘦"）背后捅了一刀。在民间，普通老百姓，甚至大文

---

[1] 〔明朝〕李贽：《焚书 续焚书》，北京：中华书局，2011年1月北京版，第22页。

[2] 王振忠：《从徽州到江南——明清徽商与区域社会研究》，上海：上海人民出版社，2019年1月版，第11页。

学家冯梦龙等人,也不喜欢巨富的徽商。在他们眼里,徽商都是为富不仁、苛刻冰冷的形象,所以用文学作品狠加鞭挞、挖苦。

一句话,明清整个社会的营商环境还是很差的。

第四节　宋朝的"不抑兼并"政策

相比于大唐帝国的世界级声誉，宋代总体上是一个懦弱，但同时经济总体上相对自由、较为富足的时代。军事和思想控制严格，前者出现严密防范"黄袍加身"的禁军制度，后者出现程朱理学所谓"存天理，灭人欲"。相比汉唐，宋朝廷辖区面积大为缩水，南宋就是半壁江山，周边有金、蒙古、西夏、大理环伺，生存压力很大。所以，宋朝廷对经济的控制相对宽松，土地政策相对自由，也收到了让人意想不到的政策执行效果。

宋朝"不抑兼并"土地政策的缘由

相比于历代王朝对土地兼并、农民流失的恐惧和防范，宋朝廷最大胆的土地政策就是"不抑兼并""田制不立"了，具有自由放任的经济政策取向。其政策思想或者说理由是："富室田连阡陌，为国守财尔！缓急盗贼窃发，边境扰动，兼并之财，乐于输纳，皆我之物。"[1]

开国皇帝赵匡胤对元老石守信等人"杯酒释兵权"时说得很直

---

[1]　王明清：《挥麈录》卷一《后录余话》。

白:"人生如白驹过隙。所以好富贵者,不过欲多积金钱,厚自娱乐,使子孙无贫乏耳,卿等何不释去兵权,出守大藩,择便好田宅市之,为子孙立永远之业,多致歌儿舞女,日饮酒相欢,以终其天年!"(司马光:《涑水记闻》)将军们、开国功臣们,你们还是买些田产,为子孙搞些永久不动产是长远之计啊。

针对开国元勋的态度,老赵比起汉朝刘邦的"狡兔死,走狗烹;飞鸟尽,良弓藏"剪除异姓王的坚决手段,以及明朝朱元璋火烧五凤楼的狠辣计策,那是文明、健康多了。宋太祖主要用了赐予田宅、金钱等经济手段让开国元勋们强制"退休",而不是从肉体上野蛮消灭,充满了"人本主义关怀"。在封建帝王里,也只有唐太宗李世民能与之媲美了。

《宋史·食货志·农田》记载:"自景德以来,四方无事,百姓康乐,户口蕃庶,田野日辟。仁宗继之,益务约己爱人。即位之初,下诏曰:'今宿麦既登,秋种向茂,其令州县谕民,务谨盖藏,无或妄费。'上书者言赋役未均,田制不立,因诏限田。"这表明,当时北宋统治者只想保证国家财税收入,纵容土地兼并,反正最终都是朝廷的财产。司马光更是从宿命论和维护封建王朝等级伦理秩序的角度提出理由:"贵贱贫富,天之分也。""天使汝穷,而汝强通之;天使汝愚,而汝强智之,若是者必得天刑。"此说法,和古希腊柏拉图的"哲学王才有权利当统治者,奴隶应该永远是奴隶"的说辞是一致的,让官民各行其是,官不与民争利,当然就不要抑制土地兼并了。

有政府土地大政方针的指引,官僚地主和地方豪强们兼并起土

图2-4：北宋文官形象　作者摄于安徽合肥包公祠

地来就没有什么顾忌了，私人地主土地所有制有了进一步发展。士大夫叶梦得不厌其烦地训诫子孙："哪有没地致富的？只要有好的田产，能买就买，不要心疼多少钱！"（《石林治生要略》）。宋代的土地兼并确实挺猛烈，但始终没有崩溃失控。就像后世明初朱元璋一怒之下把宰相制度废除一样，虽然石破天惊，敢为别人所不敢为，但政治社会还是向前发展着，反映了我国传统儒家政治文化做根基的政治制度具有超强韧性。同时，这项政策也是促进商品经济大发展的根本制度。

宋代的土地买卖相对自由

宋朝的土地买卖，不像唐朝搞官民二元分割，它没有严格的身份限制。除了对口分田买卖做了一点限制外，只要合法的土地，都可以自由买卖。当然，为了保证国家税收，买卖程序是有严密的规定的。

宋朝继承了北魏开始的土地买卖要先问亲戚邻居的做法，亲邻享有优先购买权。《宋刑统》卷十三明确规定："应典、卖、倚当物业，先问房亲，房亲不要，次问四邻，四邻不要，他人并得交易。房亲着价不尽，亦任就得价高处交易。"

宋代土地交易主要有三种形式，一是绝卖土地，二是典当，三是倚当。

"绝卖""断卖"，是将土地的所有权绝对让渡给买主。而只转让使用权、收益权而保留土地的所有权和回赎权的"典卖"，称之为"活卖"。宋代法律常将其连称为"典卖"做同一规定，无论典、卖都必须符合"先问亲邻""输钱印契""过割赋税""原主离业"等要件，两者的关系十分密切，在民间更常相混淆，引起许多田宅纠纷。

"典当"是指业主把土地交给钱主，并领取银钱，但不付息，保留收赎权；作为典买人的钱主可以使用田产，享有该田产的课利（地租等），以代利息。在典当的过程中，典卖人所保留的土地赎回权，称为"田骨"或"田根"。钱主对田产的用益物权还包括出租和再典当，但不能出卖。如果活卖人以后愿意放弃回赎权（放弃回赎权在民间称为"断骨"），典买人应补足绝卖与典当之间的差价，称为"添贴"或"贴买价钱"。

宋代"典"还易与另一种叫作"抵当"的交易方式相混淆。前者被称作正典，意即正式标准的典当，正式的典当具有以下两个要

地权的转移与保障
——田园诗后的生活

素：第一，典主必须离业，由钱主管业；第二，钱主必须受税，即经官府将典主出典这部分田土的税额割归钱主户下。凡是典主仍管业、仍纳税的就不是正典而是抵当，其实是以产业作为抵押，向钱主借钱。民间进行田土交易，为了逃避国家契税，常常会发生名为"典"、实为"抵当"，最终引起田土纠纷的事情。其具体做法是先定一田宅出典契约，双方不交割赋役，典主不缴契税，业主不离业，交割典钱之后，业主与典主另签订一假租约，继续耕作该田，只是每年交一定的租金。在民间，正典与抵当有时并不做严格区分，而只是笼统地称其为典当。一旦涉及诉讼，官府往往以是否离业作为区分正典与抵当的一个标准。

宋代有关田土制度的一些文献中还常常出现"倚当"这个词。从《名公书判清明集》的案例分析，倚当应是抵当的别称，两者含义趋同，两者皆为附条件的抵押担保。

在宋代，土地买卖同样要签订地契。红契是土地合法交易的凭证，没有缴税的白契则属于私自约定，不受法律保护。红契一般应包括以下内容：主契人的姓名、面积、田色、坐落、四邻界至、典卖原因、交易额、担保、违约责任等。如果没有地契，官府或家族长地籍底册（砧基籍）就成了诉讼断案的重要依据。比如，《名公书判清明集》卷十三记载：

> 南宋年间，有民黄清仲与陈家因田产归属发生争执，到县衙起诉。经查，绍兴年间，黄清仲的祖父黄文炳将田卖给陈经略家，并于陈家经界砧基籍上载明黄文炳管沙坑田

九亩三角，其字迹分明无涂改痕迹，可见此田确为陈家产业。数年后黄文炳之孙黄仲清知陈铁为陈经略家绝继子，未持有当年买田契书，砧基籍又由族长收藏，并因田在黄家门前，于是将砧基籍上原批字扯去，重贴旧纸，写"立契典与"四字，妄称此田原是典与陈家，意欲赎回。赵知县索契书对质，陈铁手无契书，又未从族长处讨得陈家砧基籍，于是赵知县仅凭黄仲清一面之词，将钱二十八贯作为田价付给陈家，将田判给黄家。后陈铁虽上诉于转运司，因无证据而败诉。直到陈铁讨得陈家砧基籍，再向户部申诉，辨明真伪后，才将田判归陈家。

土地买卖的自由化，加上封建王朝官僚职位升迁废黜的无常性、财产权保护的缺失，必然导致了土地所有权的变动频繁，在中国历史上绝无仅有。南宋末年，进士罗椅曾在有趣的《田蛙歌》中讽刺道：

> 暇蟆，暇蟆，汝本吾田蛙。渴饮吾稻根水，饥食吾禾穗花。池塘雨初霁，篱落月半斜。啯啯又向他人叫，使我惆怅悲无涯。暇蟆对我说，使君休怨嗟。古田千年八百主，如今一年换一年。休怨嗟，休怨嗟，明年此日君见我，不知又是谁田蛙。

历史总是惊人的相似。相比于唐朝的两税法改革，贵族和官僚

地权的转移与保障
——田园诗后的生活

地主又不纳税、不服役了,是一种历史的倒退。当南宋后期赋税越来越重时,农民为避税纷纷将土地献于"巨室",自动放弃了,土地兼并速度更快。南宋宋宁宗淳祐六年九月(1246年),殿中侍御史兼侍讲谢方叔言:

> 今百姓膏腴,皆归贵势之家,租米有及百万石者,小民百亩之田,频年差充保役,官吏诛求百端,不得已则献其产于巨室以规免役,小民田日减而保役不休,大官田日增而保役不及,以此弱之肉、强之食,兼并浸盛,民无以遂其生。(《宋史·食货志》)。

方田均税和青苗法

所谓"崖山之后无中国",虽然这种说法过于偏执(中国一直都在),但反映宋朝对中华文明的贡献确实是巨大的。

在经济领域,宋朝已经开始发行纸币,萌芽了农业银行的概念。在文化领域,发明了算盘,宋体字形对汉文明传承作用很大,四大发明中,除了造纸术其他三个都诞生于宋朝。在政治和行政管理领域,宋朝也是有贡献的,影响最大的就是王安石变法。列宁称赞他是"中国11世纪的改革家"。梁启超服膺荆公(王安石担任过宋太傅荆国王文公),称他为"中国大政治家、大文学家"。

先看看方田均税法。

北宋初年,大地主和官僚隐田逃税,小地主和农民赋税不堪重负。到了宋仁宗,虽然号称宋朝全盛时期,但各种危机已经开始显现。宋仁宗曾命翰林学士司马光研究怎样减少财政支出。司马光研究数日，分析到财政用度太浪费、赏赐没有节制、皇家宗室耗费巨大、官僚冗员和军费开支居高不下等一大堆原因，不是他一朝一夕能裁减的。于是，面对王朝各地田赋不公平现象，敢想敢干的王安石于熙宁五年（1072年）力推方田均税。这并不是他的原创，孙琳和神童郭咨曾用千步方田法清查河北的洺州肥乡县等处民田，他加了完善。

方田，意指清丈土地。东西南北四边长各一千步为一大方（当时为一万亩），四边长各一百步为一小方，即方田。首先对已经耕种的各州、县土地进行清丈，核定各户占有土地的数量，并按照田地的地势、肥瘠，把田地划分为五个等级，制定地籍，分别规定各等级的税额。对无法种庄稼的未利用地，包括陂塘、道路、沟河、坟墓、荒地等都不征税。编制方账、庄账、户帖和甲帖作为存案和凭证，田产和税额交割转移，官给契，县置簿，都以方田亩数为准。

方田均税法意义重大。它消除了隐田逃税之现象，增加了赋税收入，一定程度地减轻了农民的负担。但它却侵害了豪强地主阶级的特权利益，遭到他们的强烈反对，整天数落新制度的不是，给皇帝施加压力。最臭名昭著的是，他们搞了个所谓"流民图"，把正常的天灾祸水泼向新法。到了元丰八年十一月，宋哲宗废止了方田法，已清丈的方田也仍照旧法纳税。

相对于方田法，青苗法更具创造性，它标志着我国农业金融的萌芽。

地权的转移与保障
——田园诗后的生活

"青苗"者,是当时陕西转运司李参为筹措军粮而发明的制度。主要内容是:在每年北方二月、五月青黄不接时,由官府给农民贷款、贷粮,每半年取利息二分(年化利率4%),分别随夏秋两税归还。官府为什么要取利息二分呢?二分不如只收一分利,一分不如不收(无息贷款),送给农民吧?有没有敛财的嫌疑?

对此,王安石在《答曾公立书》中回应道:"然而有官吏之俸、辇运之费、水旱之甫、鼠雀之耗,而必欲广之以待其饥不足而直与之也,则无二分之息可乎?则二分者亦常平之中正也,岂可易哉?"意思是:二分利是调剂行政成本和经济社会收益的一种手段,不然政策无法持续执行下去,岂能更改?

我们看青苗法,有点像现代农业银行(含农商行、农村信用合作社等农村金融机构)发放的支农惠农低息贷款,只不过是政府自己操刀的,是我国农村金融的雏形。不过,大宋朝廷在政策推广时也搞了贷款指标式管理,规定各州县每年必须贷出多少、收回多少任务,层层加码,变成了摊派,一定程度上反而增加了贫民的负担。

从总体上看,青苗法的确增加了财政收入,限制了官僚地主阶层用高利贷对农民的压榨,当然引起他们的强烈不满。元祐元年闰二月,青苗法被废除。废除后,有些臣民又后悔了。包括程颐、苏轼这些鼎鼎大名的学者,还有司马光等大臣。"夫司马君实、范尧夫非当时首攻青苗之人,且攻之最力者耶?曷为于十八年之后,乃复津津乐道之如此?由此观之,则知当时之青苗法,实卓著成效;

而民之涵濡其泽者既久，虽欲强没其美而有所不可得也。"[1]

所谓一朝天子一朝臣。宋神宗死后，宋哲宗即位，不过是宣仁太后临朝理事的。司马光为门下侍郎，当年就把新法废除了。"当又一波严重的旱涝灾害发生时，天空中出现了可怕的彗星，于是天子罢黜了王安石的相位，废除了他的新法，并召回反对者让他们当权。"[2]

王安石罢相后，写过一首脍炙人口的《咏梅》："墙角数枝梅，凌寒独自开。"表现出自己的思想孤独和高尚节操。他的有些政策确实是操之过急了，有的只能说过于超前于时代，北宋腐败的官僚系统还不能很好地完成这个伟大变革。

可见，在中国封建王朝，改革的成败与否只能依靠最高统治者（一般为皇帝，也有太后掌权的，如汉武帝时的窦太后和清朝光绪帝时的慈禧太后），没有他们的持续支持，改革就会在既得利益集团的持续污蔑、攻击下，以失败告终。中国大的改革，也只能是自上而下的。纵观世界历史，任何国家的大改革，比如土耳其的凯末尔，也必须先控制住军政大权，至少持续个十年八年，然后才能推行行之有效的改革。

---

[1] 梁启超：《王安石传》，北京：商务印书馆，2015年1月版，第122页。

[2] [美国]威尔·杜兰特、阿里尔·杜兰特著，倪玉平、张闶译：《历史的教训》，北京：中国方正出版社，成都：四川人民出版社，2015年1月版，第106页。

地权的转移与保障
——田园诗后的生活

西城所是个奇葩、邪恶的土地管理机构

我们在《水浒传》中目睹了宋徽宗时期蔡京、杨戬等权臣的恶行,反映了明朝士大夫作者对这些邪恶势力的反感和痛恨,实际上,他们确实还搞出了个臭名昭著的奇葩邪恶的土地管理机构西城所,成了这次农民起义的导火索。这并不是小说,而是确有其事。

西城所为公开掠夺人民土地而设置,在政和六年(1116年)由宦官杨戬创建,全称是"西城括田所"。具体方法是:通过颁布法令,在一定地区搜集田契,从甲到乙,从乙到丙,转过来,转过去;或者是开荒地,最后使农民无证可查,无法溯源,就把田地弄到官府手里了。再量地所出,增立官租。据史载,西城所总共搜刮了3.43万余顷的土地。始自京西汝州,渐及于京畿、京东、河北等路。括取天荒、逃田、废堤、退滩、淤地、湖泊等,勒索百姓承佃,强征公田钱。民间好点的田地,都被指为天荒地。鲁山全县土地,都被括为公田!

通过"立法索民田契"这种方法,东京开封以东,不仅普通的民田被变相抢劫,后来连方圆800里的梁山泊都成了朝廷公田了!朝廷规定:百姓凡入湖捕鱼、采藕、割蒲,都要依船只大小课以重税。若有违规犯禁者,则以盗贼论处。贫苦的农民与渔民怎么缴得起重税?长期积压在胸中的怒火终于像火山一样爆发,梁山好汉们要替天行道了!1119年,他们在宋江等人的领导下,铤而走险,宣布起义,凭借梁山泊易守难攻的地形,狙杀前来镇压的官兵。

图2-5：公元279年，南宋王朝最后一点军事家底在广东江门新会的崖山大海战中被蒙古军队全歼，图为1995年在新会崖山水道出土的宋代钱币。藏于广东江门新会崖山海战遗址公园。摄影：作者

公田法

到了南宋宋理宗时期，土地兼并得有点过分了，朝廷才出面干预，执行者正是祸国殃民的丞相兼枢密使贾似道，民间戏称的"促织宰相"。景定四年（1263年）他强制推行公田法12年，堪称唯一的善政了。所谓公田法，基本思想是限制土地买卖、持有规模。首先将官户田产超过标准的部分（200亩），抽出1/3，由国家回买为官田，再租赁出去，希望能解决庞大的官僚机构开支、居高不下的军粮需求和军费、物价上涨等问题。主要内容是：

一、领导带头。宋朝廷已经有了先行先试的先进管理思想，其实是官僚地主阶层反对太强烈。先在浙西平江（今江苏苏州）、嘉

兴、安吉（今浙江湖州）、常州、镇江、江阴等州府实行，再推向各路。贾似道带头献出浙西一万亩田作为官田，期望让反对者闭嘴。

二、赎买对象。最初回买公田的对象是官户超标之田，定下的标准是一品限田50顷，以下每品递减5顷，至九品为5顷。

三、赎买标准。凡经回买的公田，名义上按租额高低给以经济补偿：租额一石以上的，每亩为200贯，九斗的为180贯；八斗160贯，以下依次类推。但补偿的并不是现钱，买公田5000亩以上者，给银半成，官告五成，度牒二成，会子二成半；5000亩以下者，给银半成，官告、度牒各三成，会子三成半；1000亩以下者，不给银子，给度牒、会子各五成；500亩以下者，只给会子。

什么是度牒呢？就是朝廷发给僧侣们用于免除徭役的特权许可证。这样的度牒发多了，交租的土地就越来越少，朝廷的财政收入也就少了。滥发纸币会子更加糟糕。南宋朝廷开动印钞机，每天加印15万贯，专门用来回买公田。这纸币货币管理水平和现代美国多么相似，赵宋王朝的市场经济确实发达，可是经济学基本原理通货膨胀还没搞清楚。后来不可避免地发生恶性通货膨胀，会子严重贬值，只能重新用回金银和铜钱，大大损伤了被赎买者和普通市民的利益。

四、管理机构。在每乡"置官庄一所，民为官耕者曰官佃，为官督者曰庄官。……租一石，明减二年，不许多收"。[1]咸淳四年

---

[1] 《续资治通鉴》卷一七七。

（1268年），取消官庄，改为包佃制，以一二千亩或百亩为一单位，招佃主包佃，再由佃主分佃给承佃户，佃主替代了原来庄官的职责。朝廷在平江、嘉兴、安吉和镇江等地分别设立了专管官田的分司机构。这个机构有点像现代的粮食局及其储备仓库。

江南官僚和地主阶级的利益，尤其是大土地所有者包括一些大商人，肯定是反对者。他们反对的理由很奇葩。公田法实施的第二年（景定五年），江南上空出现一颗大彗星，尾巴很长，这在古代被看作是不吉利的天象。这些反对者就借此对皇帝说："公田不便，民间愁叹不平之所致，乞罢公田，以答天意！"（《咸淳遗事》卷上，见《守山阁丛书》史集）他们更痛恨改革者贾似道，1275年，这项改革也随着贾似道被免职和南宋灭亡而告终。

"不抑兼并"的土地政策客观上刺激了商品经济的繁荣

因为采取了"不抑兼并"的土地政策，地主占有土地数量的增加，农业的发展为商品经济的发展提供了更多的剩余产品，使地主获得的地租增加，资本原始积累增加，可以立即转化为商业资本；刺激了地主阶级的非农业消费需求，购买力上升；释放了大量的农村剩余劳动力，为从事工商业储备了充足的人力资源。这些因素促进宋代商品经济的发展和文化的繁荣。

宋朝最大的耻辱除了半壁国土沦丧、皇帝被掳外，就是花钱买平安的软弱国防政策。辽金西夏少数民族政权不断侵扰和施加压力，金海陵王和世宗的两次南下，宋孝宗的北伐和宁宗时的"开僖北伐"，嘉定四年后直到金朝灭于蒙古，宋金两国战争不断。蒙古

地权的转移与保障
——田园诗后的生活

灭金后,又和南宋展开了长达45年的战争。外敌屡犯,连年作战,给外族的岁钱有增无减,"宋代对辽岁币50万(南宋绍兴后转赠与金),西夏25.5万……总计费用不下百万"(《东京梦华录》卷四)。战争如此频繁,财政压力巨大,土地财产十分珍贵,也是官私都热衷于交易土地的外在动因,促进了商品经济的发展。

图2-6:清明上河图(局部)。此图为广东潮州人用瓷砖翻做的,耗时三年多。
摄影:作者

传世名画张择端的《清明上河图》可以说直观地见证了这种繁荣。

从官方统计数据看,所得结果相似。据史料记载,熙宁十年(1077年),北宋赋税收入为7070万贯,其中工商税4911万贯,占比达70%。可见当时工商业的繁荣程度。而南宋的财政收入则常年保持在一亿以上,南宋土地减少了1/3,税收却增加了2/3,商品经济的发展使商税大大增加,工商业已经取代农业成为第一税源。

宋朝的农业生产技术和农业产量还是挺高的。因为耧锄、耧刀和秧马的使用，提高了劳动生产率，宋朝粮食单产可达到唐朝的两倍。秧马像小船，骑上插秧可减轻疲劳，提高插秧效率。庄稼的干旱问题一直困扰着北方，而南方除了灌溉还有排涝的需要，单靠畜力、人力毕竟力量有限。到了北宋，水车的使用已经较为普遍，尤其是龙骨翻车在南方很常见，高筒转车可以将水提高到10丈以上，使得灌溉效率大为提升。粮食商品化程度大大提高，达到8%左右，为城市的发展和非农业生产生活提供了基础。

有的学者说，土地的大量兼并客观上刺激了商品经济的发展，原理已经清楚了：就是把劳动力释放出来，强制城镇化生产、生活方式。其实这种现象我们也不陌生，这就是英国工业革命的前期所谓"羊吃人"的圈地运动。

图2-7：水车模型　摄影：作者

可是，被兼并的土地，其原占有者都是什么人？都是无权无势的弱势群体，最受伤的还是普通老百姓。所以，从本质上说，这是违反我国民本政治思想传统的，也是反人道的。

第五节　明清的一条鞭法与摊丁入亩

"桃花坞里桃花庵，桃花庵下桃花仙，桃花仙人种桃树，又折花枝当酒钱。……不愿鞠躬车马前，但愿老死花酒间。车尘马足贵者趣，酒盏花枝贫者缘。……世人笑我忒疯癫，我笑世人看不穿。记得五陵豪杰墓（长安附近汉武帝等五位皇帝的墓地），无花无酒锄作田。"这是明朝大才子唐伯虎在《桃花庵》里吐露的人生观和价值观。

唐伯虎的生活并不像周星驰版《唐伯虎点秋香》里描述的那么风流快活，虽然可能有那么一段快乐时光。作为江南四大才子之首，按照当时的社会风俗，去几趟青楼是难免的，但并没有民间传说中的有九位美娇妻。

据考证，晚年的唐伯虎生活在大明王朝后期，有宁王等政治特权统治阶层的腐败带给整个社会的腐败，小规模战乱不断，百姓民不聊生，唐伯虎不从事农业生产，靠卖字画当酒钱、饭钱，又不愿鞍前马后和官僚集团同流合污，当社会整体转向贫困时，他的日子就不好过了。宣称"不炼金丹不坐禅，不为商贾不耕田。闲来写幅丹青卖，不使人间造孽钱"唐寅身体每况愈下，常常靠借钱度日。

1532年，54岁的明朝一代大才子就陨落星辰了。代表自由职业者的大画家生活况且如此，普通农民的生活状况就可想而知了。

半个世纪后，又一位改革家张居正开始颁布"一条鞭法"。

"一条鞭法"的特点与评价

所谓"一条鞭法"，就是把各州县的田赋、徭役以及其他杂征总为一条，合并征收银两，按亩数折算缴纳，大大简化征收手续，也使地方官员难以作弊。其施政理念和唐朝的两税法改革是一样的，都是简政，减轻农民负担。

赋役合一是"一条鞭法"的重要特点。

在改革前，赋税和徭役是分开的、烦琐的、苛刻的。徭役主要有里甲、均徭、杂役三种，里甲又分为100多小类，杂役有50多小类。服徭役的方式分为出力干活的力差和出钱代役的银差。改革后，徭役转入田地中，力差被取消，统一以征收银子的方式进行，简便多了。实际上花钱赎买劳动时间，这样就大大解放了劳动力，农民对封建国家的人身依附关系有所放松。

既然赋役都要入地按田亩核算缴纳，那么，如何准确测定每户的田亩数就是一个大学问了。其实，早在洪武二十年，朱元璋就在原先户籍黄册制度基础上，编制出了鱼鳞图册。黄册，是以户为单位，每户详列乡贯、姓名、年龄、丁口、田宅、资产等，逐一登记在册的"赋役黄册"，因封面用黄纸，故称"黄册"。黄册肇始的严格户籍制度，一直延续到现在。在鱼鳞图册中，把田地山塘挨次排列、丘段连缀地绘制在一起，标明所有人、四至，形似鱼鳞。也称"鱼鳞图""鱼鳞图籍""鱼鳞簿"。《明史·食货志》说:"先是,昭天下编黄册,以户为主,详具旧管、新收、开除、实在之数为四柱式。……鱼鳞册为经,土田之讼质焉。黄册为纬,赋役之法定焉。"

"一条鞭法"促进了社会的公平。

顾炎武说,"盖自条鞭之法行,而民始知有生之乐"。以前的生活真是太辛苦了!劳动者的生产积极性当然有很大的提高。

"一条鞭法"促进了商品经济的发展。

明朝以白银为主的货币体系确立,赋役的货币化、资本化,使较多的农村剩余产品进入市场,促使自然经济进一步瓦解。自由劳动力的增多,为工商业的进一步发展创造了条件。不幸的是,后来在文明上野蛮落后的清军入关,打破了这一自然进程。

"一条鞭法"引申出了火耗问题。

所谓火耗,就是金属熔铸过程的自然损耗。就像装满一蛇皮口袋略微潮湿的稻谷,晒干后自然缩水,不可能再装满口袋了。地方官吏利用这个理由,层层向纳税人加码收取额外的费用,说是弥补熔铸的损耗,实际是乘机敛财的一种手段,加重了农民的负担。火耗归公直到清朝,通过中央政府补贴的方式,才得到解决。税吏盘剥百姓,明朝政府不知道或者不重视这个事情吗?没有"不了解"国情的政治家,只有不想了解国情的昏聩平庸的政客。万历皇帝到了后期,曾经24年不上朝,整天在后宫不知道干什么。皇帝如此,宦官专权,官吏和军队腐败更是触目惊心了。

著名历史学家黄仁宇认为,一条鞭法所产生的变化不仅是有限的，而且注定要失败。如果要带来某种进步，就要求整个税收系统的根本性变革，包括政府预算体系以及金融体系的变革，而在实际上这一变革并未发生。"在落后的情况下，上层制定的财政方案无法与下层的具体情况相适应，中央集权的愿望超出了当时的政府实现这种愿望的技术手段。"[1]

实际上，本书认为技术能力只是一个方面，面对腐败的朝廷和政府，缺乏勤政廉政的地方官吏去执行，设计得再好的制度都难以坚持执行下去。比如，明朝后期朝廷一年财政收入不到3000万两白银，与立国之初比没有显著增加，土地税费折银约2500万两，但皇宫一年的开销就在500万两白银，厨役维持在5000人左右。

内阁首辅徐阶，其家族非法占地24万亩（一说40万亩），处于富庶的江南地区，而张居正全国丈量的土地总面积才7亿亩。官僚特权集团对民众利益的侵害可见一斑，若不是刚正不阿的应天巡抚海瑞敢于斗争，要求地方豪强退出多占土地，这些人还要更肆无忌惮。

更可惜的是，锐意改革的主导者张居正只当政十年就去世了，年仅57岁，一条鞭法没有来得及完善、成熟。在皇宫长大的万历皇帝是典型的不理政、不作为君主。开始时他还励精图治一下，后来懒政怠政，大明中兴的气象就此湮灭。整个大明江山渐渐沉沦，最终结果又是农民起义。北京城被李闯攻陷，崇祯皇帝吊死紫禁城后面的煤山（景山）。大明江山最重要的东北防线、军事要塞山海

---

[1] 黄仁宇：《十六世纪明代中国之财政与税收》，北京：九州出版社，2019年1月版，第3页。

关，被吴三桂打开大门引来清廷铁骑，帝国国土逐步被清廷集团占领。

图2-8：明长城最东端秦皇岛山海关的兵部分司正堂。摄影：作者

摊丁入亩是一条鞭法的改革延续

清兵入关，在当时的汉人看来就是蛮族入侵，除了吴三桂、洪承畴等代表外，当然是奋起反抗，以南明小朝廷、史可法和天地会为代表的反清复明的斗争十分惨烈，时间旷日持久，以至于明朝末年人口减少近一半！清军入关后，实行了四十多年的圈地法，形同抢劫，对正常的农业生产造成严重冲击。

对圈地，顺治时进士、安徽桐城人姚文燮在《圈占记》里有过描述：

地权的转移与保障
——田园诗后的生活

> 凡圈民地，请旨户部遣满官同有司率笔帖式、拨什库、甲丁等员役，所至村庄，相度田亩，两骑前后牵部颁绳索，以记周四围而总积之，每圈共得几百十垧，每壮丁分给五垧，垧六亩，垧者折一绳之方法，其法捷于弓丈，圈一定，则庐舍场圃悉皆屯有，而粮籍以除。[1]

不管有主的地还是无主的地，拿根绳索一量，统统都是八旗子弟的了！这是胜利者、占领者的姿态，实际上就是公然的抢劫。

为什么要圈地？清皇朝的逻辑是这样的：一是屯田意味，通过占领田地补充军饷，适应天下初定时频繁的军事斗争需要。二是围绕京师北京城四百里内，用自己信任的八旗子弟管理农业生产，比有异心的汉族要可靠，然后由近到远，渐至太平。

然而，圈地是不可能持续下去的。

第一，宝贵的土地资源遭到巨大浪费。圈地首要的目的是政治、军事目的，不是农业生产，加上满族士兵们不懂耕作，造成圈地地区农业产量急剧下降甚至荒芜。

第二，圈地造成民怨沸腾影响社会稳定。这给了反清复明势力奋起反抗的正当理由，规模越大越威胁大清皇权的统治基础，何况这些地区主要在京畿重地，英明的统治者不会一点都觉察不到。

第三，圈地法造成国家赋税收入大幅减少。本来正常的土地是要纳税的，但旗人圈占后享有政治特权，赋役全部免除；加上贪官

---

[1] 《皇朝经世文编》卷三十一。

污吏造假舞弊，隐瞒田亩，这样，圈占的土地越大，国家赋税损失得就越多。难怪顺治年间国库长期出现亏空了。比如，《八旗通志》卷六十三记载：

> 八旗地亩，坐落直属州县，为数浩繁，片段错落，非逐细勘丈无由知其确数。而该佐领下催领人等，贪图私取租银，勾连地户，将余出地亩及户绝田亩隐匿不报，亦有佃户因无业主取租，乘机隐漏，隐为己业者。

清初康熙等统治者渐渐感到，仅靠满洲八旗子弟那些人和自己

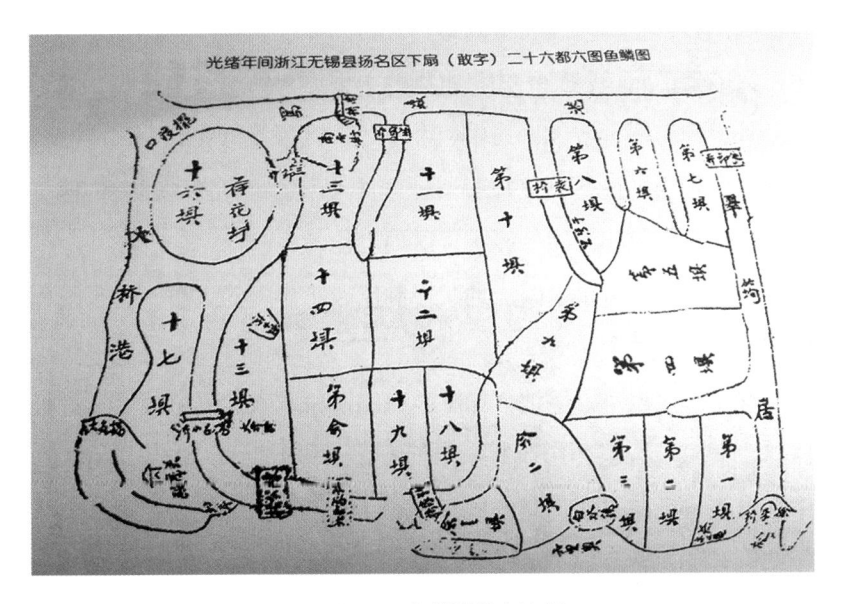

图2-9：鱼鳞图册在清朝
图片来源：张德义、郝毅生：《中国历代土地契证》，河北大学出版社，2009年2月版，第252页。

的劣势文化，无法统治明帝国的遗民，元朝蒙古贵族不愿汉化短命而亡的教训十分深刻，于是康熙在二十四年果断叫停了圈地法，"嗣后永不许圈"。全盘吸取明朝的政治、法律和文化，摊丁入亩政策，实际上也是明朝"一条鞭法"的延续和发展。

所谓摊丁入亩，源于康熙五十一年颁布的一条诏令："滋生人口，永不加赋。"规定将康熙五十年的人丁统计数24621334及丁银数额335万余两作为永久定额，以后滋生的新丁一律免收丁银。康熙的理由是："朕四次经历山东，于民间生计无不深知。东省与他省不同，田野小民俱系与有身家之人耕种。丰年则有身家之人所得者多，而穷民所得之分甚少；一遇凶年，自身并无田地产业，强壮者流离四方，老弱者即死于沟壑。"

到了雍正元年，又正式将定额的丁银摊入到地亩中征收。除了农民外，向工匠征收的匠班银以及屯丁、灶丁等行业的丁银，也一并摊入了地亩，匠籍制度被取消。这样人丁编审失去了存在价值，到了乾隆三十七年，明令废止了这项工作。

摊丁入亩政策是中国土地赋役制度改革史上的大事，具有里程碑式的意义。

首先，它相对公平地增加了政府的财税收入。据史载，到雍正末年，国家库存银两由康熙末年的800万两增加到6000多万两。其中，直隶省征收银两，从雍正二年的2600万两，增加到乾隆三十一年的近3000万两。

其次，它标志着长期形成的丁、地二元税制变为一元税制。自古以来，我国都是把人口和土地拿来一起征税，唐代两税法后，赋税成为重点，到了清朝，终于走向了合一。而这时候康乾盛世后的人口，恰恰是增长到了令人咋舌的地步，由从来不超过1个亿，迅猛增长到从未见过的3个亿！如果每人每年收1两就是3亿两白银啊！放弃巨额人头税的征收，对统治者来说，的确是需要勇气和魄力的。当然，这里面有清朝疆域的相对扩大完整，玉米、土豆和番薯等美洲耐旱作物的广泛引进种植导致。

最后，它促进了工商业的进一步发展。特别是束缚工匠阶层发展的匠籍制度的取消，使他们不再有丁银的负担，能够在自己的行业内从事专业化生产，完成了商品经济发展所需的劳动分工基础。户丁编审制度取消后，农民获得了一定程度的迁徙自由，进一步放松了农民对封建国家的人身依附关系，可以相对自由地利用劳动力，开发边疆、到城镇打工等，奠定了商品经济发展所需的自由劳动力基础。

当然，从来没有绝对的公平，在君主专制时代，号称"天恩浩

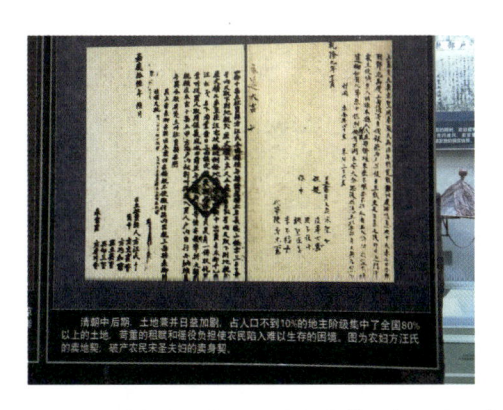

图2-10：清朝中后期，土地兼并的王朝通病又发作了。藏于浙江嘉兴南湖革命纪念馆。　摄影：作者

荡，亘古未有"的这项好政策也难以长期保持下去。大清王朝无力解决这分摊不均的问题，只能将这一部分增加的钱粮摊入荒地。即使将通省均摊改为就各州县分摊，虽从全省的角度解决了分摊不均的问题，但具体到一县之内每个人丁个体，这种不均衡的情况仍然无法彻底解决。

天朝田亩制度

1851年，洪秀全在广西金田县宣布起义，历经千辛万苦，定都南京（天京）。一个独立于清王朝的新政权产生了。虽然它存在的时间并不长，但它加速了大清帝国的崩溃，其政治思想和政治制度也值得我们研究。

我国封建时期一直是农业社会，谁得到农民的拥护，谁就有源源不断的兵源，就能够持续战斗下去。在冷兵器时代武器对等情况下，推翻旧王朝可不是空想。但是，1853年冬天颁布的《天朝田亩制度》的确是空想，他既没有真正实施过，并且是以原始社会的绝对平均主义为指导的。

清朝后期的土地兼并近乎失控，加上1840年后大量的割地赔款需要支付，农民负担过于沉重，这是不少农民投奔太平天国参加战斗的直接原因。

广西桂平县是"田多为富室所有，荷锄扶耜之伦，大半为富人之佃"[1]。

---

[1] 吴铤：《因时论十·田制》，载于《皇朝经世文续编》卷三十五。

顾炎武在《日知录》卷十中描述到富庶的江苏南部地区"一亩之收，不能至三石，少者不过一石有余，而私租之重者一石二三斗，少者亦八九斗"。

左宗棠曾经向朝廷奏报："兹查浙东八府，钱粮征数，以绍兴为最多，浮收之弊，亦以绍兴为尤甚。山阴、会稽、肖山诸县完纳钱粮，向有绅户民户之分，每正耗一两，绅户仅完一两六分至一两三四钱而止，民户则有完至二千八九百文或三四千文者。以国家维正之供，而有绅民重轻之别，以闾阎奉公之款，徒为吏胥中饱之资。官司以赔垫为苦，民户以偏重为苦。"（《左宗棠全集》奏疏卷八）

可见当时社会的贫富差距过大，官员腐败，民怨沸腾，革命形势风起云涌。这还是经济基础比较好的江浙一带，中西部地区更不用说了。

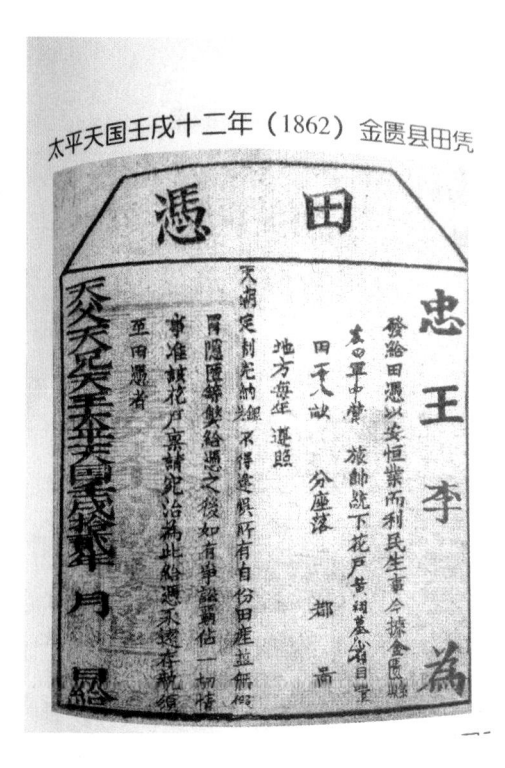

图2-11：太平天国时期的田地凭证。
图片来源：张德义、郝毅生：《中国历代土地契证》，河北大学出版社，2009年2月版，第277页。

地权的转移与保障
——田园诗后的生活

《天朝田亩制度》的主要内容是：

一、原则是："凡天下田，天下人同耕。此处不足，则迁彼处；彼处不足，则迁此处。""无处不均匀，无人不饱暖"。

二、把土地分为九等，好坏平均搭配。再以户为单位，16岁以上分全份，15岁以下分半份。

三、土地平均分配不分男女。还提出了禁止缠足和买卖婚姻，很有进步意义。

四、按照"天下人人不受私，物物归上主"的指导思想，每户留足口粮，其余归天朝圣库。不仅是稻谷、大米如此，凡麦、豆、苎、麻、布、帛、鸡、犬各物及银钱亦然。

这个农产品分配制度和我国在人民公社化运动最热时很相似，农民怎么可能有生产积极性呢？因为口粮是有限的、固定的，生产得越多，都归国家了，谁的思想境界那么高都去只讲奉献了？此政策显然没能正视人性的弱点。至少应该是倒过来，"交足国家的，剩下的都是自己的"。

俄国列宁在反对白军联合绞杀时，为了让红军能吃饱饭、能打仗，实行"战时共产主义"，其中包括"余粮收集制"，也是将余粮交给国库，不过是暂时的、紧急状态的，农民还可以忍受。战后，在实施过程中出现严重偏差，把口粮和饲料粮甚至种子粮都征收了，严重破坏了农民的生产积极性，幸好列宁果断将其废除。

1958—1978年，我国的实践充分证明，这种类似的制度没能解决温饱问题。

第六节　党的土地政策演变

1949年蒋介石集团溃逃至台湾，造成了今天中国仍未完全统一的局面。国民党为什么会失掉大陆？蒋经国在日记中说："当政二十年，对其社会改造与民众福利，毫未着手，而党政军事教育人员，只重做官，而未注意三民主义之实行。"除了政府、政党腐败和党政军分立，这确实是重要原因，甚至是根本性的。据凤凰卫视纪录片《世纪张学良》中的采访，西安事变前夕，少帅曾回忆蒋介石在西安命令他去陕北"剿共"，少帅当面感叹：

"你剿不完的。"

"为什么？"蒋质问道。

"共产党的军队有老百姓支持，我们没有！"

共产党凭借马克思、列宁主义的指导，联系中国实际，始终不忘土地革命，争取到了大多数农民的支持。比如，陈毅元帅就说过类似的话，"淮海战役的胜利，是农民用手推车推出来的"。

反观国民党，在早期革命时，孙中山提出过"平均地权""耕者有其田"的口号，但掌握政权后没有主动实施过土地制度的改革；在抗日战争时，大半个中国沦陷，内战时丢掉了整个大陆，也不肯分点土地给农民。"民众福利"在哪里?

土地革命贯穿整个党的革命战争年代

党对土地革命,始终坚持,只是在不同时期根据政治形势做不同程度的调整。

早在1925年,毛泽东同志就运用马克思、列宁主义的方法,在《中国社会各阶级的分析》一文中深刻地指出:

> 谁是我们的敌人?谁是我们的朋友?这个问题是革命的首要问题。……另一部分贫农,则既无充足的农具,又无资金,肥料不足,土地歉收,送租之外,所得无几,更需要出卖一部分劳动力。荒时暴月,向亲友乞哀告怜,借得几斗几升,敷衍三日五日,债务丛集,如牛负重。他们是农民中极艰苦者,极易接受革命的宣传。

到了1927年,他又在《湖南农民运动考察报告》中分析道:中国的男子,普遍受到三种有系统的权力的

图2-12:湖南韶山农民陈逢久吃不上饭了,只好把房子抵押借米吃,这是契约残片。上面毛扎扎的东西是另一位韶山农民的,这是一件蓑衣,不是避雨用的,而是长期用来当被子盖的!可见在清末民初,农民的极端贫困。藏于湖南韶山毛泽东纪念馆。摄影:作者

支配：国家政权、家族权力、神仙鬼神权力。女子除了这三种，还加了个夫权。而地主政权，是一切权力的基干。地主政权既被打翻，族权、神权、夫权便一概跟着动摇起来。

的确，中国的革命战争，本质上是共产党领导的武装农民的斗争。哪个团体有他们的追随和支持，就有源源不断的

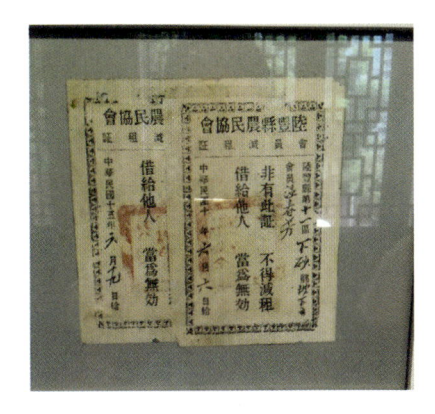

图2-13：1926年前后，广东陆丰县农会颁给会员的减租证。藏于广东广州农讲所。摄影：作者

兵员和后勤补给，确实是"杀不完的"。要取得他们的信任、支持，"打土豪、分田地"是最激动人心的口号、措施了，我党也最终兑现了承诺，实现了立党为公、执政为民。

1930年，中共六届三中全会召开之后的土地立法，大体上都承认了农民的土地所有权。如1931年的《中华苏维埃共和国土地法》规定："现在仍不禁止土地的出租与土地的买卖。"

1939年"五四"，为了反对国民党和日军的封锁，解决生存问题，毛泽东在延安青年群众举行的五四运动二十周年纪念会上的讲演，赞扬了青年的垦荒生产运动。他说：

> 延安的青年们干了些什么呢？他们在学习革命的理论，研究抗日救国的道理和方法。他们在实行生产运动，开发了千亩万亩的荒地。开荒种地这件事，连孔夫子也没有做

过。孔子办学校的时候，他的学生也不少，"贤人七十，弟子三千"，可谓盛矣。但是他的学生比起延安来就少得多，而且不喜欢什么生产运动。他的学生向他请教如何耕田，他就说："不知道，我不如农民。"又问如何种菜，他又说："不知道，我不如种菜的。"[1]

1946年5月，中共通过的《关于清算、减租及土地问题的指示》(《五四指示》)，将抗日战争时期实行的减租减息、停止没收地主土地的政策转变为"耕者有其田"政策。毛泽东解释说：

> 这个让步是正确的，推动了国民党参加抗日，又使解放区的地主减少其对于我们发动农民抗日的阻力。这个政策，如果没有特殊阻碍，我们将在战后继续实行下去。首先在全国范围内实现减租减息，然后采取适当的方法，有步骤地达到"耕者有其田"……国民党政府自己颁布的"二五减租"一类的法令，自己不实行，仅仅在解放区实行了，因此也就成立了罪状：名之曰"奸区"。[2]

土地改革在和平时期的艰难探索

1950年6月，中央人民政府通过了《土地改革法》，确立了农

---

[1] 《毛泽东选集》第二卷，北京：人民出版社，1991年6月第2版，第1076页。

[2] 同上，第1277页。

民土地所有制度。其中，第30条规定："土地改革完成后，由人民政府发给土地所有证，并承认一切土地所有者有自由经营、买卖及出租其土地的权利。土地制度改革以前的土地契约，一律作废。"

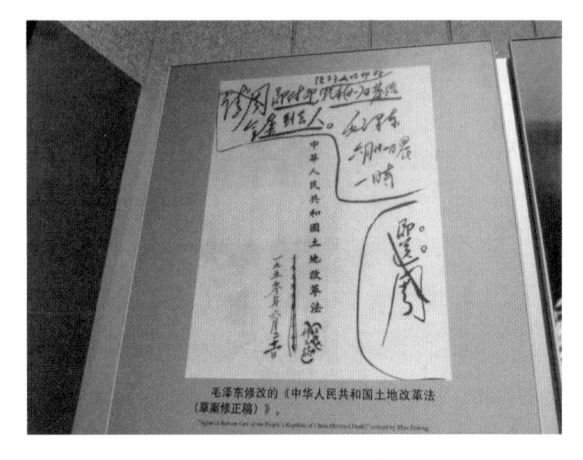

图2-14：毛泽东同志修改的《土地改革法》。藏于湖南韶山毛泽东纪念馆。摄影：作者

1954年，《宪法》第8条则进一步确定："国家依照法律保护农民的土地所有权和其他生产资料所有权。"

这说明，农村土地农民所有制在1949年前后存在过数十年时间，而且可以自由买卖，不仅没有发生严重社会危机，反而受到农村社会的欢迎。这对于取得农民支持，彻底肃清国民党军队在中国大陆的残余势力是非常有利的。为什么这样做？因为按照党的革命理论，中国革命不能毕其功于一役，搞一次革命，只能分两步走：第一步要完成新民主主义革命，即反帝反封建的任务；第二步才是社会主义革命，完成生产资料的社会主义改造。所以，在两个革命的过渡阶段，农民暂时享受到了土地所有权，他们不知道，一场轰轰烈烈的人民公社化运动将会展开。

1958年8月，中共中央参照苏联的集体农庄建设运营模式，通过了《关于在农村建立人民公社的决议》，对农村土地经济进行集体化社会主义改造。人民公社的特征是"一大二公"，即毛泽东所说的："我看，叫大公社。大，人多（几千户，一万户，几万户），地多，综合经营，工农商学兵，农林牧副渔；大，人多势众，办不到的事情就可以办到；大，好管，好纳入计划。公，就是比合作社更要社会主义，把资本主义残余（比如自留地、自养牲口），都可以逐步搞掉。房屋、鸡鸭、房前房后的小树，目前还是自己的，将来也要公有。人民公社兴办公共食堂、托儿所、缝纫组，全体劳动妇女都可以得到解放。人民公社是政社合一，那里将会逐渐没有政权。"

结果，"共产风""浮夸风"越刮越大，致使农业生产遭到巨大破坏。对于亩产上万斤，放卫星，"一个萝卜千斤重，两头毛驴拉不动"……种种荒诞闹剧。有的科学家说，从光合作用理论上讲，这不是没有可能的。可是，敢于坚持自己判断的彭德怀，经过自己下放时的实际农业劳动，认为当时的生产技术条件下是不可能的，长期纵容是要出大问题的。中央派人赴河南信阳进行的饥荒调查，已经暴露出了这种政策执行带来的严重问题。

1958—1961年，加上洪涝等自然灾害，大饥荒悲剧不幸发生，具体饿死了多少人，各方各执一词，至今仍是一个谜。安徽怀远县的朝平老人就是过来人。1960年11月，他回家探亲后返回部队，说村里浮肿病死人不少，一些人就说自己是反对党的"三面红旗"和粮食统购统销政策，他被批判了。有诗为证：

狂风恶浪劫难时，奋斗多年化苦思。满腹心酸无话说，疯言已出难修辞。

后来，自留地还给农民，公共食堂被取消，以生产队为基本核算单位，按农民挣的工分分配劳动成果粮食。即使这样，农民的生产积极性仍然不高，农业生产率还是上不去。

对于当时农民的生产态度，从一个小例子可以看出。安徽有小学教师回忆说："在那个年代，去公共食堂只能喝'四只眼'的米汤稀饭，也就是稀到可以清晰地看到你自己的两只眼睛！到生产队干活，因为缺乏有效监督，干好干坏一个样，干多干少一个样，我们有些人在锄地时就把锄头卸掉，在田地里假装干活！"基本原理是这样的："共同或分别承担责任都要求个人同他人相一致，因此也就会限制每个人的权力。如果让人们共同承担责任，而不在同时规定一个共同的义务和协调的行动，结果便经常是无人真正负责。每人都拥有的财产实际上是无主财产，那么每人都承担的责任就是无人负责。"[1]

笔者的老父亲回忆说："有一年，作为五口之家，我们在秋收时节只分到了四斤四两稻子，怎么够生活？"只能靠萝卜、芋头甚至葵花籽充饥，并且一定要在自留地多种些玉米、高粱等粗粮，不然肯定会饿死。农民忍饥挨饿，生活困顿，这种状况不能无限持续下去了。事实上，1958—1978年的20年间，农民纯收入由87.6元增加到133.6元，几乎全面来自集体分配收入，年均增长不到3元！

---

[1] [英国]哈耶克著，杨玉生、冯兴元、陈茅等译：《自由宪章》，北京：中国社会科学出版社，2012年5月版，第122页。

地权的转移与保障
——田园诗后的生活

安徽小岗村之路

1978年，发端于安徽凤阳小岗村的农村土地改革终于来了。在安徽当时省委书记万里同志的支持、主导下，凤阳搞的模式叫作"家庭联产承包责任制"，实际上就是把耕地的经营权按照户进行区分，村集体保留所有权。这种基本制度一直延续至今，并且写入了《宪法》，直到珠三角地区率先创造出新的制度——股份合作制。为什么一个关键的制度安排，就能把全民由饥荒提升到温饱状态？解决了几亿国人的吃饭大问题？从现代管理学和经济学的角度看，一点都不稀奇。

凤阳人敢想、敢干的精神，才值得称道，一如当年朱元璋率领团队，果断推翻了不可一世的元帝国，挽救了汉民族的尊严（从当时的历史眼光看）。这次土地改革的要领其实就是从集体负责耕作、实际是无人负责的状态，精准定位到包产到户（家长）。大家都是熟人社会，田陌相连，种不好地会被人笑话的，在村里面抬不起头的，事关面子大问题。你总不能沉醉在麻将、牌九中，造成田园荒芜吃不上饭吧？种地丰收了，交了公粮后都是自己的，生产积极性就调动起来了。这个是要害，就是极大地增强了农民的责任意识。

1993年，中共中央、国务院出台《关于当前农业和农村经济发展的若干政策与措施》，其中规定："以家庭联产承包为主的责任制和统分结合的双层经营体制，是我国农村经济的一项基本制度，要长期稳定，并不断完善。为了稳定土地承包关系，鼓励农民增加

图2-15：安徽凤阳县小岗村的大包干纪念馆。摄影：作者

图2-16：小岗村的部分土地已经流转，有的建成葡萄园、农业产业园等。

投入，提高土地的生产率，在原定的耕地承包期到期之后，再延长三十年不变。"解答了农民关于"土地承包经营权三十年期满后怎么办"的重大问题。

从现实操作看，1978年分田"单干"后，江西、湖南、山东等地依据家庭人口和户籍变化，搞过对农村土地的再行分配，而安徽的制度最稳定，从没有再动过，但民间也有人在半公开地进行土地流转。

2013年11月，党的十八届三中全会通过了《中共中央关于全面深化改革若干重大问题的决定》，关于农村土地制度，改革思路如下："加快构建新型农业经营体系。坚持家庭经营在农业中的基础性地位，推进家庭经营、集体经营、合作经营、企业经营等共同发展的农业经营方式创新。坚持农村土地集体所有权，依法维护农民土地承包经营权，发展壮大集体经济。稳定农村土地承包关系并保持长久不变，在坚持和完善最严格的耕地保护制度前提下，赋予农民对承包地占有、使用、收益、流转及承包经营权抵押、担保权能，允许农民以承包经营权入股发展农业产业化经营。鼓励承包经营权在公开市场上向专业大户、家庭农场、农民合作社、农业企业流转，发展多种形式规模经营。"

党中央再次强调"稳定农村土地承包关系并保持长久不变"，这次又没有说定多少年，在未来政策执行上带有模糊性，也留下了改进的灵活性，这是一种政治智慧。可以看出，当前中国的农村土地关系，已经模式众多，不再那么单一了，唯一不变的就是，村集体仍然牢牢把握着法律上的土地所有权。这个是政策底线。

现在的小岗村，村里土地有的转包给种植大户、葡萄园、农业产业园等，便于规模经营。一些村民从土地上解放出来，从事少量的商业经营或者外出打工，村里留下的，和安徽其他农村一样是老人和儿童。只不过，慕名而来的参观者、乡村旅游者有客流，小岗村村民可以开一些饭店、卖一些农产品罢了。中国有18万个村，绝

图2-17：小岗村内已经半城镇化了，参观者、旅游者的到来给当地村民带来了工商业就业机会。摄影：作者

大多数村落默默无闻、无人问津，恐怕没有小岗村这样的就业机会。

江苏华西村的集体农庄模式

全国范围的"一大二公"的人民公社运动是失败了，江苏华西村的集体农庄却存在到了今天，有时候"存在即合理"（黑格尔的哲学），其运作原理值得探究。

产业发展：

1961年，华西村建村。2015年，华西村吞并了周边的20个经济薄弱村，是一个有青山、有湖面、有高速公路、有航道、有隧道、有直升机场的乡村。

在农业方面，华西村网站在2013年自豪地介绍说：

> 经过多年的发展，华西的农业已经向绿色农业、生态农业、观光农业转型。现在，我们又把农业作为旅游资源，打造集观赏、品尝、科教、生产于一体的农业体系，让游客既能观赏到华西的特色景点，又能体会到农业的科技含量，还能品尝到健康的绿色食品。[1]

在第二产业方面，华西村拥有村办企业58家，有一家上市公司，最著名的是钢铁厂和小发电厂。

---

[1] 《华西都市农业示范园》，天下第一村：华西旅游 http://218.90.134.5/wwwroot/hxc/content/2013-08/15/content_155428.htm

在第三产业方面,极高的知名度也带动了华西村的旅游业,这是低成本、高收益、无污染的好产业。他们于是搞了一堆山寨建筑,让人觉得好像是横店影视城。可是,中国的名村毕竟很少,大概普通村子是学不来的。

住宿与人身自由:350多户华西村村民全部都住进了别墅,面积有三四百平方米。别墅是统一分配的,有围墙和外界隔开,像现代化小区。华西村村民只要不离开村户籍,可以继承房产。

既然华西村的产业不只是农业,那么,它和苏州、东莞等工业化地区一样有雇员,就是没有华西村户籍的人。他们的住宿区和村民通过围墙和长廊分开或者称之为隔离笆。华西村的长廊密布如网,将每家每户都联结起来,并通往工厂、礼堂和会议室等。这样,即使在雨雪天时,村民也不用打伞。

不要以为村民过得悠闲自得。这里外出均得申请请假。请问:我国宪法规定公民的休息权何在?人身自由等基本权利在哪里?

图2-18:江苏江阴华西村的农民别墅群,给人一种财大气粗的感觉。
摄影:林豹

财产权:村民的大部分工资

收入都作为股金存入村集体账户。村如果需要使用自己股金账户上的钱,须向村里申请,经村委会讨论通过后才能支取。华西人除了别墅,每家还配备轿车,但如果户籍离开村子,包括股金都要被没收。这种做法类似于以色列的基布兹,是比较狠的。实际上,华西村不能算真正意义上的股份合作制,是带有人身依附关系的村落。不过,华西村在其网站上公开强调,"五子"(票子、房子、车子、孩子、面子)很重要。

在股权、财产权上,我们对比一下似乎毫不相关的华为公司。作为一家老牌现代公司,华为一直不上市,在中国是极少的、另类的。按照创始人任正非的说法,原因是担心股东贪婪,榨取公司的一丝利润。他自己持有1.4%的股份,员工每年分红。但是如果员工要离开公司,就必须把所持股份交回公司,公司用钱赎买。这在市场经济条件下是比较温和、合理的。

不过,华西村再有缺点,但一旦村民出去了,说

图2-19:华西村的山寨建筑天安门和长城,和深圳世界之窗的思路是一样的,不出远门就能感受其他地区或国家的地标性建筑。摄影:林豹

自己是"正牌华西村村民",我想他收获的大多数是啧啧的称赞声,因为知名度太高了。这样,村内缺失的财产权和不自由,就被环绕的荣光与虚华的云雾冲淡了、迷醉了……

笔者认为,这样的村寨除了在村办企业发展经济方面还可以,其他的真没什么可学的,我国的其他村落也没必要去羡慕嫉妒恨它,还是走适合自己村落的发展之路为好。30多年过去了,我国确实也没有再出现类似华西村的土地管理、经济发展模式。

平静的台湾土改

蒋介石主要代表官僚资本主义和地主阶级的利益,让他主动进行土地改革,把土地分给农民是不可能的,而且历史已经证明了。所以,我党根据马克思主义基本原理,紧密结合中国国情,进行长时间的土地改革,用暴力革命的方式推翻了蒋家王朝。这是没有选择的无奈,改良与对话之路没能走通,重庆谈判和双十协定都没能得到很好的结果。

这就像清朝末年,社会改良模式寄托于清廷《钦定宪法大纲》的实施,这本是帝国避免流血、社会变动成本最低的最后机会,可惜帝国组个内阁,成员大多数是清皇族,表明没有诚意进行政治体制改革,改良者和群众只能转向暴力革命,这就是辛亥革命。

蒋介石逃到台湾后,进行了深刻的反思,到了偏安一隅且危在旦夕的时刻,终于认识到土地改革的极端重要性,静悄悄的土改大幕拉开了。孙中山"平均地权""耕者有其田"的主张终于在宝岛台湾变为事实。

1949年的台湾刚经过日本50年的残酷殖民统治，经济社会状况都很糟糕。在土地方面，人口占台湾11%的地主却拥有土地56%，88%的农民只占耕地22%，近四成佃农和雇农无地。他们向地主缴纳的地租，一般都在收获总量的50%以上。无论从"中国社会各阶层的分析"还是现代基尼系数（财富占有分配的公平性指数）角度来说，这都是极不公平的。

台湾的土改并没有采用暴力革命方式，直接没收地主土地，而是用和平的方式成功完成。改革指导思想就是"不以暴力手段夺富人之田为己有""不抢富济贫""不实行激烈农民革命""实行温和的改良"。这里面最大的政治考量，仍然是担心中共地下党在台湾发动土地革命，策动农民起义，威胁国民党的统治基础。

土改具体的方式是"阶级合作"，不是"阶级斗争"。政府先出钱，把地主的土地买过来，再根据农民的需要和能力，把土地卖给贫苦农民耕种。如果启动缺乏资金，政府允许农民分期付款或者给予贷款。地主则可用卖地资金从事办企业、做生意等现代产业。由于从事现代产业的利润远高于地租收入，因此他们愿意这么干。

国民党原先尚在大陆执政时，为了表明自己和共产党的区别，号称代表"全民"利益，而这么做是两边不讨好，民众都不满，尤其是农民等底层，更是被打着国民政府旗号的各色恶霸、地主欺压着。国民党去了台湾后，应该说"阶级合作"的功夫总算做了不少，至少没有引起全社会的大不满。

台湾的土改，明显是对中共在大陆土地革命成功的深刻反思，并且吸收借鉴了日本明治维新的经验，毕竟它受到日本长达半个世纪的悲惨殖民统治。明治天皇的土地改革，也是有偿收回日本中下层统治阶级——大名、武士的土地，发放一半的俸禄；发行政府公债，使这些原先封建社会的地主有钱投资工商业，促进商品经济的发展。

土改之所以能完成，是因为国民党在台湾有足够的政治资本。一是经济资源雄厚。运送了大量的黄金、白银和文物到台湾，可以衍生出基础货币乃至通货，大量的钱财收买本来不多的地主阶级不是难事。二是行政、军事力量尚在。国民党军警残余人员和公务员到台湾的大约有一百万，再加上眷属和普通民众，总共有两三百万人。这样的"国家队"力量，管理台湾岛这么小的地方是绰绰有余的。这两个条件缺一不可，所以蒋经国在江西搞土改试验时，终因怕引起社会震动而流产。

"平均地权"的长期历史价值追求

简要梳理我国土地权利变迁史，我们发现：自我国建立封建制国家以来，"富者田连阡陌，贫者亡立锥之地"（董仲舒语）的土地兼并问题始终是困扰统治者的一个心腹大患，从而使平均地权成了一种社会追求的理想。这可划分为两个时期：

封建王朝时期（秦国商鞅变法—清朝灭亡）。这长达两千年的时期可以概括为几种典型土地思想与制度。

秦汉时期：废井田制，承认土地私有。"井田受之于公，毋得鬻卖，故《王制》曰'田里不鬻'，秦开阡陌，遂得卖买。又战得甲首者益田宅，五甲首而隶役五家。"[1]到了汉代，出现限田论与王田制。董仲舒首先提出限田论，"限民名田以赡不足"期望对土地兼并有所抑制，这在经济史上具有重大意义，是政府通过行政手段对土地交易进行干预的典型。王莽建立的新朝，将土地国有化，废除土地私有，禁止土地自由买卖，然后在全国平均分配土地。实质上就是孟子提到的"井田制，不患寡而患不均"的朴素平均主义思想。

北魏—隋唐时期：均田制。就是"雄擅之家，不独膏腴之美；单陋之夫，亦有顷亩之分"。把土地分类后再分给农民，增加财政收入，缓和社会矛盾。唐代对土地买卖限制较严格。一是只能买卖政府许可的赐田、官勋田、永业田等土地类型；二是买卖需符合先申请、后审批缴税等法定程序；三是须订立买卖契约，写明四至、地上附着物随之转让等事项。[2]

北宋的"不用井田之制、不抑兼并"的突破性宽松土地流转制度，这在中国封建王朝之中是绝无仅有的。苏洵认为，对土地分配，只规定个限额即可，而不应总是推倒重来，重新分配。"夫端坐于朝廷，不令于天下，不惊民，不动众，不用井田之制而获井田之利。"宋朝通过"输钱印契"的方式确认土地私有权，禁止重叠典卖土地，严守田土一物一主的原则，允许私人提起关于田地的侵权诉讼，从而为土地流转提供制度的保障并促进实现的可能。宋朝

---

[1] 《文献通考·卷一·田赋考一》。

[2] 张晋藩主编：《中国法制史》，北京：中国政法大学出版社，2011年7月第4版，第155页。

的土地自由流转制度给社会经济的发展带来了巨大进步：一是促进土地利用率的提高。政府出台政策给予鼓励和惩罚，如对新垦土地不征税且承认其土地所有权，荒芜土地超过一定量的县要被惩罚。二是推动了土地立法的进步。光土地契约就有"绝卖契""典契""贴买契"等类型，土地交易的活跃带来了法制的需要，反过来促进对土地所有权保护力度的加大，促进土地交易规范化程度的提高。三是促进农作物产量的提高，土地效益明显。宋朝平均亩产为2石，比唐朝高出30%。四是促进工商业的大发展。部分农业剩余劳动力被从土地上解放出来，从事纺织、采矿、工商、加工等行业，使历史展现出《清明上河图》中描绘的繁荣景象。[1]

明朝年间，国有的官田和私有的民田同时并存，但发展趋势是官田逐步向民田转移。"明朝政权建立以后，在颁布垦田法令鼓励流民积极开荒生产的同时，相继开展了各地土地田产的清丈核查及全国人丁户籍的普查校验，并按调查登记结果统一编制了土地与户籍账簿（鱼鳞图册），作为国家管理控制土地资源、征调租税赋役义务的法律依据。这项活动取得了显著的成效，为土地资源管理及其法制建设积累了一定的经验。"[2]明朝曾颁布一系列律令如《铁榜》《大明律·户律二·田宅》《清丈田粮条例》等，禁止官僚、贵族、豪强地主兼并掠夺田产，但由于政治特权、赋税等方面的不

---

[1] 刘辉：《宋朝"不抑兼并"的土地制度》，载《中国市场》，2010年第24期。

[2] 蒲坚：《中国历代土地资源法制研究》，北京：北京大学出版社，2011年10月第2版，第370页。

平等制度，它和各朝代一样非正常性土地兼并的现象（投献）仍不可避免。明末农民大起义第一次明确提出了"均田免粮"的口号，要求均分朝廷和大地主的土地，仍是朴素的平均主义的思想。

清朝成立之初，曾盛行了40多年的《圈地法》，性质恶劣，给民生带来巨大的负面影响，实际上是为清廷八旗子弟合法圈地提供法律依据。后来颁行的《垦田法》《更名田法》和从"计丁授田"向"摊丁入亩"制度的变革有一定的进步意义。

清朝后期，其"国中之国"太平天国颁布了《天朝田亩制度》更具有重大意义。太平天国规定了全国土地公有制，即"凡天下田，天下人同耕"，土地分配按平均主义进行。即先把农田按质量分为九等，再分配。"凡分田，照人口，不论男妇，其家口多寡，人多则分多，人寡则分寡。"在这些财产分配的基础上，希冀达到"有饭同食，有衣同穿，有钱同使，无处不均匀，无处不饱暖"的理想社会。这是农民长期受贫穷压抑的呼声的自然流露，也是儒家传统思想"不患寡而患不均"的衍生。

民国至中华人民共和国1956年农村土地流转制度的变迁。

马克思主义对土地的论述和孙中山的"平均地权思想"都对中共早期革命活动产生了巨大影响，他们也始终重视这个问题。即中国革命的基本问题是农民问题，农民问题的核心是土地问题。

1928年12月，中共制定了《井冈山土地法》，次年又在此基础上修订制定了《兴国土地法》。毛泽东解释说，《井冈山土地法》是在土地斗争经验上的总结，有些内容后来改正了，这包括"土地所有权属政府而不是农民，农民只有使用权""禁止土地买卖"等等。[1]这些土地流转政策的修订无疑是革命性的,也非常彻底,是中国第一部彻底废除封建土地制度的土地法。

1947年7月通过的《中国土地法大纲》,主要内容是:废除封建性及半封建性剥削的土地制度,实行耕者有其田的土地制度;乡村中的一切地主的土地、公地及其他一切土地,由乡村农会接收,并按乡村全部人口统一平均分配给农民和地主。该法的"平均地权"思想最为突出,从而最大限度地为中共打赢内战奠定了广泛的群众基础。

至于后来农村土地的集体化和合作社制度,中共党内本来就有不同意见。据薄一波回顾,"少奇同志认为,农业集体化必须以国家工业化为条件。我的文章也讲到,没有强大的国营工业,就不能有全体规模上的集体化"[2]。但这些观点没有被引起重视,还是盲目照搬苏联模式,农村走上了吃"大锅饭"的绝对平均主义线路,一直到1978年小岗村开始的农村改革新篇章。

---

[1] 中共中央党校党史教研室编:《中共党史参考资料》(三),北京:人民出版社1979年版,第35页。

[2] 薄一波:《若干重大决策与事件的回顾》(上),北京:中共党史出版社,2008年1月第1版,第148页。

第三章　国外土地变迁简史

本章内容提要：

- 苏俄范式：从农奴制到集体农庄。斯托雷平土地改革—明治维新。
- 大英帝国：庄园制和圈地运动。
- 罗马帝国：格拉古土地改革。铭文土地法。查士丁尼的土地政策。罗马教廷的什一税。
- 美利坚：早期美国梦与土地。宅地法。大规模机械化生产。发达的农业金融。
- 以色列：集体农庄基布兹。

他山之石，可以攻玉。一些发达国家经过三四百年甚至上千年的土地立法实施历史，有走过的弯路和教训，也有许多可以值得我国借鉴的地方。本章就选取了俄国、英美和意大利等国比较有代表性、有特色的探索史，以色列的集体农庄更是带有社会主义的传奇色彩，我们娓娓道来，希望能给读者以启发、对比、思考。此外，日本、巴西等国家，也会顺带穿插提到，方便读者理解。

第一节　苏俄范式：从农奴制到集体农庄

如果说我国现行的土地制度和国外哪个国家最相似，这个国家无疑是俄国。众所周知，中共的启蒙思想、立国思想是俄国"十月革命一声炮响为我们送来马列主义"，相关的制度设计参照苏联时期就自然而然了。只不过，在赫鲁晓夫上台后，中苏关系交恶，苏联变成了"苏修"，两党交往一度中断。

国民党在早期就提出"联俄、联共、扶助农工"的口号；蒋介石集团想效法俄国搞"一个政党，一个领袖"，后来1945年日本投降后，苏联主要力挺中共，国民党只得断其交往。此外，还有新疆的独立王国反动派盛世才也是主张以俄为师……俄国在20世纪对我国影响深远。历史不会突然断裂，俄国自身在革命前也有自己的土地管理传统和改革。

野蛮黑暗的俄国农奴制

俄国政治、文化中心位于东欧平原东侧，是一个一望无际、一马平川的大平原。这种没有山川、大河阻隔的地理环境，在冷兵器时代极易成为游牧民族的征服对象。所以，对俄国来说，一部中

118 | 地权的转移与保障
——田园诗后的生活

古时代的历史,就是一部被哥萨克、匈奴、蒙古人不断征服的历史。恶劣的生存环境和严寒的气候,养成了俄国人"战斗民族"的性格。

近代以后,从彼得大帝开始,学习西方先进技术和制度,不断向外发动扩张战争,直到2014年收回克里米亚半岛。同样,这样的地理环境和民族性格,形成了俄国中央集权的政治传统,尊重权威、缺乏民主气息的政治文化,农奴制就是一个传统开端。

1649年的沙俄法典规定:领主农民连同老少三代都属于主人。从而确立了农奴制。这以后沙俄的统治模式是:沙皇把土地封给贵族和领主,领主委托总管警察式管理若干个公社,公社把份地分给农民耕种,农民对权贵阶层有人身依附关系。农民不能随意离开村庄。若外出,需先经村社和领主同意,还要缴纳额外的代役租税,然后才可以领到"护照";擅自外出,就要被官府追捕。这与中国明朝的农民、民主改革前的西藏农奴或美国的黑奴待遇差不多,野蛮黑暗,没有基本人权。看来人类运用起奴隶、半奴隶劳动来,都是无师自通的。

俄国的农民主要可分为四种:领主农民、宫廷农民、国有农民、教会农民。领主和贵族农民是主体,占了2/3,不仅要担负领主赋役,还要向国家纳税,负担较重。宫廷农民和国有农民约占1/5,拥有传奇军事色彩、相对独立的哥萨克族群就属于国有农民。1764年后,教会领地被没收,其农民可划归为国有农民。

俄国公社土地有集体的性质,定期重分但不能买卖。"公社给某一农户份地的数量,以这一农户缴纳租税的能力为前提。这与农户的劳动力和拥有的耕畜数量有关。谁家的劳力多、耕畜多,分得的份地就多,所承担的租税也相应增加。但同时,公社应当为每个成员提供维持其最低生活所必需的土地。……公社不允许土地兼并。"[1]我们可以明显看出,这些土地流转政策和我国在刚改革开放时的农村土地改革非常相似,制度的源头来源于苏联公社,而苏联的最终来源也是于此。

1856年克里米亚战争失败后,俄国统治阶层受到较大精神打击,尤其是曾经反对西方化的斯拉夫派和民族主义者。他们把主要原因归结为本国经济社会落后,武器装备、军需保障都落后于英法两国,而农奴制是整个经济发展及社会进步的重大障碍。国际上孤立了,黑海舰队撤走,沿岸军事防御工事要拆除。农民不断的骚乱抗议也让统治者感到忧心忡忡,尼古拉一世统治期间,发生了500多次农奴骚乱……

权衡利弊后,亚历山大二世终于在1861年3月签署了农奴解放法案。其主要条款及后来一系列政策包括:

取缔对农奴的束缚权。

新土地大多数划给村社,但不给个体农民。

土地给农民后,政府给贵族地主给付长期国库券。

农民向政府缴纳赎地费,以49年为期。

农民缴纳人头税,贵族免税。

……

---

[1] 金雁、秦晖著:《农村公社、改革与革命》,北京:东方出版社,2013年4月版,第73页。

地权的转移与保障
——田园诗后的生活

图3-1：亚历山大二世雕像和赫尔辛基大教堂。图片来源：图虫创意。

如果说这些改革有历史进步，那就是占人口大多数的农奴基本解除了对规则的人身依附关系，更加自由了，这确实是俄国历史的重大转折点。两年以后，美国总统林肯也毅然颁布《解放黑人奴隶宣言》，不过这是种族问题，在俄国则是民族问题。

农民本来满怀希望，但是，看到这样的改革又感到很失望：农村土地所有权核心问题并没有被触及，不及预期。又因为要交的土地补偿金过高，结果不到一年搞了1000多起起义表示抗议沙皇偏袒贵族。十几年后，列宁曾痛彻地指出1877—1878年左右俄国土地占有的糟糕情况：

在私有主的10900万俄亩地中，700万俄亩是封地，是归皇族的私有财产。沙皇和他的家族,是俄国的头号地主,是俄国最大的地主。皇家一姓的地要比50万农户的地还多!其次,教堂和寺院所有的地,大约有600万俄亩。我们的神甫向农民宣传不要贪财,要戒欲,而自己则巧取豪夺,抓到了大量的地。[1]

改革政策的不彻底导致俄国农村社会和下层一直不稳定。1877年,俄土战争爆发,虽然俄国最终削弱了奥斯曼土耳其帝国,新获得了一部分土地,但外交政策并不十分成功。1880年后,加在农民身上的糖、煤油、烟草、伏特加酒等税收十分沉重;1881年沙皇亚历山大二世被暗杀。1891年大旱后,伏尔加河等地区出现了严重的饥荒,许多牲畜被卖掉了。到了1905年5月,俄国波罗的海舰队在对马海峡中被日本舰队全歼,国际声誉大幅下降,从此社会更加动荡。工人罢工,"农民骚乱于1906年6月重新燃起大火,在各大城市,社会革命党的多数派及其他革命派常常暗杀警察和政府官员……从1905年末到1910年5月中旬,有6000多官员和警察被杀或受伤"[2]。这种历史背景下,年富力强的首相斯托雷平不得不开展大改革,尤其是土地改革。

---

[1] 中共中央马克思恩格斯列宁斯大林著作编译局编:《列宁选集》(第一卷),北京:人民出版社,1972年10月第2版,第402页。

[2] [美国]沃尔特·G.莫斯著,张冰译:《俄国史(1855—1996)》,海口:海南出版社,第98页、100页。

斯托雷平的土地改革

1905年9月,沙皇俄国在日俄战争中战败,被迫在朴次茅斯签订和约。此事在沙俄引起相当大的震动,虽然战场实际上在中国东北和朝鲜、黄海一带。

1906年11月,斯托雷平在"先稳定,后改革"思想的指导下,开始大胆推行农业和土地改革,颁布《关于农民土地所有制和土地使用的现行法令若干规定的补充》。主要目标是想让宫廷农民和国有农民获得更多自主经营的土地,更容易从银行拿到抵押贷款。农民可以自愿退出村社,对释放劳动力是一个较大的进步。列宁曾称赞斯托雷平的改革彻底摧毁了俄国的旧村社和旧的土地制度,为俄国的发展扫清了道路。这次土改法令的主要内容是:

一、占有份地的户主可以把土地确定为私有财产,共确认1691.9万俄亩;户主保留牧地、林地等公共用地的土地使用权。这样,农村公社开始瓦解,土地产权关系更加清晰。

二、土地可以自由买卖,成为可流通的生产要素。

三、农民以份地抵押,可申请农民银行的贷款。1906—1916年间,农民银行共卖出土地达411.6万俄亩。

四、开展土地平整运动,孤立退社农民建设家庭农村和独立农庄。土地过于条块分割的局面开始有所缓解,有利于使用现代化农业机械进行作业,实现土地规模经营。

……

可以说,农民有了份地原始资本,土地可自由买卖,又有了金融资本做支持,使得这些土地改革能够进行下去,相比1861年土地改革,这是巨大进步。

只要改革的思路正确,谁先改革,谁先受益变强。

20世纪,国民党在台湾实行的土改,也是这种"土地+金融"模式。而台湾的土改,又借鉴了日本明治维新的土地改革政策。

明治土改最大的政策亮点就是允许土地买卖,使土地资本转化为工商资本,加上一系列其他改革措施,促进日本资本主义迅速崛起。"新政权上台不到一年,就取消了各藩大名的征税权,政府收回了土地登记簿,把农民缴的租税……据为己有。这种剥夺并不是无偿的,政府发给每个大名相当于其正常收入一半的俸禄。"[1]

为开发西伯利亚等荒地,斯托雷平还搞起了强制移民政策。

"斯托雷平认为,欧俄每平方公里平均31人,而西伯利亚每平方公里还不足一人,由于欧俄农民人口过剩,他们就要向贵族的土地伸手。如果能把这些剩余人口转移出去,在政治上这些人就不会再伸手要土地,有利于稳定;在经济上更是一个两全其美的措施,既可以消除中部地区过剩的人口,又可以发展西伯利亚等地的经济。于是斯托雷平又是以铁腕来雷厉风行地搞起'大移民'。1906年他一上台,当年就移民13万,此后每年移民50万,到1914年一战爆发时,向西伯利亚移民已达400万人,超过此前300年移民的总和。"[2]这种违背人民意愿、纯粹依靠行政力量的大迁徙政策,当

---

[1] [美国]鲁思·本尼迪克特著,孙志民、马小鹤、朱理译:《菊花与刀》,北京:九州出版社,2005年1月版,第63页。

[2] 金雁:《为什么斯托雷平会败下阵来》,2014-08-25,http://blog.ifeng.com/article/33879101.html

然受到移民和接受地土著居民的联合抵制,结果大部分移民还是回去了,移民开发政策收效甚微,宣告失败。

不过,这次土地改革总体上还是成功的,号称"斯托雷平奇迹"。到1914年一战时,俄国的粮食产量比美国、加拿大和阿根廷的总和还多,而且1913年的人均粮食产量超过了后来整个斯大林时代。土地改革也释放了俄国农村劳动力,加速了工业化和城镇化,到1913年,俄国生产的铁和法国生产的基本持平,生产的煤达到法国的75%左右。

不幸的是,重大改革总是会触动既得利益集团的利益,产生各种各样的社会代价或个人生命财产代价,斯托雷平本人最后被人刺杀。

苏联的土地政策变迁

按照一般的逻辑,土地分给农民了,俄国为什么还会爆发十月革命呢?

首先,沙皇参加了没什么好处的第一次世界大战,并且是失败的,导致俄国社会普遍不满。

其次,"农民不满的另一根源是难以忍受的沉重税收负担。他们不仅要为他们在1861年时得到的土地缴纳赎地费,而且还要缴纳各种地方税。此外,他们还要负担俄国工业化的大部分费用,因为很高的保护关税使他们所购买的制成品的费用上升"[1]。

---

[1] [美国]斯塔夫理阿诺斯:《全球通史·1500年后的世界》,上海:上海社会科学院出版社,"E书时空"制作。

还有，公社复兴运动兴起，领导者抨击斯托雷平残忍、不公平的改革，一大部分土地仍然留在了贵族手里，鼓动农民暴动。列宁说："我们认为革命已经证实和表明，把土地问题提得很明确是十分重要的。"他在1917年11月10日《真理报》第171号上刊登了全俄工兵代表苏维埃第二次代表大会通过的《土地法令》，主要内容如下。

> 立刻无偿地没收地主土地，不付任何赎金。地主的田庄及一切皇室、修道院、教堂的土地，连同耕畜、农具、庄园建筑和一切附属物，一律交给乡土地委员会和县农民代表苏维埃支配，直到召开立宪会议时为止。普通农民和普通哥萨克的土地概不没收。任何毁坏被没收的即今后属于全民的财产的行为，都是严重的罪行，应由革命法庭惩办。土地、森林、矿藏、水流等资源实行国有化，所有的土地和地下的宝藏都是全民财产。永远废除土地私有权，禁止买卖、出租和出典土地。土地平均使用，根据各地条件，按劳动定额和消费定额把土地分配给劳动者。……[1]

土地法令的实施使俄国农民无偿地得到1.5亿公顷土地，农民因赎地而欠下的30亿卢布债款也被取消，苏维埃政权得到劳动农民的

---

[1] 中共中央马克思恩格斯列宁斯大林著作编译局编：《列宁选集》（第一卷），北京：人民出版社，1972年10月第2版，第363—364页。

广泛支持。

1921年，列宁实行向资本主义生产方式有所妥协的"新经济政策"。农民们在向国家缴纳约占其产量的12%的实物税之后，被准许在公开市场上出售他们的农产品，这没有很大程度上改变农民的耕作方式，他们仍然在农村村社中劳动。私人可以开设、经营小商店和小工厂。列宁自己则认为成效显著。他在1922年11月共产国际第四次代表大会做报告时指出："一年来，农民不仅战胜了饥荒，而且缴纳了这么多的粮食税，现在我们已经得到几亿普特的粮食，而且几乎没有使用任何强迫手段。"[1]

到了斯大林时期，进行了土地强制集体化。农民在集体农庄或国营农场里劳动，挣工分，按照工分多少分配粮食。集体农庄和农民，向国家缴纳土地税，现金和缴公粮都行，价格是国家定的低价。农民可以分得一块很小的自留地和1.5亩以上的小园地，但农民同样要把产品按照规定价格出卖给国家。国营农场的职工则可以定期领到工资收入，其面积可达集体农庄的五倍，产品当然交给政府。

富农在开始时是能划拨到好的地块的，但后来因为抵制集体化，怕被贫农拉低，被斯大林视为较大威胁，他们被列为阶级敌人。大量富农通过阶级斗争和警察力量被赶出村庄，要么被关进监狱，要么被抓到西伯利亚等边远地区的劳改营。这种情况索尔仁尼琴曾描述过一段对话：

---

[1] 中共中央马克思恩格斯列宁斯大林著作编译局编：《列宁选集》（第一卷），北京：人民出版社，1972年10月第2版，第664页。

什么？你坐牢只因为是富农的儿子？你爹一个劲儿地耕地、买牛，以为能带到阴间去。他现在在哪里？死在流放地了？把你也关进来了？不，我爹比他聪明：他打小就把什么都喝酒喝得精光，剩了一间空屋子，连一只母鸡都没有交给集体农庄。因为是穷光蛋——马上当了生产队长。我现在照他的样子成天喝酒，无忧无愁。结果是他说对了：西汉布留霍夫刑满之后接着去流放，而穆拉夫廖夫当了该项工程的工会地方委员会主席。[1]

不用赘述，以上这些情况对于1960—1970年期间出生的中国农村居民来说，是最熟悉不过的事情了。这是极左思想指导下走过的弯路。

此后一直到1991年苏联解体，集体农庄或国营农场一直在苏联农业中占据主导地位。

---

[1] 亚历山大·索尔仁尼琴著：《古拉格群岛》，北京：群众出版社，2006年9月版，第557页。

第二节　英国的庄园制和圈地运动

作为盎格鲁·撒克逊文明的三大来源之一——英国政治，英国确实是一个研究人类政治制度和经济史的良好样本，辉煌两百多年的日不落帝国总有些成功之处。法国拿破仑、德国希特勒也没能征服英伦三岛。英国土地制度的变迁，可以代表西欧的土地权利演进史，也是马克思的重点论述对象。

庄园制

我们都读过英国作家艾米莉·勃朗特的史诗巨作《呼啸山庄》，英国思想家奥威尔的《动物庄园》，也知道美国总统会见外国重要元首时喜欢搞"庄园会晤"。2010年，连续剧《唐顿庄园》（Downton Abbey）开播，在北美和英国本土都创下了较高的收视率，并拿到了艾美奖和金球奖。可见在英美世界，庄园文化影响很深，嵌入到文学作品和政治活动中，它更是人们曾经的日常生活。

被翻译成"庄园"，应该说是较为准确的，有庄子，有人住；有园地，有耕地。国王作为封建国家土地的最终所有者，可以将一块土地赐予臣民及其继承人，这块地的领主有义务履行骑士职责，替国王打仗。西欧曾对中东耶路撒冷等地发动过八次十字军东征，主要参加者就是封建领主和骑士，种下了今天基督教和伊斯兰教两种宗教文明的宿怨和冲突。庄园并不是和一个村庄一一对应，大庄园里可以有小庄园，一个庄园可以包括好几个村庄，有的规模相当大。比如，约克郡的韦克菲尔德庄园面积达150平方英里，可以当成一个小镇了。

庄园的土地关系是不完全的雇佣关系，或者是半农奴制。庄园领主向农民提供一小块地以供耕种，收获的农产品归自己所有。农民每周为领主干两三天的活，并且干领主的活要比自己的优先。有时农民也可以用钱来代替自己要出的劳动力，到了16世纪许多地方的农民都愿意出钱代替劳役。不自由的农民未经领主同意，是不能离开庄园的，也不能将女儿外嫁。女儿出嫁了，农民居然要缴一笔结婚税！农民死的时候，其牲畜也要被征作遗产税。

一般庄园都会雇用管家，管理土地耕种和日常事务。例如，诺福克郡的格雷森豪尔庄园除牧场外有1038英亩土地，包括6英亩宅院。1299年，"该庄园有10户维兰（农奴），每户持有24英亩土地和一个标准的宅院。每个维兰都承担相同的义务，它包括为领主锄草松土3天、割草3天、秋季劳作36天、犁1英亩地、用大车施肥，缴纳1只火腿、5只鸡蛋、1只阉鸡、2蒲式耳燕麦（16加仑，约72.6升）。在当时这是很重的负担"。[1]秋季是播种的关键时节，农奴却要为领主白干一个多月，这就是残酷的劳动剥削。

---

[1] 沈汉：《英国土地制度史》，上海：学林出版社，2005年12月版，第51页。

地权的转移与保障
——田园诗后的生活

可见，"庄园意味着剥削，意味着分配不公，意味着不平等，意味着贫富悬殊，意味着制度落后。庄园没落了，意即民众权力高抬，贫富悬殊缩小，社会愈加平等，从政治角度看，这是社会的进步。……可在没落之初，眼见着庄园一座座地拆毁，英国民众并无同情之心。很长一段时间，英国人一直只把庄园与不平等相挂钩，除了少数精英分子，没人想过它是英国文化遗产"[1]。后来，在有关基金国家信托的努力保护下，英国庄园渐渐成了国家文化符号之一，就像007电影系列之军情六处。

庄园里内设庄园法庭。这个法庭并不是现代意义上的纯粹司法审判机构，除了调解纠纷，还兼具了日常行政管理的职能。庄园法庭既可以调解领主和农民之间的事务，又可以调解农民之间的个人诉求，甚至可以审判抢劫、强奸等刑事犯罪。庄园法庭一般每年召集两次，英国各个时期召集频率也不一样，不过，它是收费的，类似于今天的诉讼费。一个庄园掌握了司法权力、行政管理权力，外加限制人身自由，这样的庄园其实就是一个高度独立的小社会，反映了英国封建领主、土地贵族巨大的权力。这样，我们就能够更好地理解为什么世界上第一个现代意义上的君主立宪制国家首先在英国诞生了。

庄园土地不是一成不变的，可以进行转让。"中世纪英国庄园土地的转手，是在封建法律的框架下进行的。当时的法律理论只承认授予和让渡土地，而不承认也不提及出售和购买，但事实上土地

---

[1] 何越：《英国庄园的前世今生》，载英国《金融时报》中文网，2013-11-27，http://www.ftchinese.com/story/001053614?full=y

出售非常普遍。"……"在阿尔希伯里庄园，从1377年到1536年，共进行了747起习惯土地和其他地产的转手。"[1]

庄园在英国如此，在海峡对岸的法国怎样？一样的黑暗。法国现代著名学者马克·布洛赫气愤地写道："在庄园的胜利发展过程中，滥用暴力到处都是举足轻重的因素。……扩展庄园还有另一种方法，即采用契约方式。……这些协议被说成完全是自愿的，各时各地的事实难道真的如此吗？自愿的，这个形容词必须大有保留方可使用。"[2]由于缺乏公正司法权的最终保障，豪强与穷人地位的不平等，所谓"自愿交易"当然是自欺欺人的。

图3-2：丘吉尔庄园（布伦海姆宫）鸟瞰。最早建于1705年，是当时的安妮女王赐予马尔伯勒公爵一世约翰·丘吉尔的，以表彰他击败法军的赫赫战功，耗时17年才完工，号称比法国凡尔赛宫还辉煌宏大。100多年后，英国前首相温斯顿·丘吉尔诞生于此。图片来源：图虫创意

---

[1] 沈汉：《英国土地制度史》，上海：学林出版社，2005年12月版，第60、61页。

[2] [法国]马克·布洛赫著，李增洪等译：《封建社会》，北京：商务印书馆，2004年10月版，第391、393页。

地权的转移与保障
——田园诗后的生活

圈地运动

2012年伦敦奥运会的开幕式上,英国用场景剧的形式让世界回顾了作为人类工业革命的发源地的荣光,同时也不回避圈地运动对耕地减少和农民生活的巨大影响。

社会主义中国熟悉的英国"羊吃人"圈地运动,受到英国哲学家、空想社会主义者莫尔和马克思的多次强调影响最大。

莫尔作为英国16世纪的政治家,目睹了欧洲政治社会的黑暗,参照柏拉图的"理想国",构想了一个并不存在的理想国度——乌托邦。这个词以后也一直成为理想社会的代名词。幻想未来,一般源于对现实的不满,他最大的不满,就是当时英格兰刚兴起的圈地运动。这个圈地运动,从头算到尾,一直到1876年英国议会颁布法令禁止圈地终止,实际跨越了600多年。只不过,有的时代平和些,有的时代剧烈些,很不幸,莫尔赶上的是后者。

他在《乌托邦》一书中愤怒地写道:

你们的羊,曾经是那么驯服,那么容易喂饱,而现在却变得那么贪婪、那么凶蛮,甚至于开始吃人。正是曾经温顺的羊,现在却把你们的田地、家园和城市踩躏成一片废墟。……

英国的土地上,目光所及之处都是牧场和羔羊,一望无际的草场,悠闲的羊群,代替了几年前的麦浪滚滚,农民们的土地不见了。那些贪得无厌的剥削者毁坏了所有的耕地,农田成了牧场,房屋和城镇也都用于饲养牲畜,甚至就连教堂也被用作了羊栏。[1]

马克思作为社会主义思想的集大成者和科学社会主义的创立者，对英国的圈地史更是毫不留情地鞭挞。

马克思认为圈地运动是罪恶的，但从资本原始积累的角度来说，似乎又绕不过去，只是手段暴力、残酷些。"资本积累以剩余价值为前提，剩余价值以资本主义生产为前提，而资本主义生产又以商品生产者握有较大量的资本和劳动力为前提。""原始积累的方法绝不是田园诗式的东西。""1801—1831年农村居民被夺去3511770英亩公有地，并由地主通过议会赠送给地主，难道农村居民为此得到过一文钱的补偿吗？"[2]那么，资本家为什么要把耕地变为牧场，养羊而不是种地呢？

这正应了《史记·货殖列传》那句话："天下熙熙皆为利来，天下攘攘皆为利往。"还有马克思的名言："人们为之奋斗的一切，都和利益有关。"从15世纪起，毛纺织工业迅速发展起来，由羊毛输出国变成呢绒输出国，呢绒运销欧洲各地，成为上层阶级热衷的产品。养羊成为当时很有利可图的事，英国的气候比较适合养羊，导致了圈地运动的兴盛。

这原理类似于捕鲸行业。18世纪到19世纪上半叶，当鲸油作为

---

[1] [英国]莫尔：《乌托邦》，北京：北京出版社，2007年10月版，第22页。

[2] [德国]马克思：《资本论》，北京：人民出版社，2003年5月版，第781、782、796页。

燃料和润滑油、鲸骨作为支撑材料和装饰品,成为受人追捧的商品时,英美等地不少航海家和水手不惜出海一年以上,去茫茫大海中寻找鲸鱼,再冒着生命危险把鲸鱼猎杀,为的也是尝尝"赚钱的味道",直到20世纪初,石油作为燃料逐步取而代之。

16世纪中叶以后,纺织品贸易开始衰落,但随着人口的增加,人们对肉类和奶酪的需求增多。所以,圈地第二个动力产生了:圈占后的土地能够租出更高的价钱。圈占后的荒地,经过改造、平整,或者将零星、分散的土地整合起来,更适用于耕作庄稼或圈养牲畜,土地价值可以达到普通公地的2倍左右。毛利率挺高,有利可图,商品经济的动力就来了。

圈地的范围并不是人们想当然认为的那样,全部是农民的耕地。在16和17世纪,英格兰的圈地主要对象是公地,这里面相当一部分是荒地,上面可能有树林。根据1795年英国农业协会的调查,英格兰和威尔士荒地接近800万英亩。本来,佃户和自耕农可以利用公地节约种地成本,补充家用。每个公地的开垦者可以利用羊的粪给庄稼施肥;不养羊的,每年交点钱也可以从羊栏中领些农家肥使用。农民可以利用公地树林中的树木修建房屋,砍柴做燃料;可以在公地草地上放牛、牧马;可以在公地河流、湖泊中捕鱼。这些都是人类农耕时代,人口还不过剩时的自然权利。

并不是每个国王都对农民的流离失所视而不见的。1489年,亨利七世通过《圈地条例》即"反对夷平市镇的法令",反对推倒附有20英亩土地的农民房屋,圈占耕地。到了1583年,看到少数人手中集中了过多的羊群,居然通过了一项法令,规定:任何人拥有的羊不得超过2万只，否则，每只羊罚款3先令4便士！当然，这样的法令是难以执行的。

1688年光荣革命后，英国的政治体制由君主专制转换为议会主权制度，圈地的主要支持力量也由王室转为议会。1805—1814年，正值拿破仑大军在欧洲大陆势如破竹的时代，英国作为一个例外没有被征服的岛国，当然是忧心忡忡，圈地运动也疯狂起来，这期间议会居然通过了983个圈地法案！比如，1761—1870年，剑桥郡38.4%的土地被圈占了，诺丁汉郡被圈地32%，林肯郡被圈地37.1%。不过，1801年通过的《一般圈地法》，并没有提及对公地和荒地圈占的问题。

圈地运动的结果是多方面的。它不是惨绝人寰式，像20世纪某些国家动不动就搞种族屠杀；当然，也不是温情脉脉的，不会给你合理的补偿。

一方面，迫使农民离开了土地，为城市工商业发展提供了剩余劳动力。没有公平的补偿，对农民来说当然是一种悲剧、一种残酷。去了城镇，不务工行吗？不行，且不说文化程度较低的农民生存困难，还有大量的法律等着惩罚你，特别是对身强力壮又游手好闲的人。在有些时代，搞得过火了农民当然要反抗。亨利八世时期，因为圈地问题，"英格兰几处地方同时发生了叛乱，仿佛平民结成了普遍的同盟……诺福克叛乱更加声势浩大，战斗更加激烈。诺福克人一开始像其他各地民众一样，因反对圈地而躁动"[1]。

---

[1] [英国]大卫·休谟著，刘仲敏译：《英国史Ⅲ：都铎王朝早期》，长春：吉林出版集团有限责任公司，2012年11月版，第291、292页。

另一方面,农场主在建立起大农场之后,便于实行规模经营,进行商品化生产,提高了劳动生产率,客观上确实促进了传统封闭式小农生产向农业资本主义生产方式的转变。马克思在《资本论》(第一卷)中承认:"虽然种地的人数减少了,但土地提供的产品和过去一样多,或者比过去更多,因为伴随土地所有权关系革命而来的,是耕作方法的改进、协作的扩大、生产资料的积聚等等,因为农业雇佣工人不仅被迫加强了劳动强度,而且他们为自己进行劳动的生产范围也日益缩小了。"

1967年,英国修订了《农业法》,其中规定:对小农场合并,政府提供所需费用的50%!理由是为了支持大农场的发展,扩大农场经营的规模,促进农村土地的流转。看来,英国政府对大农场的爱是一贯的。作为君主立宪国家,虽然名义上英国土地属于国王所有,但实际上约90%的土地已经控制在私人手里了。难怪英国前首相卡梅伦参观过中国京沪高铁后感慨,京沪高铁三年就建成了,而英国也用三年,连私人土地征地拆迁都没搞掂。

第三节 罗马帝国的土地制度

研究欧洲的历史,当然绕不开罗马帝国,柏拉图认为,地中海地区是古代世界文明的中心(实际是西方文明)。了解欧洲的土地制度演化史,同样不能脱离罗马帝国或共和国。

罗马法,同样是盎格鲁·撒克逊文明起源的三大支柱之一,其土地制度立法早已达到相当高的成就。我国当代民法学泰斗江平先生说:"我早在三十年前就在中国政法大学开设了罗马法课程,一直坚信,推动罗马法在中国的复兴与中国法律的国际化、现代化是完全一致的。"[1]

格拉古兄弟的土地改革

我们经常说,历史总是惊人的相似。触动利益比触动灵魂还难。……在中古时期,中外的改革者似乎鲜有成功的,即使事情做成了,改革者自身由于触动了既得利益集团的切身利益往往也广受批评甚至被残忍杀害。不幸的是,罗马共和国发动土地改革的格拉

---

[1] 汪洋:《罗马法上的土地制度》,北京:中国法制出版社,2012年4月版,序言一。

地权的转移与保障
——田园诗后的生活

古兄弟和俄国的斯托雷平改革一样,其中之一也被杀害了。

格拉古兄弟,出身于罗马共和国时期的一个贵族家庭,自幼受到古希腊共和、平等思想熏陶。其父亲曾两度出任罗马执政官,外公是第二次布匿战争胜利者——大西庇阿,可以说拉格古家族是具有巨大影响力的政治世家。布匿,即非洲北部古国迦太基,现在突尼斯地区,所谓"阿拉伯之春"发源地。

公元前133年,提比留·格拉古出任人民保民官。为解决兵员不足和贵族过多圈占土地引起社会不满的棘手问题,提出了土地改革法案《森布罗尼土地法》。法案主要内容是:

一是限制公地占有规模。任何人占有土地不得超过500犹格(4犹格相当于1公顷),两个成年儿子可以各占250犹格,李维说每家占有土地限制在1000犹格。注意,该法案并没有触及私有土地,仅仅对公地进行了限制,改革措施并不激进。后来,弟弟盖尤斯·格拉古将分配对象又扩大到拉丁人。

二是凡超过限制规模的全部交还城邦。法案初稿本来是准备给原土地占有者补偿的,后来这些富人的激烈反应激怒了格拉古,干脆不给任何补偿。

三是城邦将收回的土地切分后分给贫民。蒙特认为,将收回的土地再分30犹格的小块土地,分配给贫穷农民使用。分的土地禁止买卖,理由是防止农民再度破产,有点像我国现在的承包地。不过,这些土地可以作为遗产继承。从土地的性质可以看出,因为不能转让,这还不是完整的土地所有权。

四是贫民分得土地需要缴纳税赋。这是由其弟弟盖尤斯·格拉古修订时提出的。如果缴不起，国家收回，重新分配，不至于被富人兼并。原来在500犹格限额内的土地占有者，则不用纳税，用以稳固这些土地占有者的利益，减轻改革阻力。

五是成立"土地分配和争议三人审判委员会"。这个机构相当于现在国土局的有关职能，涉及土地的丈量、性质分类、土地纠纷处理。公民大会选举的第一批土地委员会三名成员，恰恰为格拉古兄弟两人和提比留德岳父，这为贯彻执行法案扫清了人事障碍。到了公元前129年，三人委员会运转得都比较顺畅，后来其司法审判权被划归到执政官，该委员会只保留裁决处理没有争议的公地。不过，这时公地都分配得差不多了，所以委员会名存实亡。

公元前123年，弟弟盖尤斯·格拉古在当选护民官后继续深化改革，推出作为土地法的相关立法。

一是施行《粮食法》。国家在罗马附近建立储备粮仓，应对灾年。以低于市场价的低价向罗马市民每月分发粮食，有时甚至是免费。可见，国家储备粮制度，人类的探索历史相当久远。

二是采用包税制征收什一税。由于罗马版图的扩大，为便于管理，政府对亚细亚行省的征税权转让给骑士阶层，壮大了这个阶层的力量。

广大平民阶层、骑士阶层当然是欢迎的，广泛支持的，但明显触犯了原先那些超占土地的贵族。哥哥惨遭杀害，弟弟则在贵族教唆的地痞流氓政治械斗中，被俘被迫自杀（具体死因另有说法）。

对于这次土地立法和改革，古罗马著名政治家西塞罗却认为"这是有害并且无用的法律"，这是他在《论演说家》里说的。在

《论共和国》里，他又说："你在摧毁迦太基后，将会获得凯旋，出任监察官，出使埃及、叙利亚、亚细亚、希腊，再次被缺席选举为执政官，结束一场伟大的战争，摧毁努曼提亚（西班牙）。但当你乘车来到卡皮托利乌姆时，你将会看到国家因我的外孙的计划而处于动荡之中。"[1]公元前146年，小斯基皮奥摧毁了迦太基，而提比留·格拉古正是老斯基皮奥的女儿科尔涅利娅的大儿子。西塞罗借此事批评格拉古的土地改革给罗马共和国带来了危险和动乱。我们从西塞罗的传世言论中可以看出，很多时候，他是代表贵族阶层的利益，尤其在涉及土地问题上。当然，他始终坚持共和思想是值得尊敬的，也是十分难得的。

古罗马学者普鲁塔克肯定了格拉古兄弟的改革魄力、德行也很高。他说："两个罗马人的主要项目是城市的设置和道路的兴建，比较特别的是提比留·格拉古极其大胆的设想，收回公用土地分发给贫民，仅仅这件事使他暴得大名。"不过，他也认为格拉古兄弟的行动并没有使罗马变得更加伟大。[2]

15世纪，意大利政治家、哲学家马基雅维利评论说："为了化解共和国内部长久以来的动乱，因此订立溯及既往的法律，这个政策本身就考虑不周。……土地法引起的纷争历时三百年才使罗马沦为奴役状态，假如不是平民借这一部法律以及其他需求一直在牵制

---

[1] [古罗马]西塞罗著，王焕生译：《论共和国》，载《西塞罗文集》（政治学卷），北京：中央编译出版社，2010年4月版，第136页。

[2] [古罗马]普鲁塔克著，席代岳译：《希腊罗马名人传》，长春：吉林出版集团有限责任公司，2009年9月版，第1506—1507页。

贵族的野心，该城会更快被奴化。[1]"他的整体评价还是正面的，只是觉得土地法没有充分整合贵族、平民的利益。

铭文土地法

拉格古兄弟死后，对贵族利益的触动变成了禁忌，土地改革陷于停滞，直到公元前111年通过了《铭文土地法》。这部法律重大改革是把大量公地转变为私有土地，并且废除了土地税。主要内容如下：

第3~6条 三人土地委员会重新成为土地的分配者、纠纷调解者，进行土地登记造册，日常管理。

第13条 "……除古老占有者们依法律或平民会决议在限额内所占有的土地之外，如果任何罗马市民以耕种为目的占有不超过30犹格的土地，在本法施行之后，这些土地可以成为私有土地。"这条既鼓励了开垦耕种土地，发展小农经济，夯实国家的经济基础，又对大规模圈地有所限制，立法技术相当高明。

实际上，罗马法调节个人财产关系尤其是土地关系的法律早已萌芽。公元前449年，罗马贵族成立十人委员会（十人团）制定和公布了第一部成文法《十二铜表法》，对土地界址的界定有详细的规定。"凡在自己的土地和邻地之间筑篱笆的，不得越过自己土地的界线；筑围墙的应留空地一尺；挖沟的应留和沟深相同的空地；掘井的应留空地六尺。"

---

[1] [意大利]马基雅维利：《论李维罗马史》，北京：商务印书馆，2013年2月版，第113页。

第14条、24条 讲了公共牧地的使用问题，在人口稀少的古代，这仍是个大问题，管理不好就成了"公地悲剧"（产权没明确区分的情况下，资源开发利用过滥最终导致毁灭）。法条规定："如果放个10头以内的牲畜及不到1岁的小牛犊之类的，就不用缴税了。公共牧地向所有人开放，其他人不得随意圈占牧地。"此外，对已经分配的公共道路沿线的土地，也不用再缴税。

第19条 "……意大利境内曾属罗马人民的公地，如果这些土地或建筑已经依据法律或平民会决议或本法而成为私有财产，则所有主没有义务为这些土地及建筑支付任何税款或费用给国家及包税人，在该土地上放牧的人在本法施行之后——本法废除了该土地上的畜牧税——没有义务为放牧牲畜支付任何税款或费用，任何人都不能做出这类判决。"这条基本可以确定，私有土地不再缴税，当然，这不是长期的，后世的改革仍然要缴的。

第21—22条 曾属罗马人民的公地，除了根据10月11日的元老院决议而出租的库里奥（Curio）以外的土地；任何罗马市民及为罗马提供士兵的拉丁同盟者成员、在所给予的土地上；作为古老占有者或等同于其地位的人，为了便于在该土地上可以根据法律或平民会决议建立或确立城镇和殖民地；依据平民会决议及法律，由三人土地委员会征收土地建立和巩固城镇及殖民地，同时分配给古老占有者土地以置换补偿他们原先占有的被用来建立殖民地的公地，则这些人可以合法地占有这些土地，除了那些依据提比留·格拉古之子，即护民官卡尤·森布罗尼乌斯·格拉古制定通过的法律或平民会决议，禁止分配及排除出分配范围的土地；对于罗马市民及拉丁同盟者成员来说，由三人土地委员会分配的土地、通过继承积累的土地、向原业主购买的土地，都可以成为私有土地。这条是对"古老占有者"在被置换的土地上占有的认可。[1]

第29条　每个罗马市民对于……意大利曾属罗马人民所有的公地，依据本法以及上文规定所享有的任何权利，拉丁人与异邦人通过法律、平民会决议和条约……同样无差别地享有对土地进行利用、占有和收益的权利。这一条很开明，充分体现了平等思想，尊重契约精神。罗马共和国也好，罗马帝国也好。如何处理行省、被征服地区和外国的关系，始终是一个难以回避的问题，外交问题搞不好又是流血战争。

图3-3：古罗马斗兽场。摄影：雁

---

[1] 汪洋：《罗马法上的土地制度》，北京：中国法制出版社，2012年4月版，第188页。

地权的转移与保障
——田园诗后的生活

古罗马的鼎盛时期,无疑是恺撒、奥古斯都统治时代,但也是罗马政体进入帝国独裁时代。罗马的统治者靠什么统治庞大的帝国?他们心知肚明,拥有军队的支持是最核心的。古罗马历史学家阿庇安清醒地指出:

> 领袖们依靠士兵们才能继续维持他们的政权,而士兵们,为了要占有他们所分到的土地,就需依靠那些给予他们土地的人,使他们能够永久掌握政权。他们相信,如果那些给予他们土地的人没有一个强有力的政府的话,他们就不能牢固地保持他们所占有的土地,由于这个必要,他们善意地为他们的领袖而战。[1]

先用分配土地取得军心,然后再通过善治取得民心,开创了一世繁荣。这也许就是奥古斯都的统治秘密。

查士丁尼时代的土地政策

罗马在恺撒和奥古斯都时期,政体由共和国正式转变为帝国体制。而到了公元364年,瓦伦廷尼安被军队推上罗马帝国皇帝宝座。但是,军队又以"帝国面积太大了"为由,不利于国家安全保卫和治理,在帝国东部再立个皇帝,至此,罗马帝国正式分裂。西罗马帝国首都仍然是罗马,东罗马帝国首都为君士坦丁堡,由于君

---

[1] [古罗马]阿庇安著:《罗马史》,北京:商务印书馆,1976年10月版,第432页。

士坦丁堡是在希腊移民城市拜占庭的基础上建立的，所以东罗马帝国又叫拜占庭帝国。

公元476年，西罗马帝国即告灭亡，帝国分裂了，末代皇帝为罗慕洛。而东罗马帝国是在1453年才被突厥人建立的奥斯曼帝国攻占，末代皇帝君士坦丁十一世被杀。1457年，奥斯曼帝国皇帝穆罕默德二世把君士坦丁堡改名为伊斯坦布尔，沿用至今。东罗马帝国存在达1000年之久，比我国的西周时期800年存续时间还要长，对周边地区的政治、法制产生了深远影响。

公元533年，东罗马帝国皇帝查士丁尼命令两名著名法学家编写了《法学总论》，另译为《法学阶梯》，作为罗马法的教科书，实际上具有法律效力。这部法律被西方法学界看成是罗马奴隶制社会一部最完善的私法，查士丁尼本人将其视为"包括了全部法学的基本原理"，其中也有不少关于土地关系调整的珍贵资料。《法学总论》涉及土地关系调整的主要内容如下。

关于奴隶的地位问题

为什么要提奴隶？因为这时的帝国农业，虽然已经有租佃耕作，但大田庄的奴隶制劳动还是占主流，奴隶是直接生产者。在东罗马帝国统治者看来，奴隶根本不算人，而是财产的一部分，属于"物"的范畴。"女奴所生的子女，生来就是奴隶；那些后来成为奴隶的，或者依据万民法，即由于被俘；或依据市民法，即年在20岁以上的自由人意图分得价金，而听由他人将其出卖。"[1]

---

[1] [古罗马]查士丁尼著：《法学总论》，北京：商务印书馆，1989年12月版，第13页。

奴隶可以被释放成为罗马公民，但不是随心所欲而是有限制的。"凡在无偿付能力时释放奴隶，或由于释放奴隶而使自己陷于无偿付能力者，都应被视为意图欺诈债权人而释放。"如果是私自逃亡的奴隶，善意占有人不论经过多长时间，都不能取得该物所有权。

这些奴隶政策并不比500年前的奥古斯都进步多少，只是简便了释放奴隶的手续。在斯巴达克奴隶大起义后，奥古斯都即颁布法令：奴隶的亲属、社会慈善机构或慈善家，都可以把奴隶赎出来。被释放的奴隶可以得到公民权，并且可以从事工匠、参军、经商等各种职业。只是他们不能成为元老院成员，不能得到地方政府中上以上公职，也就是不让他们进入统治阶层。

关于土地等不动产的取得

如果不动产在意大利境内，根据善意取得制度，只需要两年。其用意是避免物的所有权长期处于不确定状态。在继承方面，法定继承人外，母亲制定的、主人指定的继承人都是家外继承人，"只要从事继承人的行为或单凭接受遗产的意愿，而成为继承人。从事继承人的行为，指如同所有人那样处理属于遗产中的物，例如出卖某物，耕种或出租其土地，或采用任何其他方法……"[1]这个条件还是挺人性的，是法律与道德契合的结果。类似于我国继承法里关于尽了赡养义务的儿媳妇或女婿，也可以享有相应的继承权。罗马法对继承方面完善的规定是一脉相承的，奥古斯都时期，对工商业自由经营和财产继承就比较宽容了。"奥古斯都还规定，个人财产

---

[1] [古罗马]查士丁尼著：《法学总论》，北京：商务印书馆，1989年12月版，第105—106页。

可合法继承，只缴5%的遗产税就行了。如果把遗产给予近亲，免征遗产税，穷人的遗产则不征税。"[1]

关于土地等不动产的转让、抵押

"不是所有人都有权让与某物……朕宣布在外省的不动产也禁止让与或抵押，而且即使得到妻子同意，仍不得让与或抵押，以免女性的柔弱会被人利用，造成她们财产上的损失。"[2]毫无疑问，这是赤裸裸的夫权。我国一直到20世纪民主革命时代还是这种状况，毛泽东曾经痛斥过这种现象。

关于土地等不动产的税收

查士丁尼在位时间长达38年，穷兵黩武、连年战争，加上建设索菲亚大教堂（据说耗费了32万磅黄金！）等浩大工程，使得国库空虚，对财政构成巨大压力。他和我国的汉武帝何等相似耳！这个时候，一些奇葩税收就历史性地产生了。

一个是连保地税。就是你房子周边的土地如果荒芜了，房子主人无力缴税了，你要承担连带责任！由你来缴税。这样，如果一片区域只要有一户人家出现债务危机或破产而逃亡，其纳税负担就会转嫁到余下邻家头上，直到所有负担转嫁到最后一户人家头上。其结果，必然出现整片整片的人去楼空、土地荒芜！这对城市经济和工商业发展无疑是巨大破坏。苛政猛于虎啊。

---

[1] 厉以宁：《罗马—拜占庭经济史》，北京：商务印书馆，2015年7月版，第149页。

[2] [古罗马]查士丁尼著：《法学总论》，北京：商务印书馆，1989年12月版，第73页。

地权的转移与保障
——田园诗后的生活

到了公元610年,帝国经济和财政仍然没有好转,并且接连丢掉埃及、叙利亚、巴勒斯坦等土地,连兵源都成了问题。而罗马军团一直是罗马帝国存在、扩张的基石,于是赫勒克留开始重启改革。为了增强军队战斗力,笼络军心,他毅然恢复了中断几百年的向军人授田制。公元前28年,屋大维在扫平安东尼,安抚住三巨头之一雷必达后,感觉天下稍微太平,便裁军30万人。这些军人被授予土地,并发放一笔安家费;如果是军官,给得更多。

赫勒克留也效仿起来,他规定:只要军人及他们的子孙愿意持续服兵役,国家就给士兵一块份地。国家保留所有权,军人有土地使用权、用益物权。可以自己耕种,也可以雇人耕种。经过实施,据统计,到了10世纪,仅伯罗奔尼撒半岛就有军人份地5.8万块,大大充实了帝国军队力量。

总体来说,东罗马帝国的土地关系并不是单一的,有奴隶有佃农,有贵族地产也有宗教地产。"帝国在土地关系方面还有一个与西欧封建社会不同之处,这就是土地一直容许买卖。商人可以购买田产,佃户积蓄了财产同样可以成为田产的主人,从而表明农村中的社会流动性是较大的。"[1]任何时代,只要社会的阶层是充分流动的,而不是固化的,"开放社会"的程度越高,这样的社会自我修复能力就越高,也就越稳定,从而可以存续较长时间。这或许是东罗马帝国能够持续存在千年之久的重要原因。

---

[1] 厉以宁:《罗马—拜占庭经济史》,北京:商务印书馆,2015年7月版,第732页。

罗马教廷的什一税

什一税，这种起源于公元6世纪的由教会征收的税种，尽管开始征收以来就遭到激烈的反对，但是随着基督教传遍欧洲，纳什一税终于成为硬性规定。今天，我们在欧洲随处可见的富丽堂皇又壮观的教堂，比如法国巴黎圣母院、德国科隆大教堂、英国伦敦威斯敏斯特大教堂等，都是教众们用钱堆积起来的。

"教会通过赠与和税收以及它自己的农业、制造业和商业实体获得了巨大的财富。确实，据称它拥有西欧四分之一到三分之一之间的土地。"[1]美国著名法学家博尔曼在论述教会财产法时毫不客气地写道。

向宗教势力贡献土地和税收，历史悠久。基督教产生于中东地区的耶路撒冷，而处在同一地区的、更久远的巴比伦帝国，神庙的势力更是强大，里面的祭师过着不事生产的富足生活。"每一个国王，都对祭师伺候得无微不至。他们不仅修神庙，送食物，送奴隶，而且指定土地做庙产，指定区域献租税。"[2]

公元779年，法兰克王国查理大帝开始明确规定，缴纳什一税是每一个王国居民的义务，西欧各国纷纷效仿。英国则到10世纪才规定必须缴纳什一税。当时征收的什一税分为大什一税（粮食）、小什一税（水果、蔬菜）和血什一税（牲畜）等，其税额往往超过纳税人全部收入的十分之一，大部分负担主要由农民承担。

---

[1] [美国]哈罗德·J.博尔曼著，贺卫方等译：《法律与革命》，北京：法律出版社，2018年9月版，第312页。

[2] [美国]威尔·杜兰特：《东方的遗产》，北京：华夏出版社，2010年7月版，第171页。

图3-4：全球最小国家、世界天主教的中心、罗马教廷所在地——梵蒂冈。这是圣彼得教堂，为世界最大圆顶教堂，可容纳近6万人同时祈祷。摄影：雁

可见，欧洲农民比中国更悲催之处在于，他们受到教廷和土地贵族、精神和世俗的双重压迫，这不是一句"上帝的归上帝，恺撒的归恺撒"就减轻负担了。中国除了南北朝时期佛教泛滥给农民带来残酷压榨，其余时候主要受官僚、地主欺负罢了。

16世纪，路德宗教改革运动期间，改革派原则上同意向世俗君主缴纳什一税，什一税制继续执行。1789年法国大革命废除什一税，对直接收取什一税的人也不予补偿。英裔美国思想家、革命家潘恩深刻地指出："法国宪法业已废除了什一税，该税是什一税的保有者和教区居民之间永存不满的根源。"[1]实际上，教会攫取的

---

[1] [美]托马斯·潘恩著，田飞龙译：《人的权利——驳柏克并论法国大革命与美国革命》，北京：中国法制出版社，2011年9月版，第54页。

价值是超过了十分之一的。不过，法国人的革命和波旁王朝复辟反复进行了多次，宗教界得以喘息，势力依然延续。

到了19世纪初的拿破仑时代，拿破仑凭借在欧洲的超强军事硬实力，从教皇手中自己给自己加冕，才宣告宗教界势力的式微。法国作家司汤达在《红与黑》里，刻画了于连这个形象。红，代表军队、世俗；黑，就是代表教会。

在启蒙思想不断传播之下，其他国家也陆续废除一些类别的什一税，并对直接收取什一税的人进行补偿。不过，保守的英国竟然一直征收到1936年。

今天，在某些新教国家，什一税的残余形式依然存在。如德国规定，公民如未正式宣布退出某一教会，即必须缴纳教会税。美国从无法律规定缴纳什一税，但耶稣基督末世圣徒教会、基督复临安息日会等会派要求信徒纳什一捐，其他会派中有些信徒自愿纳什一捐。不知是被压迫了几千年，早已经习惯了，还是为了信仰，自愿出钱拯救人类灵魂、救赎生灵。不管怎样，我们还是要尊重人家的宗教信仰自由，尊重他们的自主选择。毕竟，这些财产多数都没有流入当地政府系统或个人口袋，而成了教会团体的集体资产。

第四节　美国的土地利用模式

本书第一章已经讲过，美国的历史，从15世纪末欧洲人发现美洲大陆开始一直到1898年吞并夏威夷群岛，就是一部不断扩展的历史。但是，美国的人口，起初是一些印第安部落，在1640年，英属13个殖民地仅有不到24万人，到现在全美国才3亿多人（面积与之大致相等的中国，整整比美国多出11亿人），人均自然资源占有量较高。美国虽不算地广人稀，不过科技、社会发达，物质极大丰富，人民生活水平确实是很高的。2008年，美国首位黑人总统奥巴马写了一部《重温美国梦》，让笔者不得不联想起美国梦与土地的密切联系。

早期美国梦与土地

正如笔者在《美利坚的伊利亚特——从几部经典片看美国梦》一文中指出的那样：

> 美国梦的核心价值，就是一种相信只要通过自己坚持不懈的个人奋斗，就能在美国过上有尊严的生活甚至取得誉

满全球的成功的坚定信念。虽然几百年来美国梦的内涵和实现条件时有微小的变化,但内在特征是比较稳定的:

第一,美国本土丰富的自然资源和优良的宪政体制架构是实现美国梦的自然与政治背景。

第二,相对公正的法治和普遍存在的均等机会是实现美国梦的社会条件。

第三,个人坚忍不拔的创业激情、奋斗精神以及把握机会的能力是实现美国梦的主观条件。……

早期新大陆的美国梦比较原始和简单,主要为了获得土地、黄金等新财富,这个时期的代表影片是查理·卓别林的《淘金记》,还有不少西部牛仔片。随后,对自由、平等、民主等政治价值的追求也让在专制体制下受尽折磨的世界各地的人们看到了生活的希望,向往新大陆的移民源源不断。[1]

早期移民美国的欧洲人,最大的梦想是拥有一块自己的土地,这在旧大陆的欧洲仍然是社会地位和经济安全的象征。英国殖民者为了拓展统治疆域,实现有效治理,在土地政策上也是大力支持私人获得土地并加以开发。"1614年,个人被允许拥有3英亩的私有土地。1618年的人头权利制是建立私有产权的重要的第二步。根据该制度,任何自费去弗吉尼亚的拓殖者均可获得50英亩土地,并可

---

[1] 梧桐雨:《美利坚的伊利亚特——从几部经典片看美国梦》,浙江大学,学位论文。

地权的转移与保障
——田园诗后的生活

图3-5：卓别林主演的《淘金记》剧照，艺术地再现了美国那个火热的年代。图源：1905电影网，图库

因为替任何其他人支付了交通费而获得另外的50英亩土地。在1623年——在首批拓殖者到达詹姆斯敦仅16年后——所有土地均转化为私人所有。那一年的皇室调查同样迎来了殖民地公司形式的解体。"[1]连给人路费都奖励50英亩地，说明圈地开拓者只要到达了目的地，成本并不高，相比于路费而言。

淘金热也是早期美国梦的重要内容。1849年，美国加利福尼亚州只有10万多人，三年后却猛涨到26万人，哪里来的？多数是来淘金的。甚至连美国士兵都经不住诱惑，加入到淘金大队中去了。这些金矿区就是无政府状态，开始时也没有土地产权，后来才有《清溪区法律》，给各淘金者界定一小块区域，从10到30平方英尺不等，以免发生持续不断的地界纠纷斗争。这说明矿产资源开发中，探矿权和开采许可权是一种自然发展的权利，不加区分不利于资源的有序开发和社会的稳定和谐。

美国梦归美国梦，掺杂着梭罗痛恨的奴隶劳动和奴隶贸易，才

---

[1] [美]加里·M.沃尔顿、休·罗考夫著，王珏总译校：《美国经济史》，北京：中国人民大学出版社，第10版，第37页。

是美国历史挥之不去又难以回避的阴影,第一章已讲,这里就不多说了。既有光荣和梦想,又有耻辱和罪恶,才是一部完整的美国成长史。

《宅地法》的实施

1862年,美国正处在南北战争期间,国会依据林肯的意图毅然通过《宅地法》,因为南方民主党根本没参加国会。为什么?因为南方种植园主们还想把美国西部大片未开发的土地据为己有,继续扩大奴隶制。这当然不是林肯等北方集团所愿意看到的。所以,还不如公布实施个宽松土地法,将土地分给西部移民,提升他们"为自己的利益而战"的激情。林肯做到了,西部的移民、农民为联邦军队输送了超过半数的士兵,提供了充足的粮食。这是《宅地法》颁布的主要历史背景,算是半个土地革命。

我们回顾一下第一章已经提到的这部法的慷慨馈赠:"年满21岁的公民,在一块地上居住或耕种5年以上,交10美元土地登记费,即可获得160英亩的公共土地。"在1900年前,美国土地都是充裕的,所以这部法律仍然延续之前的土地自由化政策,只是剩余的未开发地毕竟越来越少了。当然,一次购买联邦土地不能超过1120英亩,从州政府和铁路公司那里购买土地则不受限制,这显然蕴藏着巨大的权力寻租空间,滋生着腐败。

1870年代,美国战争的创伤逐渐恢复,国土进入新一轮整合开发,资本主义生产方式在全国取得大一统的扩张。这10年,美国先后颁布了《植树法》《伐木法》《沙漠土地法》甚至《木材和石头法》!"这一法规认可以每英亩2.5美元的价格,出售位于内华达、加利福尼亚、俄勒冈和华盛顿的含有名贵木材和石头的土地。"[1]这些法律的颁布,实际上是联邦政府的土地开发导向由耕地、牧地,转向林地、矿产资源用地的土地深度开发。美国农场的数量,从1860年的200万个,增加到1880年的400万个,翻了一番。

1887年,美国通过的《道斯法案》,将1亿英亩印第安纳州的土地公开出卖了。印第安人的最后一片大块土地,仍然没有被保护住。早期欧洲和美国移民征服印第安人,首先是用残酷血腥的枪炮、瘟疫,就像我们在奥斯卡获奖影片《与狼共舞》《荒野猎人》里看到的那样;然后,他们再用法律把征服成果扩大化或固定下来。直到今天——2016年,印第安人还在为保护家园,不让白人的输油管道破坏当地生态而斗争着。

通过这些五花八门的法律规定,到1904年,美国有2.78亿英亩的公共土地被私人买走,另有2.73亿英亩公共土地被赠予各州政府和铁路公司。因为修筑铁路这样耗资巨大的工程,属于准公共产品与服务,社会的捐助是杯水车薪,光靠政府也无能为力。政府把土地赠予铁路公司,方便他"以地融资",换取银行信贷,开工建设。当然,获赠的铁路公司必须在运输军队、国有资产和邮件时减少收费。现在我国不少城市修地铁,比如广州,因为面对"一公里需要3个亿"这样的巨大修建成本,地方政府拿不出,也喜欢采用"以地融资"这种模式。

---

[1] [美]加里·M·沃尔顿、休·罗考夫著,王珏总译校:《美国经济史》,北京:中国人民大学出版社,第10版,第325页。

这段时间，美国基本奠定了剩余土地公有向私人手中转移的框架。

美国同样重视农业教育。从1862年《莫里尔法案》开始，联邦政府授予每个州3万英亩土地，用以创办以农学院为主的赠地大学。后来的《哈奇法案》《史密斯-休斯法案》，也是为农业研究提供资金或在中学教授农业课程，有力促进了现代农业的发展。[1]

大规模机械化农业生产模式

1834年，麦考密克发明了机械化收割机，虽然那时候还没有内燃机，蒸汽机也比较笨重，这机器是用两匹马带动的！但毕竟宣布了人工用镰刀收割庄稼的历史要逐渐被改写。1847年在芝加哥建厂制造，开始大规模生产。麦考密克发明的收割机很快风靡美国，后来又推广到欧洲。法国科学院赞扬麦考密克"对农业做出了超过一切人的最大贡献"。1902年他组建的国际收割机公司，至今仍然是世界农机制造业最大的公司。实际上，我国农民一直到20世纪末，很多地区主要的收割工具还是靠手工镰刀。

1851年出现能将割倒的秸秆集放成堆的摇臂收割机。1920年以后由拖拉机驱动的收割机开始取代畜力收割机。除了播种机、收割机，最能代表大规模机械化生产模式的就是用飞机喷洒农药了。

相比之下，一个人背着大药桶，深一脚、浅一脚地在稻田里用

---

[1] [美国]詹姆斯·L·诺瓦克等 著 王宇等 译：《美国农业政策——历史变迁与经济分析》，北京：商务印书馆，2021年3月版，第70页。

图3-6：美国中部爱荷华州的大豆在收割。在2019年前后中美贸易斗争时，大豆是焦点商品。图片来源：图虫创意。

喷雾器杀灭害虫，就是典型的小农生产模式。在淮河流域，七八月间的夏季烈日炎炎，正是稻飞虱等害虫极易繁殖传播的时期，很多一家一户的农民就这样背着沉重的药桶艰辛地劳动，经常不幸发生的，是农药中毒。

飞机尤其是农业无人机喷洒农药优点是明显的：

1.高效。农用直升机飞行速度快，规模作业能达到每小时120—150亩，其效率比常规喷洒高出100倍以上。2.安全。无人机通过遥控操作，农民站在上风口，远距离操作避免暴露于农药下的危险，提高了喷洒作业的安全性。3.节约成本。无人直升机喷洒比采用喷雾喷洒，可以节约50%的农药使用量，节约90%的用水量，很大程度地降低资源成本。4.防治效果好。无人直升机具有作业高度低、飘移少、可空中悬停等特点；喷洒农药时旋翼产生的向下气流有助于增加雾流对农作物的穿透性，防治效果好。欣慰的是，近年来我国无人机作业的规模和普及率越来越高了。

19世纪最后的几十年里，播种机、打谷机陆续被发明出来，大大减轻了农民的体力劳动和辛苦程度。农业机械化时代真的来临了，农业生产率大大提升。不仅如此，1860年，美国有些州就设立了农业大学，提供农业方面的专门教育，可谓相当领先。从1860年到1920年，平均每个农民生产的农产品养活人口，直接翻了一番。于是，美国不是靠英国所谓"羊吃人"的圈地运动产生农村富余劳动力，而是通过生产技术的提升，自然地将农业过剩人口转移到城市从事工业劳动，似乎文明多了。

发达的农业金融体系

美国不仅有完善的土地立法和先进生产机械，还有配套的农业金融体系。多种生产因素支撑美国只用1%的农业人口就养活了全美3亿人口，并且在大量政府补贴下，农产品出口到世界各地。

1916年，美国政府为支持农民购买土地而成立信贷机构，制定了《联邦农业信贷法》，成立了12家联邦土地银行，向农民提供长期贷款。到1940年，合并成5家区域性农业信贷银行，通过分别设在15个农业州的97家农业信贷服务社向农民提供信贷和代理保险业务，每个信贷服务社的贷款规模从5亿到80亿美元。这些信贷服务社不用缴纳联邦企业所得所，而受益农民也免征个人所得税。

1920年代，美国总统柯立芝两次否决了旨在保护农产品"公平价格"的《麦克纳里—霍根法》，但是到1929年，还是通过了《农业市场经营法案》。该法案宗旨是稳定农产品价格，具体做法是设立一个由合作营销协会支持的农业平准基金，基金总额高达5亿美元。

美国的农业保险政策也比较成熟。主要应对自然灾害的巨灾保险，即旱涝、病虫害等，保费由政府全额补贴，农民只缴纳农业部门的管理费；农作物保险，即价格、产量等保险，主要由商业性公司承担，政府也提供一定的公司运营补贴。

第五节 以色列的集体农庄

以色列的集体农庄叫基布兹（Kibbutz），希伯来语意为"团结、集体定居点"，最早成立于1909年，距今已有100多年历史。20世纪初，一些欧洲国家的犹太移民过来开展犹太复国运动，他们到了巴勒斯坦地区看见的并不是《圣经》上说的"流着奶和蜜"的迦南地，而是一片贫瘠荒芜的土地！他们没有气馁，怀着理想主义战天斗地，建立农场养活自己和家人。

目前，以色列有300个基布兹，人口不到全国总人口的3%。基布兹的农业产值达75亿美元，占全国的40%。虽然人口比例比较少，但在资本主义国家中间还能运作得这么好，农业基础这么牢固，一定有其合理性。

社员资格的取得与退出

社员资格的取得，不是像国籍一样一出生就自动获得的。因为公社要存在发展下去，必须是劳动者的集合体，不能养懒汉。一般地年轻人长到28岁时才可以提出加入公社的申请。经全体公社社员无记名投票获得三分之二以上多数同意的，才可成为社员（注意，这是绝对多数，而不是只要求半数通过）。不过，年满18岁的要想申请加入，得服满两年以上兵役，以色列可是一个全民皆兵的国家，而且是全球唯一一个女性也有义务参军入伍的国家。而1958年我国实行的人民公社，只要在村子里出生的，都是自动获得社员资格。

进入公社生活的外嫁女和倒插门女婿呢？一样要通过投票同意才能正式取得社员资格。

公社外的人入社要求更高。"如果公社以外的人希望成为公社成员，首先需要先提交简历和相应的身份证明材料，通过对这些资料的审查，通过面试，才可以开始为期半年的作客期。通过了"作客观察"评估，才可以开始为期2年的实习期。实习期结束时，如果可以在全体社员大会上获得三分之二以上的公社成员无记名投票通过，才能成为公社成员。那些不是在公社中长大的人要想进入，比在中国考公务员还要难。"[1]

公社有退社自由。在公社中长大的年轻人如果想出去闯荡，或者投票没被批准接纳为公社社员，公社就发放一笔费用进行资助，类似于"退伍转业费"。公社没有退休这一说，他们认为劳动有助于健康。不过，如果老人因疾病或年龄因素生活确实不能自理了，由公社出钱进行养老。

如果社员想在社会上工作，体现自己所学知识的价值或人生追求，又想保留社员身份，那就得把自己的工资上交给公社，然后从

---

[1] 谢小庆：《在以色列遭遇"人民公社"》，载于观察者网，http://www.guancha.cn/XieXiaoQing/2013_01_17_121388.shtml

公社领取生活费。

社员的日常生活

穿衣。社员所需的衣物由公社提供，并对每个人进行编号。衣服脏了，可以拿到公社洗衣房去洗，也可以在家自己洗。这个管理方法有点像我国北京地区的大学宿舍，因为学生密集，居住空间有限，不可能每个学生都买洗衣机，对床单、被罩等大件物品，有宿舍管理阿姨统一收洗发放。只不过，这些床上用品是学生自己出钱购买的。

吃饭。基布兹的集体超市免费提供各种食材和佐料，社员可以在家里自己烹调，这一点和我国的人民公社有很大不同，我国农民

图3-7：以色列基布兹，以农业为基础的集体社区。图片来源：图虫创意

那时可是吃集体食堂的。

住宿。基布兹的劳动产品和个人收入均归集体所有，包括了住房。一些基布兹也搞了类似于我国1998年的"房改"，把集体公社的房子折价卖给了个人。在基布兹的早期，实行过一段时间的儿童集体管理制度，类似于斯巴达的军事共产主义生活。现在公社的儿童通常与自己的父母共同生活。

此外，公社社员享有免费的教育、医疗等资源，已经有社会主义的原教旨了。

公社的生产活动

基布兹的土地并不是集体所有，而是归国家所有。基布兹享有土地使用权，但取得并不是像我国无偿划拨，而是要缴"土地出让金"的类似税费，不过优惠额很高，只是象征性地交。基布兹缴纳的营业税、水电费等，和其他市场主体一样，没有优惠。我国在农业方面常常与以色列交流合作。

以色列不仅在军事上是强国，在农业上也毫不逊色，在沙漠上种出了粮食和瓜果，其滴灌技术享誉世界。"基布兹不仅在很大程度上帮以色列基本实现了粮食自给，每年还向欧洲出口大量水果和蔬菜，成为'欧洲的冬季厨房'……还成为仅次于荷兰的欧洲第二大花草供给国……这一切，归功于强大的滴灌技术。"[1]

以色列毕竟是资本主义思想立国，有市场经济基础的大环境，

---

[1] 雷岚：《古今中外的集体农庄扫描》，天涯社区，http://bbs.tianya.cn/m/post-free-5438357-3.shtml

公社当然可以开办企业，从事饲料加工、建材加工、化妆品生产或者旅游业的，都有。因为带动就业能力强，政府对社办企业是扶持的。收入的多元性给基布兹带来了经济的韧性，从而能保持相对稳定性。

图3-8：基布兹的一处学习中心Mizra。供图：亚妮

第四章　土地政策制定与社会状况变迁

本章内容提要：

● 人口结构变迁与群众居住需求：城乡建设用地资源配置失衡。城镇化。城中村与贫民窟。

● 产业结构调整与就业问题：农业占经济总量比例大幅降低。工业化、信息化。耕地保护与粮食安全。

● 涉及土地问题社会矛盾易发多发：村民诉求问题结构。土地权益分配不合理。当前法律框架的薄弱环节。

● 政策制定：公共政策的制定要体现民意。靠法治防止恶意圈地和兼并土地。构建城乡统一的土地产权交易平台。

改革开放以后,我国的经济快速发展、多元化的社会思想快速扩散,这些都给社会结构和人们的文化心理造成了巨大的冲击,尤其是我国农村。顽固抱着一些旧制度不放,死守"祖宗之法不可变"老思想,是跟不上时代变迁节拍的表现,更不能给利益受损的农民带来更多的幸福和获得感。"当整个社会都在变动的时候,让一个阶级保持完全不变几乎是不可能的,让一部分人得以安然地满足他们有失公平和正义的需要与欲望也是极度危险的,社会需要我们的立法者早日将它引上正确的轨道。"[1]

公共问题的缘起

"我们认为,政策问题可以被界定为这样一种状况,即社会上一部分人对社会产生了新的需求或者不满,于是便想通过政府行为来加以解决或进行调整。但并非所有的问题都是公共问题。……公共问题是指那些在现实中给大部分人带来影响并且意义较大的问题(这里的受影响人群也包括那些受到间接影响的人),而且该问题通常很难甚至不可能通过个人行为得到解决。"[2]

依照安德森对公共政策问题的经典界定,当前农村土地政策存在的问题显然是公共问题,而且是基础性的问题。理由如下:

一是农村建设用地利用效率不高。

---

[1] [法国]托克维尔著,张晓明编译:《论美国的民主》,北京:北京出版社,2012年5月版,第163页。

[2] [美国]詹姆斯·E.安德森著,谢明等译:《公共政策制定》(第五版),北京:中国人民大学出版社,2009年8月版,第97页。

现在城镇可开发用地越来越少,只能不断扩大城镇边界。而农村建设用地占了全国一半的建设用地面积,有19.2万平方公里,城镇建成区的总面积不超过10万平方公里。改革开放40多年,有一些原先在农村生活的外出务工的农民或知识分子已在城市购房,站稳脚跟,再回农村老家居住生活可能性不大,这又造成"空心村"现象。全国至少有7000万套农民房和3000万亩宅基地闲置。(自然资源部数据)

二是传统的城镇化模式不利于土地的节约集约利用。

现行土地流转制度已抑制不住城镇不断扩张的动力,导致人口膨胀、交通拥堵、生态环境恶化(雾霾)等"城市病"不断在全国大中城市暴发。一方面,北上广深等大都市房价畸高,远远超过一般市民的支付能力;"鬼城"频现,商品房空置率高,土地空间资源被浪费。另一方面,土地闲置现象严重,土地利用效率低。"这不仅造成社会宝贵资源的大量浪费,引起财富分配明显不公,还间接助推房价过快上涨。"[1]征地方面,客观存在的非法圈地现象还导致耕地等农用地被占用,部分大型房地产开发商和部分地方政府结成利益共同体,损害农民利益。

三是农用地流转不畅带来的诸多问题。

目前,我国城镇不动产保护力度较大,除了个别小城市偶尔会出现楼盘烂尾外,基本没有什么产权纠纷。但是,和宅基地一样,农民对农用地也缺乏完整产权,他们只有承包经营权,不愿意在农

---

[1] 梧桐雨:《对闲置土地处置问题的几点思考》,载《广东国土资源》,2011年第4期。

地上投入更多资源，致使农业发展停滞并导致撂荒现象蔓延。另外，打工收益远大于一般面积的种地所得收益也是个重要经济因素。我国人多地少的矛盾一直存在，不少地方农民的实际人均耕地不足1亩，种地产出连口粮都无法保证，处于一种"食之无味、弃之可惜"的尴尬境地。有些农民在取得其他稳定的经济来源后，干脆将土地流转出去。

应该看到，真正把土地流转出去的农民所占比例并不高。首先这是因为目前我国农民的社会保障工作起步较晚，农民把土地看成是基本生活的保证，不愿意轻易把土地流转出去。其次，从2003年以来，中央针对"三农"的投入大大增加，相关的政策也越来越好，这进一步坚定了这部分农民的想法。第三，对产权纠纷的忧虑也制约了农民土地流转的念头。"现有的农用地流转虽然得到了中央政策的支持，但相关的法律法规还欠缺，流转也缺乏正规中介机构的参与，难以做到规范化管理。"[1]对政策的多变和断层也是农民最担心的问题之一，"无恒产者无恒心"，现行的农村土地流转制度农民始终有忧虑，缺乏足够的财产安全感。

---

[1] 梧桐雨：《几种农用地流转模式比较分析》，载《广东国土资源》，2010年第9期。

第一节 人口结构变迁与群众居住需求

1949年以后,我国逐渐形成了城乡二元分割的社会基本结构,城市居民在很长一段时间内享受了高于农村居民的社会福利和社会权利,甚至让高人一等的优越感在城市人心中滋生。

改革开放以来,我国进行了一系列的经济和社会改革,农民的社会地位有所提高,中共中央制定了"工业反哺农业、城市支持农村"的策略,但城乡二元分割的基本格局没有发生大的变化,农村也难以形成经济内生增长、社会进步的机制。在这里,土地和户籍制度是造成这种不健康社会结构的两大基础性制度,必须予以完善才能填平城乡之间的权利鸿沟,从而使整个社会真正走向城乡一体,实现自由平等、公正法治。

2017年12月,习近平总书记在中央农村工作会议上的讲话中指出,总的看,当前农业基础还比较薄弱,农民年龄知识结构、农村社会建设和乡村治理方面存在的问题则更为突出。比如,一些村庄缺人气、缺活力、缺生机,到村里一看,农宅残垣断壁,老弱妇孺留守,房堵窗、户封门,见到的年轻人不多,村庄空心化、农户空巢化、农民老龄化不断加剧。[1]

在土地方面，国有土地可以自由买卖、出租、转让，但农村集体土地流转受到严格限制，仅限村集体内流转且基本不能抵押、融资。"这种通过行政手段形成的商品房市场与农民房市场（小产权房）的分割，不但影响农民的物质财富，也不利于房地产市场的宏观调控。"[2]

在户籍方面，无论是高考、公务员考试、社会保障等，大部分弱势群体改变自身命运的机会都建立在户籍制度上，有悖于社会机会公平正义的理念，引起社会的不满。的确，我国经济社会发展严重不均衡，东部环渤海、长三角和珠三角地区的地区生产总值占到了全国一半以上，欠发达地区人口迁移到发达地区不可能立即享有发达地区的社会福利，否则是一种反向不公平。积分入户制可以说是珠三角地区目前能找到的比较科学的制度了。

在公共基础设施和公共服务方面，与城镇相比，农村道路、自来水、供气不完善，网络服务、医疗、教育较为滞后。

而我国人口流动的驱动因素，恰恰是公共基础设施和教育、医疗等公共服务资源发展的不均衡为诱因，但就业与发展机会的差异始终是核心。日本的发展历程证明了这一点：东京都市圈人口占全国的1/3，GDP占全国的1/2。再如，我国中部省份安徽，在20世纪

---

[1] 中共中央党史和文献研究院编：《习近平关于"三农"工作论述摘编》，北京：中国文献出版社，2019年4月版，第8页。

[2] 杨勤法：《房地产宏观调控政策与法律》，北京大学出版社，2011年11月第1版，第65页。

90年代主要劳工输入地是广东。随着江沪浙地区的崛起，工资水平的提高，甚至省城合肥也完成了从"大县城"到"最牛风投机构"的华丽转身，大家就很少再舍近求远了。

本书认为，在人口流动的过程中，2005年可以看作一个重要转折年。这一年，我国取消延续两千多年的农业税，开始加大农业补贴力度；这一年水稻抛秧技术得到推广，又一次释放了农村劳动力。两种因素一叠加，使我国人口流动速度和城镇化、工业化进程又上了一个大台阶。人口普查的数据也证实了这一点。

原先的水稻种植过程非常耗时、耗力，不仅需要先抽水育种育秧苗，又要通过大量人力将秧苗手动插入稻田里。我国的插秧机普及率远远没有收割机那么高，复杂、小块的梯田也不适合用插秧机；这种机器故障率高，操作也不容易。而抛秧技术把秧苗做成5厘米高的丸子大小，一个人一边后退着走，一边抛撒即可，与小麦种子播种一样，十分方便快捷。

至于收割，在2004年前，黄淮、江淮地区已经实现社会化、市场化服务，即专门的联合收割机机主以市场价为农民收割，在田地里实现麦粒、稻谷的收集装袋。省却了人工收割、制作打谷场、打谷等工序，大大提高了效能，节约了人力资源。有的农产品贸易商人甚至在秋收季节直接跑到田间地头，与农民谈好价钱，直接将粮食拉走，农民连后面的运输、晾晒环节都省了。

据国家有关部门推算，在2013年，我国约有留守儿童6000万人，留守妇女4700多万人，留守老年人5000万人。[1]每一个留守类

---

[1] 《十八大以来重要文献选编》（上），北京：中央文献出版社2014版，第680页。

别的人口都相当于西欧一个大国。这几年的状况有所改观,青壮年人口略有回流,但仍未根本改善。维护好这个群体的合法权益,做好公共服务、社会保障非常重要。

目前,促进基本公共服务均等化和积分入户等政策的实施是一种有益的探索。事实上,严格户籍制度已经成为困扰人民生活的最直接、最现实、最迫切要解决的问题之一,这是我国社会的主要矛

受理编号	标题	类别	作者	发布时间	状态	访问量
BX2012081611777	关于"新生婴儿入户名字问题"再咨询	问题咨询	xy11111	08-16	处理中	2528
BX2012081611773	变卖房屋,户口如何迁入亲友家中	问题咨询	hjh105	08-16	处理中	2487
BX2012081611771	红绿灯在路中间	情况反映	96cy0120	08-16	处理中	2520
BX2012081611769	改派改迁户口	问题咨询	953122482	08-16	已答复	996
BX2012081611765	关于旅游乱收费投诉	政风行风投诉	huah2810	08-16	处理中	948
BX2012081611764	公证书上申请人又两个名字车管所不给上牌,公正处不给改	问题咨询	0763pxl886	08-16	处理中	61
BX2012081611762	办理积分入户,已经生育一孩的,女方是否需要上环	问题咨询	heqiulan***	08-16	处理中	984
BX2012081611758	新生婴儿入户名字问题	问题咨询	tom10895***	08-16	已答复	1043
BX2012081611753	广州市公积金提取问题	情况反映	sdr36479***	08-16	处理中	1245
BX2012081511749	恢复户口	问题咨询	tj8247	08-15	已答复	1161
BX2012081511741	交通混乱	情况反映	bjy717	08-15	已答复	1225
BX2012081511740	香港定居退社保	情况反映	Samson	08-15	处理中	1102
BX2012081511738	车辆过户	问题咨询	wangtian***	08-15	处理中	1171
BX2012081511736	天河路(天伦大厦)转入车管所的马路上经常有车违章乱停	问题咨询	ericzhang	08-15	已答复	1696
BX2012081511735	关于广州市机动车道路交通违法系统不能确认问题的反映	情况反映	yousong	08-15	已答复	1723
BX2012081511734	驾驶证年年通过年审为什么会出现几年前的违章未处理	情况反映	hanvip	08-15	处理中	1795
BX2012081511733	迁户口要求提交的房产证能否用预售合同代替	问题咨询	jennypjm	08-15	已答复	1594
BX2012081511731	户口迁入应具备什么条件	问题咨询	chenqiup***	08-15	已答复	1903
BX2012081511730	关于天河南二路六远小区门口的小汽车乱停放的投诉	情况反映	Raymond	08-15	已答复	1686
BX2012081511729	户口迁入详情咨询	问题咨询	chenqiup***	08-15	已答复	1802

图4-1:广州市政府门户网站"百姓热线"随机截图
资料来源:http://gz.gov.cn/publicfiles//business/htmlfiles/gzgov/s2301/list.html

盾转向发展不平衡不充分造成的。

我们从中国广州政府门户网站"百姓热线"频道随机抽取三天的百姓提问截图，可以清楚地看到，在2012年8月15—16日两天中，百姓咨询的20个问题中有8个（合并重复问题）是户口相关问题，占到所有问题的40%！到了2020年，这个比例有所降低，但仍是大家关注的重点问题。

我国的城镇化就是建立在传统土地利用格局和户籍这两个基础之上的不健康城镇化。40多年来，我国不少城市依靠低价的土地征用、廉价的劳动力、牺牲生态环境的经济发展模式和摊大饼式的功能布局这种粗放型传统城镇化方式，使全国的城镇化水平快速提高。

图4-2：晨雾中的新建楼盘，2016年摄于江西省吉安市。这是中国中部地区一个普通的地级市，由于农村人口占比较多，需求量不大，房价较为稳定，和国内三、四线城市的价格波动规律一致。摄影：作者

2000年我国城镇化率仅为36.2%，但到了2011年，我国城镇人口达到6.91亿，城镇化率达到了51.27%，城镇人口首次超过农村人口。这是一个历史性时刻。不过，城镇户籍人口占总人口的比例只有35%，单从人口结构衡量，这还不是真正意义上的城镇化。深圳的人口结构就很奇异：根据深圳市统计局2020年第七次全国人口普查主要数据公报显示，全市常住人口为1756万人，约有1169万人是非户籍人口，占常住总人口的67%。有户籍者和流动人口形成严重倒挂，不能不说这是不合理的户籍制度造成的。

2013年3月，广东省政府发布《城镇化发展"十二五"规划的通知》（粤府办〔2013〕8号），里面提到为加快异地务工人员入户城镇，将"建立转户农民权益保障机制，允许转户农民在自愿基础上通过市场流转方式出让承包地、房屋、合规面积的宅基地并获得财产收益，解除农村劳动力进城落户的后顾之忧"。地方政府这项改革的出发点很好，受到了民众的普遍支持，但是在国家层面限制农村土地流转的法规政策未得到彻底清理前，也可能难有大的突破。

新型城镇化之路走得如此艰难，主要还是由于我国经济社会发展过快，从1992年算起，三十年走过了西方发达国家两三百年才走完的道路，所以产生一些问题似乎不可避免。

我们不主张以时间为元素进行单一地政策分析，应该是多维的、互动的政策系统分析。而农村土地流转制度的重大改革是一项综合性配套政策改革，必须和户籍制度改革、社会保障改革等同步联动。若将来实现了本文提出的集体土地物权化、资产化，村集体以外的人也可以买卖土地，那么买方如何参与村委会等本地区的选举、社会福利等事务，就需要出台配套政策予以衔接解决，否则农业劳动力问题、"空心村"问题又会浮现。

城中村与贫民窟

英国作为工业革命的先驱者，大量的人口逐渐由农村涌向城镇聚集，尤其是伦敦等大都市。伦敦郡议会原主席罗斯伯里勋爵甚至称：这个庞大城市的增长犹如大肿瘤的增长。

英国伟大的速记员霍华德开始思考破除大城市病问题，他设计了中央公园和绿化带，设想一种无贫民窟、无烟尘的城市群，最终在1898年出版《明日的田园城市》，在世界城乡规划领域影响很大。

在最后一章《伦敦的未来》里，霍华德写道：多种措施的实施能疏解大城市人口，促进地价大大下跌。"请设想一下伦敦人口在减少，在迅速减少；移民们在地租极低的地方安家落户，他们的工作就在住宅的步行距离之内！显然，伦敦房产的租赁价值将降低，而且大大降低。贫民窟房产将消失，所有劳动人民将迁入等级大大高于现在他们无力享用的住宅。"[1]

可惜的是，一百多年过去了，霍华德的理想只得到部分实现，城市环境已经大大改观，空气、水环境已今非昔比；然而城市贫民窟问题依然存在。

---

[1] [英国]埃比尼泽·霍华德著，金经元译：《明日的田园城市》，北京：商务印书馆，2010年10月版，第119页。

地权的转移与保障
——田园诗后的生活

在巴西等拉美国家和印度等国,城市贫民窟等问题的确严重。这些国家的农业被大资本控制,政府也未处理好农民、农业和农村问题。

有的学者忽视各国国情的差异,对此心怀顾虑。他们认为,农村宅基地和农民房是农民生活的最后保证,放开买卖会产生土地兼并,造成拉美国家式贫富分化,流民遍地,危及社会稳定。

比如,温铁军先生说:"一旦允许土地私有化和自由买卖,那么,一方面,经营农业本来就无利可图的小农会在地方权利与资本结盟的强势介入下大批失去土地,尽管表面是自愿交易,其实质还是被强势集团所迫。另一方面,丧失了在农村生存的根基之后,农民又无法在城市完全立足,最终结果可能是城市贫民窟化与农村社会冲突的同步加剧,大规模社会动荡将不可避免,其激烈程度将远比其他发展中国家严重。因此,目前中国农村形成的这种基本制度,是经过长期实践检验的、总体上符合中国国情的制度。"[1]

"进城农民一般不会贸然退出他们在农村的宅基地。反过来,正是进城农民保留了农村宅基地,他们进城失败就有退路,他们就不会选择留在城市贫民窟。同时,农民返乡退路也极大地提高了中国应对经济周期和各种危机的能力。正是这个意义上讲,农村是中国现代化的稳定器与蓄水池。"[2]

---

[1] 温铁军:《我国为什么不能实行农村土地私有化?》,载《红旗文稿》,2009年第2期。

[2] 贺雪峰:《论土地资源与土地价值——当前土地制度改革的几个重大问题》,载《国家行政学院学报》,2015年第3期。

图4-3：广州市天河区的城中村一瞥。我们在赵薇、黄渤主演的电影《亲爱的》里面，已经见识了深圳城中村的天空。在狭窄、阴暗、潮湿的小巷里，只能看见一线天，而密密麻麻的管线布满天空，则是它们的标志。摄影：作者

持这种想法的人可能不了解少数地区的农村，以偏概全，对我国广大农村地区的复杂性认识不足。如果在城市周边的城乡接合部，城里人、大学毕业生或打工者，他们确实是愿意去租住或者购买农民房的，因为他们收入低或作为一个过渡。但是，我国中西部地区的广大农村，水泥路、干净饮水和网络通信相对弱一些，最致命的是，几乎没有什么就业机会，即使放开了又有多少人去蜂拥买房呢？怎么会多到引起大规模"流民"呢？

众多网友在评论该教授的论断时说道，我们虽然不叫贫民窟，

但我们也有城中村和城乡结合部。

  我国是社会主义国家,土地当然不能私有化。但可以把土地所有权和使用权分离,实现有效流转。依靠趋于完善的法治,规制强买强卖行为。在城镇没买房子前,你会丢掉自己的祖宅吗?理性的人都不会。

第二节 产业结构调整与就业职业问题

经过40多年的改革开放，我国农村的经济社会已发生巨大变化。随着市场经济的发展，人们的生存途径不再仅仅靠种地收入，农村社会经济面貌已发生巨大变化，农民及其农二代已经急剧分化，决不可再用陈旧眼光观察现代农村。以下是本文作者对皖北地区某典型村的农民生活现状的调查。

表4-1：对安徽蚌埠市C村地区随机抽取的"农二代"生活现状调查

人物（80后）	父辈职业	自己职业	自身学历	经常居住地
A	农民（兼养殖户）	军人	高中	天津
B	农民	文员	大专	广东东莞
C	农民	兽医技术人员，已购房	初中	江苏常州
D	农民	货车司机，已购房	初中	上海、蚌埠
E	农民	工程承包者（商人），已购房	中专	江苏扬州
F	农民	农民（兼）	初中	安徽蚌埠

（续表）

人物（80后）	父辈职业	自己职业	自身学历	经常居住地
G	农民	工程师，已购房	本科以上	江苏苏州
H	农民	基层公务员，已购房	本科以上	广东江门
I	小学教师（兼农民）	小学教师，已购房	中专	安徽蚌埠
J	农民	个体户	初中	安徽蚌埠
K	农民	铲车司机（兼），已购房	初中	安徽蚌埠
L	农民	工厂工人（兼）	初中	安徽蚌埠

注：调查日期：2020年2月，不考虑性别差异。数据来源：作者访谈

从表中我们可以清楚地看到，作为"农二代"的80后年轻人几乎都出去了，去向以经济发达的长三角城市为主，珠三角和环渤海等发达地区也有（主要指安徽人）。真正意义上的农民只有F一人，但他也会利用农闲时间出去短期打工，补贴家用，纯粹意义上的农民已经不存在。专业从事农业生产的只有妇女或50岁以上的老人了，该村是名副其实的"空心村"，但村民整体素质算不错的了。这12个样本加上其他村社农民，大体可分为四类：

一类是市民或准市民，以人物B、C、E、G、H为代表。B、G、H这类人要么是考上大学在城市有稳定的工作，已经购房或有能力购房，要么是参军及转业见过了外面的精彩世界再也不愿意待在农村。C、E则是"农二代"中头脑灵活，经营有方的经商成功者，他们通过承包工程、做运输生意、批发贸易、自学成才等方式积累了足够的原始资本，改变了自己和全家人的命运，且一般都有

能力购买商品房。这类人的共同特征是完全脱离"面朝黄土背朝天"的农业生产劳动,即使暂时没有城市户口,也有实力购买商品住房。有了自己有产权的住房才算在一个城市真正扎根,才能把自己的近亲属接过去共同居住。

这类人的农用地一般都转给自己的亲属耕种,一般也不收取租金或领取国家补贴,自己不会再去过问此事。不过,自己宅基地上的房子一般经历十年八年都不会放弃,即使空着也会保留,主要是这种"小产权房"仅能在村内买卖,需求太少,又不能抵押融资。这类人对农村土地流转出去的愿望最强烈。

二类是务工主导型民工,以人物D为代表。这类人去了经济发达的地区打工,经常居住地已不在家乡。但他们一般学历偏低,收入有限,平均年收入一两万元,相当长的时间内在城市买不起房。

图4-4:2016年夏天,大江南北普遍高温,地面温度高达50℃,一位农民工在南方某机场附近的路边铲沙子,修补破损路面,"汗滴水泥路",十分辛苦。摄影:作者

他们在自己年轻的时候不会再去从事农业生产，这些人的户均耕地一般不到3亩，仅够温饱，不可能指望通过农业收入长期维持生活。当他们年老时，一般会考虑返回家乡养老，当然，如果有人资助也会在城镇买房。

这类人的宅基地是绝不会放弃的，农用地一般转给亲属或可靠的本村村民耕种，但绝大多数把国家补贴留给自己或者收取一定数额的租金。这类人背井离乡去城市常住打工，目前在我国是非常庞大的群体（官方的称谓为"农民工、外来务工人员或异地务工人员"），据全国总工会调查总数量超过2亿。

三类是务农主导型农民，以人物K、L为代表。这类人平时从事农业生产，但学会了一些手艺如开铲车、装配零件等，在农闲时期去打工挣点工资。

他们的宅基地和农用地都是自己使用，不参与流转。这类人的数量也不小。

四类是职业农民，表中年轻人无代表人物。在村里专业从事农业生产的青壮年现在已经很少了，除非他们还有成功养殖的能力。村里的耕种主力是老人和妇女，甚至少数留守儿童也会参与其中。

他们的宅基地当然是自己使用，至于农用地，他们不仅耕种自己的，往往还承接其他亲属或村民转过去的农用地。由于他们的精力、体力和学力都有限，难以实现对农作物的精细化管理，农业生产的效率和效益都难以提升。留守儿童的大量存在也产生了一系列问题。这类人加上留守儿童数量也很庞大。

将来谁来种地，确实是个问题。"农二代"年轻人不愿意在家做职业农民还有农村缺乏现代文化因素、公共服务设施落后。主要表现为农村生活过于单调，文化设施过于稀少，人气严重不足。他们不仅要生活，也需要城里的梦想与激情。以现在的"送文化下乡"做法，即放映老电影、唱传统戏、建农家书屋等收效甚微。大规模、有优惠的农村信息化建设〔主要指电脑、有（无）线通信网络〕始终未大规模建设普及。其实只要把网络基础设施建设好了，没必要去刻意"送文化"。正因为信息闭塞，年轻人如何待得住？

还有就是"空心村"问题。现在村内基本都是老人、妇女和留守儿童，严重缺乏年轻的同龄人，青年人的婚恋都成问题，这和城里光怪陆离、充满激情与挑战的生活形成鲜明对比。

另外，农村普遍缺乏金融服务终端设备，金融机构数量稀少，一般以农业银行、邮储银行和农信社为主。现代都市生活不可或缺的快递服务（网购）不发达，一般大件送到镇街，最后一公里无法到户。羽毛球馆、篮球场等体育设施缺乏。公共交通不便，在小车尚未普及的农村，出行是个烦心的事儿。这样的农村生活环境怎么可能让年轻人甘于做个职业农民，一心一意从事从业生产呢？不能不说这是我国几十年来城乡二元文化割裂的后果。

第一，传统农业收入十分有限，需要持续不断补贴。

我国现行的农用地耕种模式是家庭联产承包责任制，发源于1978年的安徽凤阳县，但经过两轮承包和家族两三次的分家析产层层分割，大量小家庭实有耕地面积只有3亩左右，有的甚至不足1亩，而且往往不集中，零零碎碎地分布在村子周围。我国还是个多山多丘陵的国家，平原偏少，这样零碎、不平整的土地耕作起来只能是"精耕细作",大规模地连片经营非常不便。还有农药、种子和化肥等农资价格的上涨,农业生产成本上升;加上国外优质、低价进口农产品的冲击,农业生产无利可图甚至连口粮都不够,农民种粮渐趋"副业化"的趋势让人担忧。

以安徽省五河县S村村民朱彩霞为例,她家有8亩地,"我这8亩地——4亩水稻、4亩旱地,水稻一亩地能亩产1000多斤,除去化肥、农药等投入,纯收入在七百元左右。旱地种的玉米、豆子,收入不高,基本是保本。这样算下来,这一季纯收入也不过两千多元"。她与丈夫在外打工,一年纯收入在五六万元。而8亩地一年纯收入最多不过六七千元,仅占到他们家庭总收入的10%左右。[1]

另外,小农经营使得农业生产技术的提升缺乏动力,农产品缺乏竞争力。据安徽省农业厅的调查表明,大户的粮食单产普遍比普通农户高20%以上。无利可图且种植面积过小,农民不会把注意力放在精耕细作上,这在现实的农村随处可见。像抗旱、排涝、脱粒等环节,现在的农民都不会真正投入很多精力去应对,而职业农民就不会这样做,因为若管理不当,他的损失会很大。

在经济发达的珠三角地区,目前流行"公司+农户+生产基地"的现代农业模式,实际上就是把农民零散的土地集中起来(土地入股),利用专业农业公司的技术和管理统一管理,农户付出少量的劳动取得公司分红。这种运作模式虽然淡化了所有权关系,但具有现代农场经营模式的雏形,实践表明,成效比一家一户的小农经营

---

[1] 样玉华、李鹏、黄艳:《审视农民种粮"副业化"》,载《瞭望》,2012年第27期。

模式显著得多。不足之处是，产权不清晰，一旦有纠纷难以解决。

第二，农民赋税、徭役过重的问题已经完全解决。

从历史上看，一个封建王朝到了末期，除非发生政变，统治者往往都是横征暴敛，苛捐杂税繁多，百姓不堪重负、民不聊生。这种现象即使在历史上的所谓"盛世"都能看出端倪。以强盛的大唐帝国为例，"根据敦煌吐鲁番文书对当时天宝年间物价的记录，农民一年中须支出口粮二十七石，向政府交纳租调、地税六石四斗等赋税，剩下的粮食仅余一石六斗了。所剩下的这些粮食，农民还要购买全家衣物、农具、日常生活用品，以及送往迎来、长老病死等开支，若去掉这些开支，农民每年要短几个月的口粮"[1]。可见农民生活的悲惨。到了唐朝后期，柳宗元在柳州为官时曾借老妪之口感叹："苛政猛于虎也！"连商品经济较为发达的宋朝，赋税也是沉重得惊人。"今赋役几十倍于汉。林勋谓，租增唐七倍，又加夏税，通计无虑十倍。"[2]征收如此重税，只能导致小农生活生产的艰难乃至破产，或者逃亡、假冒户口，或者依附于大地主之家。在欧洲中世纪也差不多，教会不事生产却征收什一税，压榨耕作者，制约了农业生产力的发展。

除了沉重的赋税，农民还要承担繁重的徭役、兵役。秦始皇令

---

[1] 韩国磐：《唐天宝时农民生活之一瞥》，见《隋唐五代史论集》，三联书店1979年版。转引自蒲坚：《中国历代土地资源法制研究》，北京大学出版社，2011年10月第2版，第223页。

[2] 王应麟：《困学纪闻》卷十五《考史》。转引自蒲坚：《中国历代土地资源法制研究》，北京大学出版社，2011年10月第2版，第283页。

地权的转移与保障
——田园诗后的生活

蒙恬修筑长城时曾征用数十万民夫,孟姜女哭倒长城的传说记录了当时人们的痛苦。隋朝暴君杨广修建东都洛阳和大运河耗费了大量的劳动力。连一代英主李世民都不止一次地打过对高丽(朝鲜)的战争。

而现代社会,我国不仅于2006年取消农业税,终结了延续两千年的老税种,还效仿发达国家发放农业补贴,并且建立了江河蓄洪区农作物淹没补偿机制、农机补贴机制等。现在农村的征兵也是在自愿的基础上进行的,不会再出现《石壕吏》中描述的现象和抓壮丁的历史悲剧。现在的农民赋税、徭役过重的问题已经完全解决,这使得农民自愿流转土地有了主观基础,而不是迫于生计和社会压力。

第三,频繁发生的灾荒"催化剂"作用已经深度减弱。

有学者(傅筑夫)统计过,自公元前206年(西汉初年)起,至公元1644年(明朝末年)止,总共1850年间,重灾年份达1242年之多,占到了67%。这是由于古代社会科技水平、医学水平不高和制度落后造成的。"东汉末年短短30年间,史书上有记载的全国性大瘟疫共12次,桓帝时暴发大瘟疫3次,灵帝时暴发大瘟疫5次,献帝建安年间,疫病流行更甚。"唐朝末年的黄巢起义,从《旧唐史》的记载可以看出:"乾符中,仍岁凶荒,人饥为盗,河南尤甚。初,里人王仙芝、尚君长聚盗,起于濮阳,攻剽城邑,陷曹、濮及郓州。"至于明末的灾荒和农民起义,《明史》的记载为:"崇祯元年,陕西大饥,延绥缺饷,固原兵劫州库。白水贼王二,府谷贼王嘉胤,宜川贼王左挂、飞山虎、大红狼等,一时并起。有安塞马贼高迎祥者,自成舅也,与饥民王大梁聚众应之。迎祥自称闯王,大梁自称大梁王。"老百姓为瘟疫所困或者出现饥荒,加上政治腐败极易揭竿而起——发生农民起义,灾荒起着催化剂作用。[1]另一个因素就是武器对等因素。在冷兵器时代,官民双方的武器差别不大,双方斗争的结果主要由各自阵营的指挥者素质和兵员数量决定。这也是促使古代社会起义暴动事件容易发生的一个重要原因。

现代社会的科技水平和医疗进步已经不是古代社会可以比拟的。在农业生产方面,筑坝技术、抽水机及深井钻探技术、人工增雨、气象卫星的广泛使用使得旱涝保收的农田基础设施建设有了技

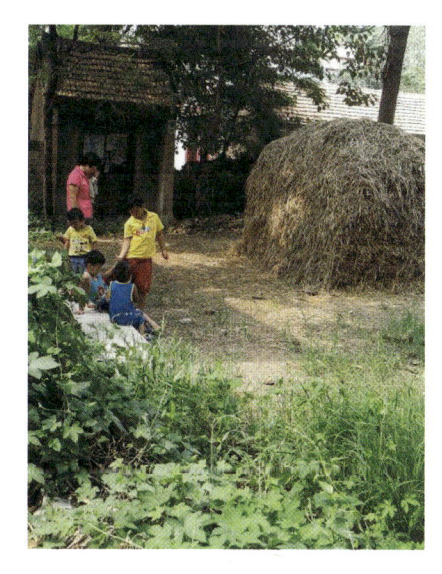

图4-5:在农业大省、劳工输出大省河南省,周口市的农村留守儿童在柴草垛前玩耍。不要说"10后",就是"90后"、"00后"已经没有几个人愿意种地了,我国农业发展面临后继无人的尴尬局面。
摄影:百龙

---

[1] 刘正山:《农民起义与土地兼并无直接关系》,凤凰历史频道,http://news.ifeng.com/history/special/earthin/200810/1013_4793_827735.shtml

术保证；而高科技种子培育技术、基因工程、细胞工程、化肥的广泛使用和大型机械化作业方式的耕作方式，使得农业生产率得到数倍提升。医疗水平的大幅提升使得像肺结核、外科手术、传染病控制等这样在古代社会难以实施和治愈的疾病在今天得到严格控制。除非发生极其严重的社会不公和外国势力的武装干涉，以现代各国政府掌握的武器资源来看，普通民众没有对等武器与之抗衡，只要决策者及时调整政策，在一般情况下不会发生剧烈社会冲突。

第四，传统社会产业结构上第一产业占比过大，农民生存选择权极小。

传统农业社会，生产力低下，农产品的过剩有限，劳动力被大量限制在土地上，难以产生大规模的商品经济。我国封建王朝时期除了宋朝第一产业比重不到经济总量的50%，其余朝代都是农业产值占多数，而且一般都推行重农抑商的政策，农民除了农业生产其他就业机会很少。英国在工业革命初期，也是随着机器工业的发展，生产力得到空前提高，通过"羊吃人"的圈地运动让农民从土地上解放出来，从而完成社会的大变革。只不过这种方式不人道，是马克思特别批判的对象。

科学技术是第一生产力。随着科技的进步，人类用于农业的机械、种子、化肥等的不断改进，劳动生产率提高，从而使农作物单位产量提升。即使考虑人口增长因素，人在一定时期内消耗的粮食是有限的，需求是一定的。需求决定了经济结构，所以一个社会经济越发达，其第一产业占GDP的比重就越低。

从单个城市纵向看，东莞（号称"世界工厂"）2001年、2006

年和2011年第一产业增加值占GDP的比重分别为5.41%、0.5%和0.4%，呈缓慢下降态势；2019年，东莞全市生产总值达9482.5亿元，增速珠三角第一，其中规模以上工业增加值达4465.3亿元，社会消费品零售总额达3179.8亿元。

表4-2：2011年中国东中西地区三市产业结构

城市	区域生产总值（GDP，亿元）	占GDP比重（%）		
		第一产业	第二产业	第三产业
广东东莞市	4735.39	0.4	50.2	49.4
河南许昌市	1588.67	10.8	69.8	19.4
甘肃天水市	357.6	18.7	39.8	41.5

从中国国内城市横向看，分别中东部珠三角经济发达地区选取

图4-6：在我国的大都市，主城区土地越来越稀缺，向天空、地下空间发展是一个思路。摄影：作者

广东东莞市、中部选取河南许昌市、西部选取甘肃天水市，其产业结构变化规律是一致的（见表2）。从国外看，美国、日本、德国等发达国家，第一产业增加值占GDP的比重在2005年已经下降到2%以下，分别占1.3%、1.7%和0.9%。[1]

从表中我们可以清楚地看到，在经济发达的广东东莞市，第一产业占GDP的比重不足1%。这说明大部分人已经不需要直接从事农业生产了，而从事制造业、建筑业和服务业也一样能生存和发展。

耕地保护与粮食安全

既然农业占经济总量比例已经大幅降低，我们进入了后工业化、信息化乃至全球化时代，耕地、农业就不重要了吗？当然不是。因为我国是个多灾多难的国家，而且人口众多。

两千年来，洪水、干旱、瘟疫、战争甚至蝗虫，都可能带来大面积饥荒，有的成了一个封建王朝直接覆灭的导火索。所以，历朝政府都对农业生产和水利建设保持相当的注意力，毕竟饥饿的历史记忆因为不断重复而变得异常深刻。即使到了1902年，启蒙思想家、革命家梁启超在《新民说·论进步》里还悲愤地写道："冬春之交，北地之民，死于冻馁者，每岁以十万计。近十年来，广东人死于疫疠（瘟疫）者，每岁以数十万计。"呜呼！何等凄惨！

现在福建、广东山区一带的客家人，以梅州市为客都，就是中原地区的人"为避秦之乱"，希望免于战乱和饥饿的恐惧，而迁到

---

[1] 国家统计局：国际统计数据，2008年，www.stats.gov.cn/tisj/qtsj/gjsj

山旮旯地区的。这里的植物（含农作物）生长期短，再加上医学的进步解决了疟疾、登革热等传染病问题，不再是流放官员、犯人的"蛮荒烟瘴之地"。电扇、空调的发明基本解决了炎热问题，广东逐步成为人口稠密的地区，一跃为第一人口大省。当然，桃花源式的生活是不现实的，只能说有那么一点点作用，在山区那里受到的冲击确实比大城镇和大平原地带要少。

1949年后，中国政局变得相对稳定，已经处在现代时期了，但是因为采取了一些错误的农业和土地管理政策，一直到1978年改革开放，人们才真正摆脱对饥饿的恐惧。

我国历届中央政府都高度重视粮食安全（Food Security）问题，目前中央的粮食自给率要求是达到95%以上。1981—1997年的17年间，中国有11年粮食净出口，6年净进口；1998—2004年净出口、净进口频繁转换；2014—2018年，我国谷物净进口数量为11423万吨，占同期生产比例不到4%，进口这部分主要是为满足国内制酒和饲料需要，应该说达标了，口粮安全是有保证的。

但自2001年我国加入世界贸易组织以来，国际市场对我国农产品的冲击开始加大，2004年开始，农产品进口规模和出口规模之差变大。以大豆为例，自1996年我国首次成为大豆净进口国后，进口大豆的数量逐年攀升，1999年仅为432万吨，2017年达到惊人的9553万吨。大豆对外依存度已高达80%。目前，食用油的对外依存度为50%。

另一方面，我国是第一人口大国，超过14亿的天量数字，使得人均耕地占有量不到1.35亩，不足世界平均耕地占有量的四成，排在120位以后。

灾难因素和人口众多这两个因素，使得我国政府对粮食安全问题变得高度重视和谨慎，各级政府都设有粮食局、储备粮仓。除却时有发生的极少数"硕鼠"腐败，总体上这项制度是行之有效的。

2006年两会，十届全国人大四次会议上通过的《国民经济和社会发展第十一个五年规划纲要》提出，18亿亩耕地是未来五年一个具有法律效力的约束性指标，是不可逾越的一道红线。2008年8月13日，国务院审议并原则通过了《全国土地利用总体规划纲要（2006—2020年）》，纲要重申要坚守18亿亩耕地的"红线"，提出到2010年和2020年，全国耕地应分别保持在18.18亿亩和18.05亿亩。自此，"坚守18亿亩耕地红线"经过政府持续、广泛的政策宣传而变得家喻户晓。

为什么是18亿亩，而不是其他数字呢？这是根据耕地数、人口、建设用地需求和粮食需求等数据综合测算得出的数字。应该说，坚守这个红线，对保障国家粮食安全是十分必要的。

2020年3月后，新冠病毒在全球开始大流行，人们社会交往和人身自由受到一定程度限制。东非、南亚等地区还发生了严重的蝗灾。越南、泰国和俄罗斯等国先后限制本国粮食出口，引发全世界对粮食供应的担忧，而我国多年来政府就一直有心理准备、有粮食储备，所以在社会上基本没引发什么粮食恐慌。

然而，分析影响我国粮食安全的主因，除了我国自然资源禀赋条件差，即人均耕地少外，国内农业生产的竞争力相对低下也不容忽视。只有尽可能地保护好每一亩耕地，并通过科技不断提高产量，才能实现这一目标。

就像20世纪上半叶我国手工纺织作坊在西方国家机器大工业生产的"洋布"冲击下纷纷破产一样，和国外大规模、机械化作业农场的规模经营比起来，我国一家一户的小农经济竞争力弱势明显。因为根据规模经济的原理，在农业专业化水平提高等因素促进下，其长期平均成本会随着产量的增加而递减。

但是，在现有的产权模糊不清、地块小而零碎而且相对收益下降的情况下，农民提高农业的投入和政府被动地输入农业科技的动力都是不足的。"经济社会条件对粮食生产的约束也越来越显著。进城务工的农民越来越多，农村的劳动力数量减少，年龄偏大，再加上粮食种植的比较效益偏低，种粮积极性下降，劳动力将成为粮食生产的重要制约因素。同时，我国的农业科技还没有出现新的突破，常规技术的增产效应逐渐减弱，粮食单产突破性增长的难度很大。"[1]用经济学家亚当·斯密的话说，就是现有的农用地利用模式使农民所得收益有限，也就阻碍了土地改良和农业竞争力的提高。

若不改变当前的农用地经营模式把土地真正给予农民，不推行制度化、法治化的农地流转模式，墨守当前制度，只会使我国的粮食安全问题越来越严重。好在这些问题已经开始引起中央决策者的重视。相反，贺雪峰等人坚持"中国仍然要维持小农生产结构"，并

---

[1] 赵丽佳：《当前经济社会形势下应树立新的粮食安全观》，载《农业经济》，2012年第4期。

认为，在"当代中国，粮食本身不是问题，土地本身不是问题……目前无论是学界还是政策部门的错误政策和错误想法，大都源于对农业、粮食和土地问题的狭隘理解"[1]。这种结论有待商榷。

当然，我国山地较多，大块平原地区耕地毕竟不是全部，都采取北美大规模机械化生产模式不现实。尽量将土地集中起来，让更专业的农民精耕细作是一种有益补充。

所以，虽然国外规模化农用地利用模式对我国小农经济生产方式造成较大冲击，但它也是促进我国农用地流转方式改革的重要外部推动力。

图4-7：福建、广东山区一带，位于亚热带，阳光充足，气候温润多雨，随便堆个沙堆，一个月后都能长出草来。图为广州普通菜市场卖的洋葱、土豆、芋头和莲藕……农产品非常丰富，没有北方青黄不接一说。摄影：作者

---

[1] 贺雪峰：《地权的逻辑——中国农村土地制度向何处去》，北京：中国政法大学出版社，2010年10月第1版，第242—243页。

第三节 涉及农村土地社会矛盾易发多发

当你深入到农村基层,发现群众30%左右的诉求都是涉及土地问题时,我们知道,这个具体制度需要进一步改进完善了。

土地权益分配不合理产生的矛盾

近年来,土地问题渐渐成为影响我国农村稳定的最大因素。在2004年取消农业税之前,农民的不满主要是抗议税负过重(农业税、乡款费、交公粮),之后主要是征地拆迁问题和土地权属纠纷。这些抗议有时也带来暴力和血腥,2012年9月21日,辽宁盘锦征地冲突中发生一村民被打死的恶性事件,成都、广州也先后发生过自焚事件,诸如此类。

到了2020年,农村违规占用土地建房问题占到一般县城土地违法案件的90%以上,大有愈演愈烈之势。有的甚至强占多占、非法出售等恶意占地建房,触碰耕地保护红线。

这些引发社会广泛关注的事件也引起了决策者的注意并进入议事议程,核心观念受到一定程度的影响,最终促进土地管理政策的改进。以征地为例,农民受到的不公正待遇表面上看是政策操作审批问题，是基层干部不作为、腐败问题，但本质上也有利益分配问题。正因农村土地住房流转严重受限，无法大规模通过购买翻新的方式从二级市场解决，只能冒险新建了。

我国目前的分配方式是以按劳分配为主体，生产要素按贡献参与分配的综合分配方式。中共十六届六中全会通过的《中共中央关于构建社会主义和谐社会若干重大问题的决定》提出"提高低收入者收入水平，逐步扩大中等收入者比重，有效调节过高收入，坚决取缔非法收入"是对收入分配方式的进一步规范。土地增值产生的收益，政府和开发商拿走了大头是事实存在的，村社集体扮演的往往是"清道夫"的角色。有媒体就指出，十年时间，农民有至少5万多亿的财富通过征地流失。2012年以来，此现象逐步好转。

2003—2012年卖地收入与卖地纯收益

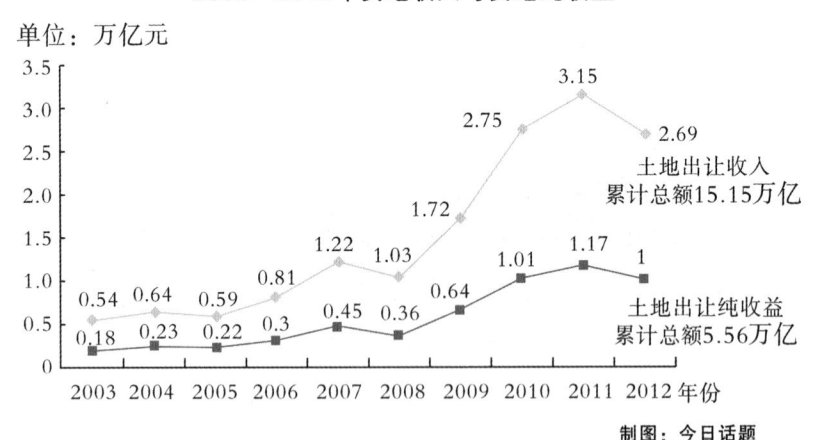

单位：万亿元

年份	土地出让收入	土地出让纯收益
2003	0.54	0.18
2004	0.64	0.23
2005	0.59	0.22
2006	0.81	0.3
2007	1.22	0.45
2008	1.03	0.36
2009	1.72	0.64
2010	2.75	1.01
2011	3.15	1.17
2012	2.69	1

土地出让收入累计总额15.15万亿
土地出让纯收益累计总额5.56万亿

制图：今日话题

图4-8：2003—2012年我国土地出让收益情况
资料来源：《十年回顾：中国土地乾坤大挪移》，腾讯今日话题，http://view.news.qq.com/zt2013/tdny/index.htm

我们再用成本—收益分析方法来看政府和房地产开发商在征地过程中资本运作的一个典型案例。如某大型房地产开发商在广东珠三角地区E市购买一块18575.4平方米的土地用作开发商品房，单价为901.19元/平方米，土地出让金总价款为1674万元。以《广东省征地补偿保护标准》（2010年修订调整，补偿标准比以前有所提高）计算，该地块属于园地、五类地，补偿标准为45元/平方米，土地补偿费和安置补助费总价款为83.59万元，因为原地块只有为数不多的果树和几个鱼塘（4000元/亩），所以青苗费不过几万元。另外就是留用地和被征地农民的社保（每人每年9000元，一次性交足15年，总金额要视人数而定）。这块地建成后，若以容积率2.5计算，建筑总面积可达46438.5平方米，2011年该地段房价约为3800元/平方米，除去配套的公共空间，整个项目销售总价款保守估计也在1.5亿元以上。

而政府除了土地出让金收入，围绕该地块开发建设产生的税费收入也相当可观。其具体税费有：

表4-3：南部地区E市某地块挂牌出让需缴税费情况

收费项目	收费标准	总金额（元）	备注
查丈费	1000m² 以下100元，每超500m² 加收40元	1506	档案前期准备服务
工本费（国土使用权证）	20元/本	20	

(续表)

收费项目	收费标准	总金额（元）	备注
耕地开垦费	20000元/亩	557 262	维护耕地占补平衡
测绘费	0.39元/m²	7244.41	
挂牌交易登记服务费	地价款×1%	167 400	
挂牌出让广告费	1500元/宗	1500	
契税	地价款×3%	502 200	
耕地占用税	15元/m²	278 631	节约集约用地
价格调节基金	2元/m²	37 150.8	
不动产销售税（商品房）	>房价×10%	15 000 000	以销售额1.5亿元计
总计	/	16 552 914.21	

数据来源：当地政府部门

表4-4：南部地区C市地块出让情况核算

单位：万元、亩

地块	面积	土地回收成本公允评估	土地出让起始价	备注
地块一	25.06	约5000	11 700	"三旧"改造用地
地块二	17.64	约800	2800	
地块三	102.52	约7000	13 300	

数据来源：当地政府部门

从上表中我们可以看到，卖出一块地去开发房地产，政府能得到的总税费甚至超过了土地出让金本身，是一笔巨大的收益。在地方财政体系税收所在比重仍没有达到合理比例的情况下，可想地方政府的卖地冲动有多强烈，这就是"土地财政"。这道理人人都懂，不必细说。

这种所谓"经营城市"的做法净收益高，但社会福利并没有最大化，因为财政收入用在这方面的支出过低，缺少社会公平性。在实际操作中，房地产开发商的土地购置和相关税费成本占到公司总成本的40%左右，土地和房产的交易无论是一级市场还是二级市场，其最终税费负担绝大部分都会转嫁到最终消费者身上，市场表现是进一步推高了不动产的价格。

正因为对土地财政的依赖，在房住不炒的中央主基调定位下，一些地方政府仍然不忘搞房地产冲动，作为短期刺激经济的手段。房地产成了它们维持政绩的"鸦片"，需要时就吸几口，尤其是在经济下行压力加大时。比如，2020年新冠病毒蔓延，一季度全国GDP同比下降达6.8%，稳增长、稳就业压力很大。各地楼市政策变化"一（几）日游"现象频发：当年2月21日，河南省驻马店市出台17项稳楼市政策，其中提到用公积金购买首套房，最低首付比例由30%下调为20%；结果，一周后就被省里约谈，撤回。3月12日，陕西省宝鸡市发布降低首套住房贷款首付比例的政策，发布当天政策即被撤回……

目前，高层决策者早已注意到土地财政的不可持续性、不合理性，在政策集体学习的过程中他们也在谋求财税体制的改革，但阻力挺大，非常不易。（详见第七章）

土地产权必须明晰

村社干部掌握土地分配权力在我国传统"熟人社会"的关系放大下,更易产生腐败和对法治形成强烈干扰。就像社会学家费孝通所说,中国传统社会的人际关系像涟漪一样往四周扩散,整个社会结成了一个关系网。和"陌生人社会"相比,人们办事不是依据公开的可预期的制度和规则,而是依据和权力中心的亲疏及"潜规则",这样的利益分配格局必然导致不公平。一项公平、法治保障的交易制度下,理性的人们不需要花费过多的时间、精力去打点关系(权力寻租者),只需要掌握一般的规则,隔着幕布完成公平交易,弱势群体的利益也能得到保护。这就是约翰·罗尔斯所说的无知之幕原理(veil of ignorance)。

我们再来考察前文提到的有代表性的东莞农村土地股份制改革。其核心运作模式是:"股份合作经济组织以清产核资确认的经营性净资产为股本金,设置集体股和个人股。每股股值由股本金总额和总股数确定。集体股所占比例,以不低于改制前三年村组负担社区公共事务管理和公益事业开支占集体收益的平均比例为准则。若集体土地由村级统筹,村、组两级公共事务管理和公益事业开支由村级经济支付的,组级可不设置集体股。个人股按股东人数平均分配。需要增设募集股的,必须根据项目发展需要设置。募集资金上限不得超过项目投资总额。"[1]东莞这样的经济合作社已经是一

---

[1] 《东莞市农村股份合作制改革实施方案》(东府办〔2004〕71号),东莞市民政局网站,http://www1.dg.gov.cn/publicfiles/business/htmlfiles/dgmz/s5008/46861.htm

个营利的经济组织，集体股比例控制和分红可以看作是组织的运作经费和税收以及公益事业花费。类似于现代股份公司，其股东大会有提议、讨论社土地承包和物业租赁方案、建设工程的项目、投资计划及招投标方案、资产量化（包括征地补偿款分配）方案等重大权力。

农村土地股份制改革是继家庭联产承包责任制后的又一重大创新，对维护农民土地权益、增强农民民主管理意识、转移农村剩余劳动力促进第二、三产业发展有重要意义，但此项改革仍然是不彻底的改革，存在一系列问题。

第一，村组织行政管理权和经济管理权合在一起，造成政企不分，政治与经济不分离，容易导致腐败，无法实现长久持续的稳定与繁荣。在现实中，有的富裕村小组组长不听村两委的行政调遣，造成尾大不掉的尴尬局面。

第二，合作社产权边界仍然不清晰、不完整。农户的股权只是分红的依据，无法实现自主买卖和抵押融资，限制了集体经济发展。很多农户平时忙于自己的工作，不在村社里常住，无法正常履行股东权利或监督责任。

第三，收益分配制度存在缺陷。"许多合作社采取了收益保底、盈利分红的分配方式。这种分配制度实际上增加了合作社自身的经济负担，使其收益分配与实际经营绩效相脱节，合作社即使盈利不多甚至亏损也要设法分红。"[1]东莞最近几年有些村社就出现

---

[1] 张笑寒：《农村土地股份合作制的制度解析与实证研究》，上海世纪出版集团，2010年5月版，第167页。

了靠借债分红的高风险现象，比如："到2012年10月底，全市负债率超过50%的经联社有59个，占总数的11%；负债率超过50%的经济社有139个，约占5%；没有资不抵债的经联社，资不抵债经济社有24个。一些高负债村组，由于连年收不抵支，资产负债率逐年攀升。"[1]

当前土地管理法律框架的薄弱环节

陈志武等学者主张的农村土地私有化的观念是基于国外的通行做法，本意是为了给农民完全的土地权利。但这和我国的现行宪法是明显违背的。

我国《宪法》开篇即明确国家性质："社会主义制度是中华人民共和国的根本制度。"第十条进一步具体规定："宅基地属于集体所有。"这从国家根本大法的高度限定了宅基地的性质。第六到八条则规定："中华人民共和国的社会主义经济制度的基础是生产资料的社会主义公有制。""国家在社会主义初级阶段，坚持公有制为主体、多种所有制经济共同发展的基本经济制度，坚持按劳分配为主体、多种分配方式并存的分配制度。""农村集体经济组织实行家庭承包经营为基础、统分结合的双层经营体制。"这就是说，我国是社会主义国家，生产资料尤其是土地等根本性生产资料是实行公有制的，私有制不被允许。这从1956年全国人大通过《高级农业生产合作社示范章程》，确立农村土地集体所有制度开始，

---

[1]《持续和公平："后集体土地时代"的东莞抉择》，载《第一财经日报》，2013年1月4日。

这一年年底我国完成了对农业、手工业和资本主义工商业的社会主义改造，初步确立了社会主义基本制度。

我国的宪法自1949年以来对社会主义的国家性质规定是不容置疑的，但对经济制度的规范在改革开放40多年来有过几次大的变动，大框架基本稳定，制度层面不断摸索，即"摸着石头过河"，总体上还算稳定。对本国公民，自己的观念有一定社会支持但和宪法规范产生冲突如何处理？舒国滢教授认为："凡是存在的社会或国家，宪法就应当是有权威性的，是一切国家机关、社会团体和公民个人遵守的最高规范。因此，除非一国的宪法已经不再承认个人为公民，不再规定每个人'拥有公民权利'，否则宪法及其权威就是值得尊重和服从的。""如果公民不能在既有的宪法规范内达成共识，形成'一致同意'的结果，就必须建立商谈或辩论的规则，通过理性论辩来寻求价值多元社会中的公共意见的一致。"[1]

需要补充的是，宪法的权威不仅要看其是否规定和承认"国家机关运行规则"和"公民权利"，最重要的还要看其长期实施的实际结果。对于英国宪法等不成文法来说，没有明文规定的规则和程序有时对权利保障依然到位，可怕的恰恰是纸上规定得近乎完美，现实中的实施却是缺乏诚意，不尽如人意甚至一纸空文、随意删改。这个时候，宪法规范描述的美好幻想依然和人民的期望相去甚远，权威性依旧崩塌，整个社会的危机就会不断酝酿发酵。

除了宪法，《土地管理法》也进一步明确了这种性质，规定：

---

[1] 舒国滢：《法哲学沉思录》，北京大学出版社，2010年8月第1版，第245、248页。

图4-9：广东东部一个供港蔬菜基地，已实现规模化、机械化经营。摄影：作者

"农村和城市郊区的土地，除由法律规定属于国家所有的以外，属于农民集体所有；宅基地和自留地、自留山，属于农民集体所有。"不过，这些法律位阶较低，修订引起的社会震动也小一些。

2019年8月26日，十三届全国人大常委会第十二次会议审议通过《土地管理法》修正案，自2020年1月1日起施行。这是时隔15年后，该法的又一次艰难修订，有些规定还是有突破的。

比如，旧法中规定除乡镇企业破产兼并外，禁止农村集体经济组织以外的单位或者个人直接使用集体建设用地，只有将集体建设用地征收为国有土地后，该幅土地才可以出让给单位或者个人使用。这导致农村土地资源配置效率低下，农民的土地财产权益受到侵蚀，法律也没有得到很好的执行。而新法则允许集体经营性建设用地在符合规划、依法登记，并经本集体经济组织2/3以上成员或者村民代表同意的条件下，通过出让、出租等方式交由集体经济组织以外的单位或者个人直接使用。同时，使用者取得集体经营性建设用地使用权后还可以转让、互换或者抵押。集体经营性建设用地入市，可以说是实现集体土地与国有土地同地同权的重要一步，也是此次修法的最大亮点。

"中央财经大学民营城市研究中心主任路乾对《财经》记者表示，草案'删去'的表述，允许集体经营性建设用地入市，会对乡村振兴产生积极影响，解决农村发展产业所需要的土地空间。多位接近决策层的专家告诉《财经》记者，尽管中央在土地改革上走得缓慢而艰难，但对基层土地松绑放权的大方向没有变，仍在一步步往前走。"[1]

---

[1] 熊平平:《土地修法在即：各方呼吁松绑集体土地，如何防止农民失地失房？》，载于财经微信号 mycaijing，2018-12-29。

第四节　完善农村土地流转制度的政策建议

不少学者早注意到现行农村土地流转制度的弊端。中国政法大学王建勋教授曾经指出："事实上集体所有从根本上说就是国家所有……其实，不管是农村的发展，还是农村社会问题的解决，土地如果可以买卖或者抵押的话，农村很快就会发展起来。因为你可以通过买卖或抵押土地，获得资本进行投资，你选择的余地也会大大增加。但事实上的土地制度限制了人们的选择权。"[1]

在集体土地物权化、资产化后，农村土地完全可以像城镇土地一样自由流转，可将宅基地使用权期限设定为70年，农用地50年不变。如果所有土地使用权都不设限期，那就需要开征遗产税，调整继承法，以保证社会财富在经过有限时间后得到一定程度的再分配（详见第七章）。但要实行像罗马帝国那样依靠断分法来维持土地分配排外特权、防止土地碎块化的做法也不现实。

其他国家有成功的经验可以借鉴。在日本，虽然农民只占全国人口的4%，但约有1/4的人生活在农村；德国的情况也很相似。他们做到了真正的城乡一体化发展。城镇化应当是内涵式的，而不是

---

[1] 蔡定剑主编：《宪政讲堂》，北京：法律出版社，2010年6月第1版，第145页。

仅仅铸造钢筋水泥的"森林"。经验表明，在小汽车越来越普及的今天，只要提供良好的公共基础设施和公共服务，如通畅的道路、廉价快速的信息网络、干净的自来水、整洁的卫生环境、方便的邮政快递服务，乡村也可以美丽、宜居。在这里，严格执行统一规划、统一管理里是关键。

公共政策的制定要充分体现民意

邓小平同志强调过要尊重农民的首创精神，也就是尊重符合生产力和社会发展规律的民意。"随着我国政治体制改革的逐步深入，政治过程正在向民主化和法治化发展，公民的民主观念和法治意识也在逐渐加强，他们不再愿意像过去那样只能被动地认可和接受政府的政策安排，而是越来越强烈地要求介入政策过程，使公共政策能够更充分地体现自己的利益和偏好……人们对政府的褒贬往往取决于这些领域政策的成败。"[1]但以现在的农村宅基地和"小产权"房流转严重受限的政策来看，这项政策没有被民意认可，现实中也难以被很好地执行。

2007年7月，搜狐网曾针对公众对"小产权"房的态度做过调查，结果显示，虽然有82%的人知道有法律风险，但仍然有高达87%的人认为应该将小产权房合法化，而不是"一刀切"地封杀。这个结论和梧桐雨多年在国土管理部门工作观察的实践经验也是一致的，现在其他传媒的调查结果也类似。一个不被绝大多数公民认

---

[1] 陈振明等：《政府工具导论》，北京大学出版社，2009年7月第1版，第268页。

可和遵守的政策从广义上讲也不具有政治的合法性，政策的制定理应顺势而为。

"小产权"房为什么流转受限呢？可能有两点重要原因：

一是"小产权"房下面的集体土地取得使用权不用缴土地出让金，允许其合法化会造成土地出让金的巨额流失，这是当前对"土地财政"严重依赖的地方政府利益受损。其实这不是难以克服的障碍，土地出让金和其他税费补缴就可以了，不补缴就不给办理完整的产权证。

二是担忧村社集体以外的人取得集体土地和房产（可能在一定区域内集中于一方）会造成所谓的社会动荡，违背了数次土地革命的基本精神。组织的核心价值观很难被自己否定，但农业社会已经大大变迁了，政策制定要跟上形势。这个问题的解决可能只能依靠某些典型事件的社会影响或者中枢决策者的政策集体学习并取得共识。

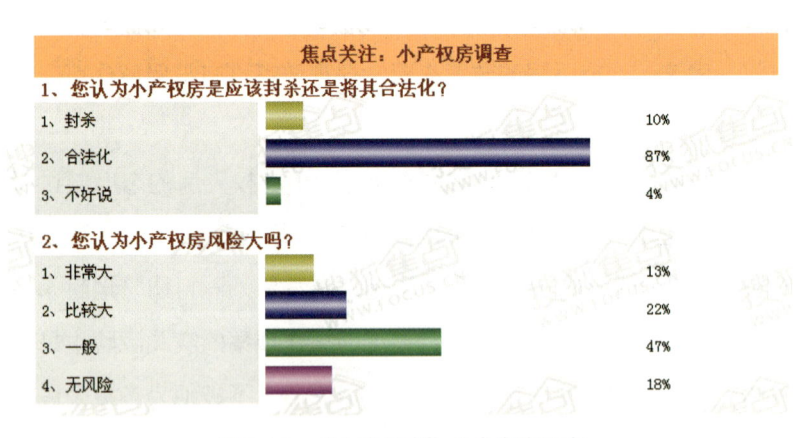

焦点关注：小产权房调查

1、您认为小产权房是应该封杀还是将其合法化？

1、封杀	10%
2、合法化	87%
3、不好说	4%

2、您认为小产权房风险大吗？

1、非常大	13%
2、比较大	22%
3、一般	47%
4、无风险	18%

图4-10："小产权房"公众态度调查

图表资料来源：搜狐·焦点，北京房产，http://house.focus.cn/common/modules/survey/show_pub_result.php? s_id=613

政策执行主要靠法治防止恶意圈地和兼并土地,靠简单的一纸禁令去阻止土地交易或兼并集中的观念应该会转变,因为这样会误伤真正有交易需求、给各方都能带来正收益的市场主体。未来改革的方向应该是有条件的规范的自由交易,这主要依靠完善的法治。

因为在政策执行中,"法律手段除了与行政手段一样具有权威性和强制性外,还具有稳定性、规范性和程序性的特点。……是政策执行法治化、制度化、规范化的根本保障。只有有效运用法律手段,消除政策执行中人治重于法治的现象,才有助于政策执行的顺利进行"[1]。另一方面,政治特权对个人财产权的侵害是最大的。现代社会的公权力已经受到一定程度的制约,但仍时有侵害,主要是县级以下侵害群众利益、不作为的小官们。

从历史上看,到了明朝中后期,土地法制已经相当完善,但由于政治特权的泛滥,社会财富无法公平积累。市场经济首先是法治经济,只有以完善的法治作为前提才能杜绝强迫交易现象的发生,才能打消社会和高层决策者在这方面的疑虑。

当前的制度设计除了重新将农村土地使用权归还给农民,就是要进一步完善法治。

第一,发挥规划引领作用,严格进行土地用途管制。防止恶意圈地和兼并农村土地的行为再度发生,这一点对土地利用规划、建筑规划和严格报建手续尤为重要,如单户住宅用地不超过120平方米,层数不超过4层、限高14米,鼓励个人土地连片集中开发等。

---

[1] 陈庆云:《公共政策分析》,北京大学出版社,2006年4月第1版,第190页。

同时，要做好规划修编的公众参与和公示工作，努力使城乡规划走向民主化、法制化轨道。有的城市建立的规划公示电子地图查询系统，是公共管理走向信息透明的进步表现。

第二，在范围和规模上实行农村土地房产限购。当前的社会状况，的确不宜完全放开"外地人"购买本地农村不动产，但可以将流转范围从村内扩大到地市范围内，且购买主体必须是取得该市户籍的（含集体户）、缴纳社保满三年的；每个人在全国购买数量超过两套时，从第3套起加征房产税（详见第七章）。随着村中村、城乡接合部的农村不动产流转起来，整个城市的房价将被逐渐稀释、拉低，保守估算会降50%以上。看一个事实例证：2016年夏秋之际，北上广深等一线城市，厦门、苏州、南京、合肥地产"四小龙"房价暴涨均超35%，但重庆的房价仍然滞涨，该城实行农村集体土地变相入市的"地票"制度是根本原因。

在现有土地政策基础上，继续限制企业法人和个人在单个地市购买土地的规模，以防止城乡土地过度向少数几个市场主体集中，垄断土地二级市场，造成土地市场的畸形发展。

第三，建立健全干部政绩考核体系，将土地的节约集约利用指标纳入其中。发挥好这个"指挥棒"作用，防止地方政府和企业联合，浪费土地资源。

2019年通过的新《土地管理法》第62条规定：国家允许进城落户的农村村民自愿有偿退出宅基地，鼓励农村集体经济组织及其成员盘活利用闲置宅基地和闲置住宅。这意味着地方政府不得违背农民意愿强迫农民退出宅基地，是立法上的较大进步。

要构建城乡统一的土地产权交易平台

目前，为适应经济发展的需要，我国一些经济发达地区都在探索新的农村土地产权交易制度。即使在现行土地流转制度下，建立城乡统一的土地产权交易平台也是联盟各方承认的有限共识。不过，依倡议联盟框架的观点，这只是政策信念体系划分的次要方面，而不是核心层面，不能改变联盟对立的态势。

浙江建立了公共资源交易中心，重庆不仅建立了交易中心，还创造出"地票"交易制度。遗憾的是，两者的探索只是把交易集中起来，在交易程序上实现了一定程度的公开、透明，但对现行农村土地流转政策的深层次阻碍因素并未触及，都是不够彻底的土地改革。

广东省除了建立农村集体资产交易中心外，还在研究相关搭建农村土地用益权、担保物权的评估、交易、处置平台，希望能够使农民开展农村土地承包经营权抵押贷款。如广州市花都万穗小额贷款公司还探索出一种"三人联保"的农村住房抵押贷款的新模式，即在国家法律和政策框架下，若农民A想从银行得到贷款，可向银行申请用自己的住房抵押，同时要求同村户籍的有经济实力的两人B、C提供担保，各方之间签订民事协议。若A违约或无力偿还到期贷款，银行可找B、C代偿，B、C再找A追偿。这样，银行的不良贷款风险就转移了，变成了农民A、B、C之间的债务纠纷。

这种资本运作的方法好处是使农民房终于可间接地作为抵押品，农民享受了一定程度的用益物权，比起猖獗于农村的高利贷要

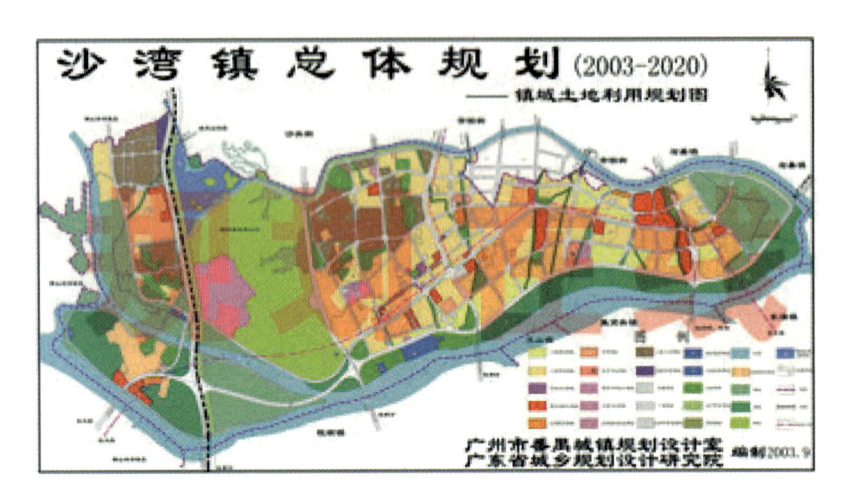

图4-11：广州市番禺区沙湾镇总体规划（2003—2020）

注：不同颜色的块状图斑代表不同的土地用途规划，如商业、住宅用地、林地等。

资料来源：广州市规划局网站，规划在线，规划公示。

优越得多。但是，其局限性也是明显的：首先是程序烦琐，使社会资金周转的时间大大延迟，交易成本上升，不利于农村金融的发展。其次，这种用益物权也不是真正自由的市场选择，因为它的担保人有严格的户籍限制。这是民间在现有法律框架下进行的艰难探索，我们要充分尊重群众首创精神。

所以，我国在各地的确需要建立城乡统一的土地流转中心机构，为方便业务开展，可将其设置在国土部门，走竞买保证金、公告、公示的透明程序，或当事人交易后登记过户的手续，做到管理规范，监督有力，形成统一、健康、有序的土地流转市场。

第五章　土地财产权利的重要性

本章内容提要：

- 财产权:思想启蒙、公地悲剧与科斯定律。

- 农村土地产权：宅基地与农用地流转、担保抵押。

- "小产权房"问题。

- 土地开发权、征地拆迁。

- 公共利益界定。

- 城乡建设用地增减挂钩政策。

- 土地使用期限问题。

- 自动续期与续缴土地出让金。

- 城乡一体化：新型城镇化、政经分离、农用地规模经营。

先从一个案例说起。

在1990年代初,南方G市某村民,出去当兵后,当地政府想向上级申请撤县设市,需要非农业户口指标提高到一定比例,就鼓励他办了非农业户口。他退伍后返回村内居住多年。村内按照珠三角地区普遍的农村集体土地股份制给予了他股份,但在2015年10月强制收回。该村民不服,于是逐级投诉到区政府,但这和外嫁女应不应该得到原籍村庄的拆迁补偿款一样,是一个涉及复杂的法律、户籍制度和村规民约等问题,处理起来相当棘手,让当地政府也比较头疼。

第一节　思想启蒙、公地悲剧与科斯定律

近代思想启蒙：财产权

从第二、第三章对中外典型国家土地权利发展演变史，我们可以看到土地财产权利保护的缺失带来的严重后果，结合政治特权的畸形保护同样带来不正常的土地兼并、社会财富的分布不均，不断触发革命导火索。

现代资本主义国家宪法普遍规定的"私有财产神圣不可侵犯"，不是无源之水。人类对财产权的保护，可以说经历了数千年不断抗争，才得以确立，因为一不小心就被暴君、贵族、酷吏、兵匪、流氓强盗等抢走了。对财产权的呼吁，近代欧洲启蒙思想家的理论贡献无疑是最大的。这是欧洲度过漫长、黑暗、野蛮的中世纪，迎来文艺复兴、思想解放的结果。

17世纪末，英国思想家洛克在《政府论》里专门写过《论财产》。他写道："自然理性告诉我们，人一生出来就享有维持自己生存的权利，因此也就享有肉类和饮料，以及自然提供的维持其生存的其他物品的权利。"[1]这段话从自然法的角度，强调了基本生

---

[1] [英]约翰·洛克著：《政府论》，北京：中国社会科学出版社，2009年12月版，第162页。

地权的转移与保障
——田园诗后的生活

活资料,即最基本的财产,对维持生存的极端重要性,是最基本人权生存权的物质基础。现代国家的法院,在强制执行没收个人财产时,对维持生存的个人生活资料也是保留的。

洛克指出,人类在早期是共同劳动、财产共有的,那时人口和自然资源的关系还不紧张。"后来,世界上的一部分地区,随着人口和牲畜的增加和货币的使用,土地变得稀缺了,因此开始具有一些价值。于是有些社会确定了各自的地域范围,并通过内部的法律确定了他们社会内的私人财产,这样,人民就通过契约和协议确定了劳动和勤奋开创的财产权。"在马克思之前,洛克特别强调了劳动的价值;在韦伯之前,洛克又对勤奋劳作的资本主义精神表示赞许。这里,洛克已经提出了契约精神。

洛克认为,对土地等自然资源的占有和使用,既是权利也是义务,不能圈占土地后任由草和果实凋零、腐烂而不采摘利用。在还没用完全脱离宗教思想的时代,他认为上帝留给我们的财产,以正好满足人类的享用为限,他认为占有财产不是无限度的。超过他所应得的,就应该归其他人所有。可惜,后来其祖国大英帝国的资本家们的表现远远超过他的设想,还搞起了他深恶痛绝、罪恶的美洲奴隶贸易。

18世纪,法国思想家、大革命的思想先驱者卢梭继续论述财产权[1]。卢梭认为财产是政治社会的真正基础,是公民订约的真正保障。他痛斥巴尔波在1513年发现南美洲时宣布整个地区属于国王所

---

[1] [法国]卢梭著,何兆武译:《社会契约论》,北京:商务印书馆,2003年3月第3版,第27页。

有，认为这无效而愚蠢。对土地占有，他强调："集体在接受个人财富时远不是剥夺个人的财富，而只是保证他们自己对财富的合法享有，使据有变成为一种真正的权利，使享有变成为所有权。"个人最终只是公共财富的享有者，国家要全力保护，防御外邦人侵占。

卢梭认识到个人对土地等财富的占有不是无限度的、绝对的。"无论用什么方式进行这种占领，各个人对于他自己那块地产所具有的权利，都永远要从属于集体对于所有的人所据有的权利；没有这一点，社会的联系就不能巩固，而主权的行使也就没有实际的力量。"这个理论，可以看作是国家拥有征地权的最佳解释，不是私有土地"神圣"就绝对不能碰。一旦国家需要进行涉及全体国民的公共利益重大工程，或者战争时需要修路、修机场，恰好经过你家的土地时，就须要征用。文明与野蛮的区别在于，国家是给予合理补偿还是分文没有或象征性支付，是友好平等协商还是无理暴力强拆。

18世纪，和卢梭同时代、同国家的思想家孟德斯鸠，则强调了财产权转让的重要意义和没收公民财产的慎重。[1]他指出："当年罗马共和国立法者们如若确立了财产转让制度，就不会发生那么多的叛乱和民事纠纷，也不至于经受那些灾祸之险和救援之难。""在专制国家里，由于贫穷和财产的不确定性，放款收利就大行其道，风险越大，利息越高。贫困从四面八方向这些不幸的国

---

[1] ［法国］孟德斯鸠著，许明龙译：《论法的精神》，北京：商务印书馆，2012年5月版，第80页。

地权的转移与保障
——田园诗后的生活

家袭来,人们一贫如洗,甚至于借贷无门。"的确,财产权保护的不确定性和法制的匮乏,容易导致高利贷的横行,影响社会的稳定。"贪赃枉法既然是专制政体下的常见罪行,将财产充公就大有效用。"近代以前的欧洲比天朝上国更悲苦,天朝主要是贪官污吏压榨,欧洲还有宗教界这个不事生产的纯食利阶层。国王的包税人和教皇的什一税一起袭来,小农的悲惨生活就可想而知了。

还是在18世纪,现代西方经济学的鼻祖、英国经济学家亚当·斯密写出了《国富论》。这本影响了全世界学术界和政界的大著,被誉为影响世界的十大著作之一,是不用多加介绍的。对财富的积累和投资增值,斯密看出了国家政治社会稳定的重要性。他指出,"国泰民安,家有蓄积,邻可通财,如竟舍此三道弗由,说他不是疯狂,我是不能相信的。""若不幸,国家专制,君主暴虐,人民财产,随时有受侵害的危险,则人民为求财产安全,每以资财之大部,掩埋地下(金银窖藏)。据说,在土耳其,在印度,并且,我相信,在亚洲其他各国,常有这种事情。在封建暴虐时代,我国亦似乎有过这种情事。"[1]他说得真是一针见血。

1804年,在拿破仑的亲自参与推动下,法国公布《民法典》,也称《拿破仑法典》,是资本主义国家第一部民法典。其中,在所有权部分,第545条规定:任何人不得被强制出让其所有权;但因公用,且受公正并事前的补偿时,不在此限。第552条又规定:土地所有权并包含该地上空和地下的所有权。所有人得在地上从事

---

[1] [英国]亚当·斯密著,郭大力、王亚南译:《国富论》,上海:上海三联书店,2009年3月版,第214页。

其认为适当的种植或建筑。2020年5月，我国的《民法典》正式颁布，这对维护人民权益、推进依法治国、完善社会主义制度具有重大而深远的意义。

到了19世纪，科学社会主义的创立者之一恩格斯发现了追求财富确实是人类最重要的动力之一。他说："卑劣的贪欲是文明时代从它存在的第一日起直至今日的动力；财富、财富，第三还是财富不是社会的财富，而是这个微不足道的单个的个人的财富，这就是文明时代的唯一的、具有决定意义的目的。"[1]马克思主义哲学把经济基础看得很重要，是上层建筑的决定性力量，生产力决定生产关系，认识是非常深刻的。只有到了生产力高度发达、物质极大丰富，人类摆脱了对物的依赖性，实现"按需分配"，才能建成"自由人联合体"的共产主义社会。

财产对自由的保障作用

英国第九任首相威廉·皮特曾经说过一段名言："风能进，雨能进，国王不能进。"原文是："即使是最穷的人，在他的小屋里也敢于对抗国王的权威。屋子可能很破旧，屋顶可能摇摇欲坠；风可以吹进这所房子，雨可以打进这所房子，但是国王不能踏进这所房子，他的千军万马也不敢跨过这间破房子的门槛。"面对一个祖传的磨坊，皮特借此道理，形容财产权对人民群众的重要性和神圣性，公权力必须有合理的边界。

---

[1] [英国]恩格斯：《家庭、私有制和国家的起源》，北京：人民出版社，1972年版，第174页。

地权的转移与保障
——田园诗后的生活

图5-1：世界文化遗产——广东开平碉楼，摄影：春江。周润发、姜文电影《让子弹飞》的拍摄外景地，就是在广东江门市开平自力村碉楼群拍摄的。碉楼一般建于民国时期，用石头和水泥高价建成。窗户下面分布有洞口，作为枪眼往外放枪，防土匪和酷吏过来滋扰。

的确，相对于公民、法人和其他组织等民事主体的侵害，来自国家、政府的侵害更加难以抵抗，也更恐怖，所以必须严加防范。

在奴隶社会时代，奴隶们不要说土地，连生活资料、儿女，还有自己的身体都是主人的，离开主人的生产生活资料就无法生产，只能依附，哪里还有自由？一旦冲出牢笼，觉醒的奴隶是不愿做下等人的。哪里有剥削和压迫，哪里就有反抗。现在的澳大利亚，起初多数移民是英国流放犯人的地方，但这些罪犯到了广袤的一块陆地，就拼命逃脱了，不用依赖主人或官府，努力过上自给自足的生活。一小块地、一个木屋，就是他的基本财产，足以保证他的基本自由。

在中欧封建时代，约九成的人是直接或间接依靠土地为生的。阿克顿勋爵曾说："封建主义使土地成为万物的标尺和主宰。由于除土地产品外没有其他的富源，人们依赖领主以免饿死之虞，因此他的权力压倒国民的自由以及国家的权威。法国的谚语说，每一个男爵都是他自己土地的主人。"[1]

到了自由资本主义阶段，欧洲完成思想启蒙，资产阶级对国王或政府的要求是消极角色，即做好治安、维持好基本社会秩序、抵抗外来侵略就行了，也就是"守夜人"的角色。那时可没有反垄断法，也不要求政府对经济做宏观调控。可是，在中世纪，就连这基本的"守夜人"角色，政府都做不到，严重缺位；中国则到了民国时期社会还是那么乱，无法提供治安管理等公共服务，以至于人民自己得拿起武器保护自己，才出现了山寨、碉楼、城堡那样的封闭式、自卫式建筑。人身安全尚且如此，土地上的牛羊、庄稼，就无力保护了。土地房产、粮食和蔬菜都无从保障，谈何自由呢？

美国霍普金斯大学教授罗威廉在《红雨———一个中国县城七个世纪的暴力史》中感叹道：

"（湖北）麻城人民的集体意识和地方认同中，深深铭刻着穿越过去的记忆：动乱时期一再发生的同样血腥的杀戮，以及和平时期数不清的日常暴行。他们很清楚，自己的家乡就是一个暴力之地。""麻城的暴力规律是在司空见惯的日常杀戮、残害和强制之上，添加了周期性的大规模屠杀事件。"比如，明朝末年张献忠经

---

[1] [英国]阿克顿著，胡传胜、陈刚、李滨等译：《自由史论》，南京：译林出版社，2012年6月版，第36页。

过麻城好几次，与清军厮杀时也殃及不少无辜百姓……"麻城人民对本县暴力现实的一种习以为常的反应是入山，即到山寨里去寻求世袭地方精英强人的保护。"[1]

作为一个外国学者，罗威廉教授确实视角独到、见地深刻。不过，中国地域辽阔，十分复杂。虽然麻城的战略地位比较重要，是兵家必争之地，但毕竟在大别山边缘，是山区。相比之下，淮河流域的信阳、淮南一带，地处平原，自古就是大粮仓，又是中国南北方分界线，这里的人民几千年来忍受的暴力、残害比起麻城更是有过之而不及。并且，这里没有高大自然山体、天险可守，政治不稳定，基本生活资料的财产和自由也无从保障。有财产才有恒心啊！无财产而有恒心的，恐怕只有少数的"士"能做到。

中国法制对财产权保护的纠结与进步

对财富、致富如何看待？中国的先哲们思考得比较早、比较多。

孔子对个人注重仁义道德修养，对国家注重实施仁政，对物质财富的积累和保护并不是关注重点。比如，孔子盛赞得意门生颜回："贤哉回也！一箪食，一瓢饮，在陋巷，人不堪其忧，回也不改其乐，贤哉回也！"（《论语·雍也》）就是说："贤德啊，颜回吃的是一小筐饭，喝的是一瓢水，住在穷陋的小巷里，别人都忧

---

[1] ［美］罗威廉著，李里峰等译：《红雨——一个中国县城七个世纪的暴力史》，北京：中国人民大学出版社，2014年1月版，第1、14、15页。

愁这种贫苦，颜回却不改变向道的乐趣。贤德啊，颜回！"在孔子看来，只要心中有"仁"，其他的物质方面不是很重要。他又说："富与贵，是人之所欲也；不以其道得之，不处也。"（《论语·里仁》）也就是说：发财、做官，是人人所盼望的事情，不通过正当的途径去取得它，君子不会接受。他还说过，富贵对自己来说，都是浮云，不是自己追求的目标。既然想都不想，怎么去保护财产，就更不会花心思深入研究思考了。

孟子更是将功利主义色彩较为浓厚的杨朱学说视为禽兽。他说："杨朱利己，是无君也；墨子兼爱，是无父也；无君无父，是禽兽也。"尊崇君王，孝敬父辈，是最重要的。杨朱的功利主义、实用主义和墨子的博爱思想，和禽兽无异。这话说得狠，顺带把君权、父权肯定了一番，是封建礼教正统思想的标杆，难怪后来历代的统治者都喜欢这种哲学。

到了西汉时期，汉武帝采纳大儒董仲舒"废除百家，独尊儒术"的建议，奠定了后世儒家思想主导中国政治法律思想两千年的局面。学术终于借力政治扫除其他"异端邪说"，就像秦始皇当政时，法家倡导发起的"焚书坑儒"运动一样。

到明朝时期，经过朱熹、程朱理学和王阳明等人的发展，最终走上了"存天理，灭人欲"的极端思想，对物质财富的追求降低到了极点。

不过，儒家思想虽然为统治思想，但并不是中国历史的唯一思想，其他影响比较大的是道家和佛家的哲学，并称"儒释道"。另外还有一些"小众哲学"。道家的"清心寡欲"和佛家的"四大皆

地权的转移与保障
——田园诗后的生活

图5-2：明代，广东佛山的庞尚鹏家族，将"田地财用"等物质财富视为累赘和危险品，并训诫后代不要去刻意追求财富。摄影：作者

空"就不用多说了，都是把财富视作空气或朝露。明朝万历年间，民间编撰的《增广贤文》也有"君子爱财，取之有道；贞妇爱色，纳之以礼"的精彩论述，成为现代群众耳熟能详的通俗哲学。

无论从奴隶社会还是在封建社会，我国的阶层分化对立时而缓和、时而紧张，并且以土地贵族和农民为代表。加上慈善思想的缺乏，滋生并强化了民众中"为富不仁"的仇富心理。和平时期，双方还能勉强忍一忍，到了矛盾不可调和、农民起义风起云涌时，就是短兵相接、暴力抢夺的时候了。弱肉强食，遵守丛林规则，法律规范崩溃失效。

当然，中华法系对偷盗的惩罚并没有中断过，这是正常社会秩序的基础。不过，立法思想不是从财产权保护的自然法，而是从纲常伦理的道德角度设定的。战国时期《法经》的《盗法》是有关维护私有财产的规定，"拾遗者刖"。拾到别人的遗失物据为己有，都要剁脚的，处罚很重。法家思想立国的秦朝，对私有财产保护更加严格。西汉的桓宽在《盐铁论》里说"秦之法，盗马者死，盗牛

者加"。甚至偷人家桑叶不到一钱,都要罚徭役一个月。"或盗采人桑叶,赃不盈一钱,何论?赀徭三旬。"(《秦律》)

除蒙古贵族建立的元朝外,后世的相关立法越来越完善。到了大唐帝国,经济空前繁荣,财产关系复杂,法律将盗窃罪细分为"强盗""盗窃""监守自盗"几种了。比如,《唐律·杂律》规定:"诸受寄财物,而辄费用者,坐赃论。诈言死失者,以诈欺取财物论……"这是惩罚关于实施擅自使用、诈称灭失的行为。

《唐律·杂律》规定:"诸负债违契不偿一匹以上达二十日笞二十……"这是惩罚关于借贷他人财物不偿还的行为,打鞭子体罚。

《唐律·杂律》规定:"错认奴婢及财物者,计赃一匹笞十……"这是惩罚关于有意将他人财物误认为自己财物意图非法据为己有的行为,打鞭子体罚。

《唐律·杂律》中规定"诸得遗物,满五日不送者,各以亡失罪论,赃重者,坐赃论。私物,坐赃论减二等",该律还规定:"诸受寄财物,而辄费用者,坐赃论减一等。诈言死失者,以诈欺取财物论减一等。""诸于他人地内得宿藏物,隐而不送者,计合还主之分,坐赃论减二等。若得古器形制异,而不送官者,罪亦如之。"这是对侵占遗失物、代管物、埋藏物犯罪行为的惩罚。

其他朝代的就不一一列举了。

新加坡至今还对破坏城市公共设施、损毁他人财物等违法行为施加鞭刑,似乎与现代法制文明格格不入,其模仿保留的正是中华法系的特征之一——体罚。

在封建制度下,这些立法执行得怎么样?直到大清王朝,不仅

地权的转移与保障
——田园诗后的生活

人被分为三六九等,什么都是满族贵族优先,法律的适用也是分等级的,所谓"刑不上大夫"。"天子犯法,与庶民同罪"的说法,从来都是一句空话。所以,法律面前做不到人人平等,有专制君主不受法律制约,有贵族政治特权横行乡里,这样的法律体系是管不好盗窃罪、抢劫罪的,臣民们的那些财产也得不到很好的保护。

1902年,在刚刚经历了甲午战败、戊戌变法失败、八国联军入侵等国殇后,戊戌变法主将之一梁启超痛彻地领悟到重塑国民性的重要性。他在《新民说》里启蒙国人要有权利思想,并且从个人做起,不能再麻木不仁。"非争此一毫,争夫人之损我一毫所有权也。""一部分之权利,合之即为全体之权利;一私之权利,积之即为一国家之权利思想。"权利思想犹如大树之根,广大国民要以坚持权利思想为第一义。

小平同志视察南方谈话时,说中国"穷了几千年了"[1]的论断十分形象、准确。中国其实并不缺乏所谓的盛世,什么文景之治、贞观之治、康乾盛世等等,综合国力在当时确实强大,但最底层、最广大的人民呢?一样的贫穷,只是比兵荒马乱时能吃饱肚子,生活稍微安定点罢了。所谓"一治一乱",治理好的时期总是那么短暂,社会混乱似乎是我国封建时代的常态。社会的大部分财富,始终掌握在贵族和中上层官僚手中,在人治的社会里,法律对财产权的保护,还是重点保护这些少数派。沉默的大多数不是被愚民政策弄得继续沉默,就是在沉默中爆发(农民起义、武装革命)。

---

[1] 1992年,邓小平南方谈话重要论断。

我国1982年的宪法在保护财产权方面有了重大进步，2004年修宪时，对社会主义的公共财产加上了"神圣"两字，区别西方资本主义国家对"私有财产神圣不可侵犯"的表述：

第十二条　社会主义的公共财产神圣不可侵犯。

国家保护社会主义的公共财产。禁止任何组织或者个人用任何手段侵占或者破坏国家的和集体的财产。

第十三条　公民的合法的私有财产不受侵犯。

国家依照法律规定保护公民的私有财产权和继承权。

国家为了公共利益的需要，可以依照法律规定对公民的私有财产实行征收或者征用并给予补偿。

公地悲剧与科斯定律

假如村里有一块公共土地，大家都可以去放牛，草也可以及时地长出来。随着人口的增加，这块地还是那么大，但放牛的人多了，割草的也多了，这块地还能不能作为一块牧地好好地保存呢？如果没有一定的管理，那显然是不行的，最后必然变得所剩无几。这就是公地悲剧的基本原理。

对一个大池塘，水产资源的保护也是这个道理，大家都无限制地去捕捞，超过了鱼的自然繁衍速度，渔业资源就一定会枯竭。东海为什么要规定禁渔期？对稀缺资源的管理，道理是同样的。美国诺贝尔经济学奖获得者埃莉诺·奥斯特罗姆教授在这方面做了经典的研究。她认为，纵观世界很多国家对公共资源能有序长久开发利用的，都满足一定的条件，她对长期存续的公共池塘资源制度中所阐述的设计原则，概括为八条[1]：

1.清晰界定边界。公共池塘资源本身的边界必须予以明确规定，有权从公共池塘资源中提取一定资源单位的个人或家庭也必须予以明确规定。

2.使占用和供应规则与当地条件保持一致。规定占用的时间、地点、技术和（或）资源单位数量的占用规则，要与当地条件及所需劳动、物质和（或）的供应规则相一致。

3.集体选择的安排。绝大多数操作规则影响的个人应该能够参与对操作规则的修改。

4.监督。积极检查公共池塘资源状况和占用者行为的监督者，或是对占用者负有责任的人，或是占用者本人。

5.分级制裁。违反操作规则的占用者很可能要受到其他占用者、有关官员或他们两者的分级制裁（制裁的程序取决于违规的内容和严重性）。

6.冲突解决机制。占用者和他们的官员能够迅速通过成本低廉的地方公共论坛来解决占用者之间或占用者和官员之间的冲突。

7.对组织权的最低限度的认可。占用者设计自己制度的权利不受外部政府权威的挑战。

8.分权制企业（nested enterprises）。在一个多层次的分权制企业中，对占用、供应、监督、强制执行、冲突解决和治理活动

---

[1] [美国]埃莉诺·奥斯特罗姆：《公共事物的治理之道——集体行动制度的演进》，上海：上海三联书店，2000年6月版，第144页。

图5-3：该图闸机并不是地铁或高铁的，而是某学校食堂吃自助餐用的，进去吃饭必须刷房卡或员工卡。当资源稀缺或是必需品时，怎样管理才更有效率？

这种先进的管理模式是饭票的电子升级版，实际上原理是一样的，即对就餐者的身份进行界定，不能什么人都随便进入食堂吃饭，也不能吃了还带走给家人朋友吃，那样的话成本无法控制，食堂是不可能维持下去的，财政对每个人的就餐补贴也会不准确。这和产权制度的原理是一样的，界定了使用者边界。摄影：作者

加以组织。

看起来有些抽象，不好理解。我们以在食堂吃饭来分析，见图5—3的文字说明。

科斯为英国经济学家，1991年获得诺贝尔经济学奖，2013年逝世。

科斯定理主要是指：在交易费用为零，对产权充分界定并加以实施的条件下，外部性因素不会引起资源的不当配置。因为外部性因素的生产者和消费者，将获市场动力去进行互惠互利的交易谈判，是外部性因素内部化。交易一般是有成本的，在不同的产权制

度下，交易的成本可能不同，资源配置的效率可能也不同。交易成本就是指在不同的产权制度下的交易费用，是选择或衡量产权制度效率高低的唯一标准。

现在为什么要搞碳排放交易？一家工厂的排放物污染大气，如果不加惩罚，那么，该工厂就会把工业利润拿到自己手里，把大气污染留给了周边环境或居民，这叫外部性。这时候，它的排放成本为零。在欧美、中国工业化早期，走的都是先污染、后治理的老路。按照科斯的理论，如果工厂花钱买了碳排放权，显然会提高生产成本，但无疑会促进它花点心思，提高技术水平治理污染，同时也就降低了成本。这就是外部性的内部化。伦敦、北京等国际大都市对私家车上路征收道路拥堵费，其原理也是这个，就是让车主选择地铁等公共交通工具，倡导绿色出行。在电动汽车尚未普及的现在，这是个可行的权宜之计。

同样是诺贝尔经济学奖获得者道格拉斯·诺斯，也强调了所有权等产权的重要性。他在新制度主义经济学的代表之一《西方世界的兴起》中指出："有效率的经济组织是经济增长的关键，一个有效率的经济组织在西欧的发展正是西方兴起的原因所在。有效率的组织需要在制度上做出安排和确立所有权，以便造成一种刺激，将个人的经济努力变成私人收益率接近社会收益率的活动。"[1]

对土地改革，有人总是劝导大家不是财产权问题，要"慎提农民土地财产权"。有的教授认为："当我们从土地利益角度来提出

---

[1] [美国]道格拉斯·诺斯、罗伯斯·托马斯著，厉以平、蔡磊译：《西方世界的兴起》，北京：华夏出版社，2009年6月版，第4页。

农民财产权时,要千万注意我们是在提哪些农民的财产权,是要为全部农民争取财产权还只是在为少数可能成为土地食利者的极少数城郊农民争财产权。"他认为这些"城郊农民土地食利者"有多大比例呢?

"真正有可能被征收为城市建设用地的土地机会,在未来30年只有二十分之一,这二十分之一土地上的农民就应只占农民数量的百分之五左右。"

"若我们要求给农民更大的产权,要求允许农村土地自由流动、入市和用于经营性建设,只是要在中国培养出一个人数极少利益极大的城郊土地食利者阶层,这样的农民财产权可能恰恰损害了国家的财政能力,从而使国家财政更加无力为全国农民提供强有力的转移支付,从而损害了全国绝大多数农民的利益。这样的农民财产权,我们还是不要为好。"[1]

这个观点有待商榷。但凡有征地拆迁经验或者在国土部门、房地产开发公司工作过的人,对那个5%的算法都会感到匪夷所思。再说,赋予农民土地财产权是一种权利,不是掐指一算、形而上学就能预测未来30年,概括出用途和收益的。国家现有的土地银行征地模式也不一定就一直不进行深化改革,到时怎么会损害国家财力?且看本章下面的具体分解。

当然,也有作家、学者对公有土地制度持怀疑制度,认为这是进一步深化改革的三大障碍之一。

---

[1] 贺雪峰:《慎提农民土地财产权》,中国乡村治理研究,载于《凤凰博报》http://hexuefeng.blog.ifeng.com

有的认为:"公有土地制度是地方政府发展土地财政的基础,哪怕问题再多,政府的改革措施也只会修修补补,甚至出让一定的使用权,但不会将土地的完整长期完全交给民间。"[1]

有的认为:"就中国目前的农村情况而言,农业(或农民)集体经济组织已经不复存在,而村委会或村民小组也都不能成为农村集体土地产权的代表者,因此,'农村集体'或'农民集体'便成了一个'抽象的、没有法律人格意义的集合群体',无法成为真正的产权所有者。"[2]

我国是社会主义国家,土地等生产资料的公有制是立国之基,不能随便动摇的。何况,"国家、集体"只是虚拟概念,只要人民有法律保障的用益物权,可正常占有、收益、处分就实用了,城镇土地使用权的改革就很成功,不必太抠名义上的"所有权"。在"集体"概念里,村委会的组织结构较为稳定,是行使公权力的自治性群众组织,受到国家《监察法》约束,可以充当集体产权的代表者。

欣慰的是,早在2016年11月,《中共中央国务院关于完善产权保护制度依法保护产权的意见》发布,开篇即指出:产权制度是社会主义市场经济的基石,保护产权是坚持社会主义基本经济制度的必然要求。有恒产者有恒心,经济主体财产权的有效保障和实现是

---

[1] 郭建龙:《中央帝国的财政密码》,厦门:鹭江出版社,2017年4月版,前言部分第Ⅰ页。

[2] 谭术魁、陈莹编著:《土地资源学》(第二版),上海:复旦大学出版社,2019年8月第2版。

经济社会持续健康发展的基础。……必须加快完善产权保护制度，依法有效保护各种所有制经济组织和公民财产权，增强人民群众财产财富安全感，增强社会信心，形成良好预期，增强各类经济主体创业创新动力，维护社会公平正义，保持经济社会持续健康发展和国家长治久安。

2018年9月，习近平总书记在十九届中央政治局第八次集体学习时的讲话中指出："要进一步解放思想，推进新一轮农村改革，从农业农村发展深层次矛盾出发，聚焦农民和土地的关系、农民和集体的关系、农民和市民的关系，推进农村产权明晰化、农村要素市场化、农业支持高效化、乡村治理现代化，提高组织化程度，激活乡村振兴内生动力。"[1]这一重要论述为我们指明了正确的方向。

---

[1] 中共中央党史和文献研究院编：《习近平关于"三农"工作论述摘编》，北京：中央文献出版社，2019年4月版，第24页。

第二节　对完善农村土地产权的期盼

"两权"抵押贷款开始试水

宅基地使用权、土地承包经营权和集体收益分配权都是法律赋予农民的财产权利，可惜现行法规体系对农村土地缺乏用益物权和担保物权保护，削弱了这些土地的财产性质，使得农地土地价值贬值。具体表现就是农村宅基地和承包地难以抵押担保、自由买卖，缺乏完整产权，土地开发权被房地产开发商垄断等。这些问题在第六章关于土地交易、基层社会治理的解析中有详解。

不过，时代总在进步，虽然有时会有波折。马克思说，历史是螺旋式上升的。

2008年10月，中国人民银行就在全国推动"两权"（农村承包土地的经营权和农民住房财产权）抵押贷款试点了。央行和银监会下发了《关于加快推进农村金融产品和服务方式创新的意见》，这里适用的除了农村土地，还有林地。

2013年11月，党的十八届三中全会召开过以后，各项深化经济改革的措施还是在一步步推进的。全会通过的《中共中央关于全面深化改革若干重大问题的决定》指出："保障农户宅基地用益物权,改革完善农村宅基地制度,选择若干试点,慎重稳妥推进农民住房财产权抵押、担保、转让,探索农民增加财产性收入渠道。"

2015年8月,国务院印发了《关于开展农村承包土地的经营权和农民住房财产权抵押贷款试点的指导意见》(国发〔2015〕45号),意见指出,要赋予"两权"抵押融资功能,维护农民土地权益;推进农村金融产品和服务方式创新,加强农村金融服务。建立抵押物处置机制,做好风险保障;完善配套措施,提供基础支撑;加大扶持和协调配合力度,增强试点效果。

2016年3月,中国人民银行联合银监会、财政部等五部委,印发《农民住房财产权抵押贷款试点暂行办法》,暂行办法从贷款对象、风险补偿、配套措施、试点监测评估等多方面,对金融机构、试点地区和相关部门推进落实"两权"抵押贷款试点明确了政策要求。

这项政策是与现行《物权法》《担保法》《农村土地承包法》等法律相冲突的,但立法机关可以授权在某些时间地点暂停某些法律法规的实施,包括一些具体条款。所以有了《全国人大常委会关于授权国务院在北京市大兴区等232个试点县(市、区)、天津市蓟县等59个试点县(市、区)行政区域分别暂时调整实施有关法律规定的决定》。

广东成功发放的首笔农房抵押贷款是在当年6月11日。50多岁的李阿姨,在五华县城东镇经营一家大型超市和一家建材店,对资金的需求较大。年初,李阿姨希望儿子儿媳不用外出漂泊了,惆怅的是她想把建材店扩大后交给儿媳打理,但50万元资金缺口一时无法填补。后来,她就将自家一栋5层楼房抵押给了五华农业银行,获得了79万元贷款。[1]

表5-1 农民住房财产权抵押贷款试点县(市、区)名单

省份	试点县(市、区)
天津市	蓟县
山西省	晋中市榆次区
内蒙古自治区	和林格尔县、乌兰浩特市
辽宁省	铁岭县、开远市
吉林省	长春市九台区
黑龙江省	林甸县、方正县、杜蒙县
江苏省	常州市武进区、仪征市、泗洪县
浙江省	乐清市、青田县、义乌市、瑞安市
安徽省	金寨县、宣城市宣州区
福建省	晋江市、古田县、上杭县、石狮市
江西省	余江县、会昌县、婺源县
山东省	肥城市、滕州市、汶上县
河南省	滑县、兰考县
湖北省	宜城市、武汉市江夏区

[1] 《农村住房也可用来抵押贷款,广东首贷获79万已在梅州发放!》,南方网,http://news.southcn.com/g/2016-07/21/content_151930872.htm

湖南省	浏阳市、耒阳市、麻阳县
广东省	五华县、连州市
广西自治区	田阳县
海南省	文昌市、琼中县
重庆市	江津区、开县、酉阳县
四川省	泸县、郫县、眉山市彭山区
贵州省	金沙县、湄潭县
云南省	大理市、丘北县、武定县
西藏自治区	曲水县
陕西省	平利县、西安市高陵区
甘肃省	陇西县
青海省	湟源县
宁夏自治区	平罗县
新疆自治区	伊宁市

"两权"抵押贷款试点，虽然解决了有法可依"可以做"的问题，但还存在"做得怎样"及风险防控问题，主要体现在以下三个方面。

一是抵押物处置困难。

据程郁等人调查[1]，对350位金融机构从业人员的了解显示，只有一半人希望国家出台农村土地抵押贷款政策，最主要的原因是认

---

[1] 程郁、张云华、王宾：《农村土地与林权抵押融资试点调查》，载《改革内参》，2016年4月22日出版。

为抵押物处置困难、农业经营风险大。不过，若农村土地价值较高时，他们也愿意考虑。的确，央行暂行办法第十二条规定："因借款人不履行到期债务，或者按借贷双方约定的情形需要依法行使抵押权的，贷款人应当结合试点地区实际情况，配合试点地区政府在保障农民基本居住权的前提下，通过贷款重组、按序清偿、房产变卖或拍卖等多种方式处置抵押物，抵押物处置收益应由贷款人优先受偿。变卖或拍卖抵押的农民住房，受让人范围原则上应限制在相关法律法规和国务院规定的范围内。"

那么，怎么保障农民基本居住权？从法理上说，欠债不还，银行是可以将抵押房屋收回的。不过，现行法律规定的农村宅基地是实行"一户一宅"的原则，农民可能真的只有一套房，房屋被收走后，他将面临无家可归的局面。这与保障农民基本居住权矛盾，让银行左右为难。

二是宅基地及地上房产仍然是转让受限。

这个试点，只是担保物权方面的，农民只能抵押贷款，而仍不能自由买卖。作为抵押物的价值显然大大低于买卖标的物的价值，从而降低了宅基地和房产的整体价值。即使卖掉，按现行法律也只能在村集体内部进行，而村集体内需求一般不大，城里人又不让买。银行面临即使收回抵押房屋，也难以变现问题。央行暂行办法规定的设立抵押贷款风险补偿基金、通过政府性担保公司提供担保的方式，可能会增加政府性基金的金融风险。

三是风险补偿机制不健全。

虽然我国部分地区开始实施农业保险，尤其是福建、广东沿海对台风的防范渐趋健全，但大部分地区农业保险品种单一，农业生产抵抗力弱。假种子、病虫害、洪涝和干旱灾害，都是农业的敌人，银行不太愿意承担承包地过大的经营风险。

与其花费那么大的气力去设计抵押风险防范机制，用纳税人的钱去搞风险补偿基金和担保基金，还不如让农村集体土地和国有土地一样同地同权，也把土地使用权赋予农民，让他们自我管理、自主处置。其实现在的改革步子迈得不够大，还是有各种顾虑保守思想在束缚。

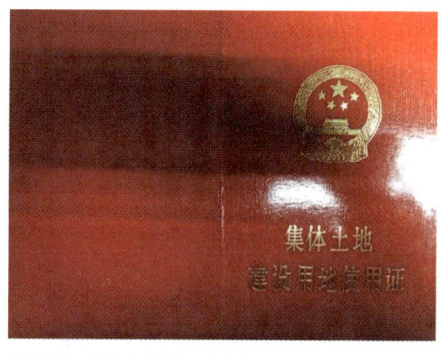

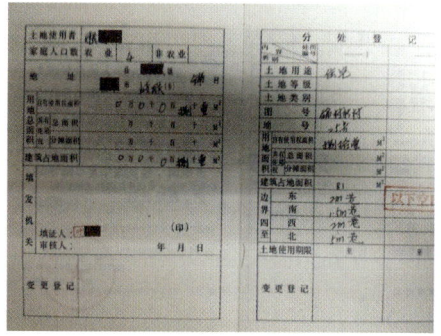

图5-4：1996年的农村集体建设用地使用证，宅基地上的住宅。供图：明

纠结的宅基地和"小产权房"

放开宅基地买卖或所谓"小产权房"合法流转，只是兑现我国宪法的"法律面前人人平等"的宣示，给农民一个自由处分财产的权利，给在城镇打拼已买房站稳脚跟的"农村人"一笔增加财产性

收入的机会,给城镇低收入者一个过渡或更好的生存空间。而不是家长制的思维、计划经济思想的残余,硬要替农民做主,不让你卖,是为你好,是"怕农民自己管不好自己";又怕城里人蜂拥去农村买房,危及农业生产,实际上管住农用地用途就行。权利可以放弃、义务必须履行的道理是应该懂得的。"事实上社会保障主要体现在权利的取得环节,而不在于对所取得权利的利用。一个理性的人应承担自己的行为后果。另一方面,限制农村宅基地使用权转让或抵押,使农民的房屋难于进入市场,这也限制了农民的融资渠道。"[1]

2013年10月底,中共十八届三中全会召开前夕,有媒体公开报道了国务院发展研究中心(国研中心)首次向社会公开的其为十八届三中全会提交的"383"改革方案总报告全文,勾勒出一幅详尽的改革"路线图"。关于土地改革,内容是这样的:

> 将农村承包地、宅基地、林地、房屋等资源确权、登记、颁证到每个农民。在现有土地权属基础上,赋予农民集体土地处置权、抵押权和转让权。——构建平等进入、公平交易的土地市场。在规划和用途管制下,允许农村集体土地与国有土地平等进入非农用地市场,形成权利平等、规则统一的公开交易平台,建立统一土地市场下的地价体系。在集体建设用地入市交易的架构下,对已经形成

---

[1] 江平主编:《物权法教程》(第二版),北京:中国政法大学出版社,2011年7月,第285页。

的"小产权房",按照不同情况补缴一定数量的土地出让收入,妥善解决这一历史遗留问题。[1]

如果真的实施,不是不可行。当然,也许当时的社会条件还未达到。

不过,当年11月22日,国土资源部办公厅、住房城乡建设部办公厅下发了一个《关于坚决遏制违法建设、销售"小产权房"的紧急通知》,要求各省、自治区、直辖市国土资源、住房城乡建设主管部门,全面正确地贯彻落实党的十八届三中全会《决定》,坚决遏制最近一些地方出现的违法建设、销售"小产权房"问题。第一项就是重申了"小产权房"问题的危害性和严重性:

"建设、销售'小产权房',严重违反土地和城乡建设管理法律法规,不符合土地利用总体规划和城乡建设规划,不符合土地用途管制制度,冲击了耕地保护红线,扰乱了土地市场和房地产市场秩序,损害了群众利益,影响了新型城镇化和新农村建设的健康发展,建设、销售和购买'小产权房'均不受法律保护。"……

"对在建、在售的'小产权房'坚决叫停,严肃查处,对顶风违法建设、销售,造成恶劣影响的'小产权房'案件,要公开曝光,挂牌督办,严肃查处,坚决拆除一批,教育一片,发挥警示和震慑作用。"

---

[1] 《三中全会改革路线图国研中心383方案首公开》刘鹤等领衔起草,观察者网,http://www.guancha.cn/politics/2013_10_26_181253.shtml

244 | 地权的转移与保障
——田园诗后的生活

如果能顺应一下民意,像国研中心设想的那样,去设法妥善解决历史遗留问题,我想他们的出发点还是好的。

也许有人说,农村宅基地是福利性质的分房,而且是无限期使用的,再给农民处分的权利没必要。要知道,经过40多年改革开放,农村早已没有再分配宅基地了,既定住户格局早就固化了。我们可以将"小产权房"下的宅基地也设置70年使用权,补缴一下土地出让金和相关税费,让它合法化。再赋予他们自由买卖的权利,可以吗?实际上,集体建设用地入市,还可以在相当程度上平抑地价、房价。国有土地使用权实施了这么多年,不仍然好好的?实际上,这是实现城乡一体化的基础。

反而现在模糊不清的"小产权",容易引发产权纠纷和社会矛盾。比如,曾经号称"南国第一村"的深圳市W村,在20世纪80年代鼎盛时期,是和江苏华西村同列中国名村的,它还是农村土地股份制的创始村之一。而今,由于"小产权房"问题,深陷矛盾与纠纷之中。

村高达30层的××苑项目占地面积1800平方米,2011年以后以每平方米2600—4600元的价格向社会预售。不料到2012年6月,该楼盘被当地村民封住,业主无法入住,双方僵持不下。村民认为:这块地被以每平方米800元售出,明显低于市场价格,并且实际占了近2000平方米,是贱卖土地,严重损害村民利益。造成这样的村集体资产流失,是当地著名的"××黑帮"干预的结果,因此,村民认为交易无效,土地和房产仍归村集体所有。而购房业主认为:

房产交易是土地转手之后的事情,房产开发期间政府和村并未否认房产合法,购房者的居住权不容剥夺。[1]后来,双方争执了两年也没有解决。

这个不能完全怪他们,可能是制度设计本身出了漏洞。有些经济发达地区的土地村集体所有,很容易演变为不良村官把持。村近年来的"小产权房"收益经常被村官瓜分。村子下岗地段卖了两个多亿,村集体后来只收到2200万元,其余两亿不翼而飞!这是多么恐怖的事情。深圳虽然在农民运动会上就不派人参加,理由是深圳已经"没有农民了"。但实际上,特区仍然有400平方公里集体土地掌握在村民手里,这上面的房屋被定性为"历史遗留问题违法建筑"。既然是"违法建筑",这么大量的农民房,难道全部都要拆除吗?农民的财产权如何保障?

不过,在巨大的需求面前,一些人明知道买卖"小产权房"不受法律保护,仍然去买。有的以租代买,租个三五十年,过渡一下。事实是:商品房买不起,太贵;小产权房价格不到商品房的一半。这种情况,在北京、广州、杭州等大城市郊区并不鲜见,是群众对现行法规制度体系的一种变通和无奈。比如广州,早在2012年,全市集体土地上出租住宅就有约252 830套,占全市出租住宅的74%![2]这是地方政府统计数,实际上加上农民自己隐瞒的,比

---

[1] 《小产权房挽救集体经济　终引发土地产权争夺战》,载于《南方都市报》特别报道,2013年11月26日。

[2] 《关于规范我市农村集体土地流转的调研报告》,载《穗府调研》第26期,2013年10月9日。

例应该更高。这充分证明了"小产权房"对保护弱势群体居住需求的巨大意义,是绝对的主力。你只要深入广州城的城中村,就会发现大量的年轻人在这里寻梦,他们充满活力,值得尊敬。

农村承包地流转有待完善

我国政府和英国一样,是鼓励农村承包地流转、实现规模经营的,有的地方还给予一定奖励。2014年中央一号文件《关于全面深化农村改革加快推进农业现代化的若干意见》指出,"有条件的地方,可对流转土地给予奖补。土地流转和适度规模经营要尊重农民意愿,不能强制推动。"以广州市为例,各个区对规模流转的农用地每亩给予补贴200—500元不等。广州市级财政还对5个市级土地承包经营权流转试点镇街给予额外的补贴。

据了解,"全国2.3亿户承包土地的农民中,6600万户或多或少地流转了土地,这为农业发展规模经营、加快农业现代化进程提供了有利条件"。全国平均流转率在30%左右。[1]其中,位于长三角的苏杭地区农用地流转率已经达到60%以上。比如,广州郊区的部分土地已经由外省广西的农户租地种菜,租期3年左右,面积20亩上下,以补充珠三角城市群巨大的蔬菜需求。而本村人则去附近发达的城镇做白领或蓝领。

然而,这种承包地流转的深度是不够的。当前,承包地流转把农民土地承包经营权分为承包权和经营权,把一块土地上完整的权

---

[1] 《目前全国三分之一土地已流转》,载《京华时报》,2016年5月23日。

利分立为集体所有权、农户承包权和土地经营权三种权利。从土地权利保障强度来看，权利越集中，保障强度越大，所引起的纠纷就越少，经济运行和社会关系就越顺畅。这种一分为二甚至一分为三的做法，类似于工程项目的层层转包，或者民间借贷的三角债，后果可想而知。当然，考虑到我国的社会主义国家性质，人民是不可能直接有土地所有权的，承包权和经营权再分下去意义不大，只是强化了农民身份，还容易产生土地纠纷。

比如，四川省眉山市P区为了减少土地纠纷，由政府财政出资5000万元，成立了眉山市ZX农业发展投资有限公司，进行土地流转承包风险兜底！"当出现业主因无力种地退租，而农民又不愿意接手耕种的情况后，土地流转三级服务机构将通过'垫付租金—托管自营—再行招商'的模式支付租金，化解社会矛盾，让农民利益不因市场或第三方因素受到冲击。"[1]这种探索精神是积极的，值得肯定。该国有公司对承包者收取一定的风险保障金，可以制约经营不善或动机不良的公司。不过，问题在于：一是这些土地承包者可不是"业主"，他们是没有土地产权的，只有土地经营权。二是财政资金非常宝贵，要用在刀刃上，为这些没实力的公司承包土地兜底是不合理的。

因为现在土地流转服务机构缺乏，不像城市房地产中介中原地产、我爱我家之类的，广泛分布于城市角落；或者赶集网、搜房网、58同城之类的网站，方便了人们找房子、租赁或买卖房屋。农

---

[1] 刘裕国：《让土地流转没后怕》，载《人民日报》，2016年5月30日。

248 | 地权的转移与保障
——田园诗后的生活

村土地流转由于无利可图，中介服务机构不愿做，土地供求信息不对称，企业、专业大户只得和一家一户谈，时间成本和交易成本都较高。

既然只是承包，就意味着这块地不是"你的"，农民当然是没有产权，只有承包经营权，无法将承包地向社会自由卖出，承包地经营权抵押还处在少数县市试点阶段，也就无法实现土地的正常价值。既然没有产权，流转出的土地超过一半都是只租赁5年，有的甚至只做一两年，难以长期追加农业基础设施投资或资本、技术的投入，多半只看重短期收益，造成严重后果。

比如，安徽凤阳小岗村西北部50公里处的D村就遇到这种问题。

图5-5：2016年，国家农村土地确权主要成果：《农村土地承包经营权证》，方便了农民进行有限度的土地流转。摄影：作者

D村在21世纪初因发现铁矿而轰动全镇,但矿里并没能提供多少就业机会,还造成部分田地因采矿而塌陷,村里青壮年和安徽其他地区农村一样,基本上都去长三角打工了。有本镇商人在2012年承包了该村东冈约150亩的土地,大部分种植梨树,余下部分种植高粱。农民承包地以每年每亩800元被转包,前三年还能拿到土地承包费,到了第四年也是要不到钱了,有的愤怒农民连商人家的彩电、空调等家用电器都给拆走了。

图5-6:安徽北部的10月,即将丰收的田野,水稻和高粱。摄影:作者

土地承包时间不统一问题有待完善。《土地承包法》第二十条规定:"耕地的承包期为三十年。草地的承包期为三十年至五十年。林地的承包期为三十年至七十年;特殊林木的林地承包期,经国务院林业行政主管部门批准可以延长。"其实主要是耕地和林地。耕地只有30年,比国有土地上最短期的商业、服务业用地使用

权还短，那是40年。虽然法律说土地承包关系是长久稳定的，但这个词确实有些模糊，各地农民都众说纷纭，还是弄不清楚。

我们再看《土地承包法》第五条："农村集体经济组织成员有权依法承包由本集体经济组织发包的农村土地。"第四十八条："发包方将农村土地发包给本集体经济组织以外的单位或者个人承包，应当事先经本集体经济组织成员的村民会议三分之二以上成员或者三分之二以上村民代表的同意，并报乡（镇）人民政府批准。"村集体外的单位或个人承包可不容易，要村民代表同意，实际上很多时候是村委会同意、村官们同意。这无形中就给村官上下其手，充当利益掮客的机会了，这是村官腐败的一种方式（参阅第六章违纪违法案例）。集体所有其实还不是国家的？不过，在相当长的历史阶段实行集体、国家两种产权的过渡是可以的。

中国公民，其实都可以有50年以上的农用地使用权，不分身份和地域限制，只不过限制一下土地的农业用途规划和每人（单位）买入的土地规模上限就可以了，即"管地不管人"。农村土地，只有和国有土地权利实现同权同价，才能让全体群众，不分城乡，分享到改革成果。

农场土地股份制改革有待深化

有人会质疑，如果集体土地物权化后村委会改制成居委会，原来的集体土地资产怎么处理？一系列的管理制度如何对接？其实，作为向来敢想敢干、先行先试的广东，在2011年即出台了《关于深化珠江三角洲地区农村综合改革的若干意见》（粤办发〔2011〕21

号），对这些问题给予了回答。如规定"已界定产权和固化股权为重点，深化集体资产产权制度改革。……已实行'村改居'的地方，要推行集体经济组织与自治组织相分离，原农村集体资产的权属关系不变，股东的股权不变。鼓励条件成熟的集体经济组织在与社区自治组织分离的前提下，参照《公司法》和现代企业制度的要求改制组建公司制企业，改制后的企业依法纳税、自主经营、自负盈亏"。村两委换个名称，改为社区两委，其工作经费和工资由公共财政负担。

这种农村集体资产的股份制改造，可以看成是继1978年家庭联产承包责任制后的又一次重大改革，是经济发达地区（如东莞、中山）解决快速城市化、工业化后集体土地经营、处置和收益的重要探索。但是，这种分红式的财产保障具有一定的不稳定性，而且遵循"生不增，死不减"的分配原则，只能在村社集体内部流转，村民自己的处置权利受到一定限制。要解决村内外嫁女、娶媳妇、生老病死、户籍变更带来的人员更替等复杂问题，权力仍旧掌握在村社干部手中（村干部往往担任董事长）。

这项改革，从公民财产权的完全保护来说，仍然只是一个过渡性的制度安排，应该将集体土地使用权分配到个人，并受法律保护。卢梭认为，只要有国家的全力保护，个人享有者可以作为公共财富的保管者。"集体在接受个人财富时远不是剥夺个人的财富，而只是保证他们自己对财富的合法享有，使据有变成为一种真正的权利，使享有变成为所有权。"[1]

---

[1] [法国]卢梭著，何兆武译：《社会契约论》，北京：商务印书馆，2003年3月第3版，第29页。

第三节 土地开发权与征地拆迁

谁有土地开发权

有一种错误思想，认为只有国有土地才能进行开发建设，剥夺了农民对农村土地的开发权。

2004年版《土地管理法》第四十三条规定："任何单位和个人进行建设，需要使用土地的，必须依法申请使用国有土地；但是，兴办乡镇企业和村民建设住宅经依法批准使用本集体经济组织农民集体所有的土地的，或者乡（镇）村公共设施和公益事业建设经依法批准使用农民集体所有的土地的除外。"

乡镇企业主要是20世纪80年代、90年代的事物了，现在的农村已经很少了，主要是能引进充满活力的小微企业。这条规定基本限制死了在农村集体建设用地上发展工商业的出路，稀缺的建设用地指标一般也给不到农村，国有土地垄断了土地开发权。政府的注意力是加强规划引领和管控，只要符合环保要求和产业布局规划的，农村土地也可以发展工商业。尤其是发展农业深加工和轻工业项目，大大激发农村经济活力，真正促进农村产业多元化，促进农民致富。

到了2019年修订《土地管理法》时，农村集体建设用地搞经营开发才放开，但建设商品房出售还没有。新法第六十三条规定：土地利用总体规划、城乡规划确定为工业、商业等经营性用途，并经依法登记的集体经营性建设用地，土地所有权人可以通过出让、出租等方式交由单位或者个人使用，并应当签订书面合同，载明土地界址、面积、动工期限、使用期限、土地用途、规划条件和双方其他权利义务。

农村集体土地本质上还是国有土地，既然规划都城乡统一了，还有什么必要限制集体土地的开发建设？农民找到有设计、建造资质的公司，一样可以发展房地产（商品房），只要政府把控制性详细规划，如楼层限高、容积率等监管好；把工程质量包括避雷、消防等设施监督住，就行了。发达国家美国，虽然是土地私有制，但农民或市民去农村买地建房，基本操作程序就是这样操作，搞了上百年，也没有见到有什么不良的社会问题。

中央财经大学助理教授路乾也认为，农村集体建设用地用途被限制，是农村贫穷落后的根本原因。"城乡差距的表面原因，是农村以农业为主，而农业是不赚钱的。多数地区的农业，包括部分地区的家庭农场，主要依靠补贴维持。……城乡差距背后更深层次的原因，是中国对农村功能定位的计划经济思想。……在这种思想的指引下，中国制定了严格的土地用途管制制度。既然农村是搞农业的地方，就不能随便让农村搞建设。农地要转为建设用地，既有多年的规模控制（十五年的土地利用规划），也有年度计划控制。根据计划分配的土地权利资源，却又是极不公平的。"[1]

---

[1] 路乾：《中国城乡差距的根源》，FT中文网，http://www.ftchinese.com/story/001067819? full=y

诚然。据了解，有一次，广东某县国土部门摸底调查全县10个镇街的建设用地需求，准备上报到地市。结果，不到500亩的总指标，报上来一统计，高达1万亩！可见基层和农村发展生产和工商业的需求多么强烈。这里的供给和需求比例达到了1∶20。

还有一个例子。安徽北部某村由于前些年响应国家撤点并校政策，一处学校闲置了10年没加利用。有村里乡贤想引进一家著名的羽绒服生产厂家，几乎对村子没什么污染，可是没有用地指标，当地政府也不敢决断，只能中止。附近青壮年村民告别背井离乡、起早贪黑的艰辛打工生活，想就近工作照顾家庭的梦想戛然而止。当地也白白丢失了经济发展实现大跨越的机会。

实际上，土地开发农转用指标收紧后，对欠发达地区是非常大的"后发劣势"，实在有点不公平。因为像广东东莞、江苏苏州这些"世界工厂"，在20世纪末就基本上形成了现有的建设用地分布雏形，该开发的土地差不多了，基本上都是建设用地。即使有些是村集体的，当时的土地政策没有那么严，打个擦边球，或当作"历史遗留问题"完善了用地手续，以后就可以更新改造、建设生产了。中西部地区大部分农村还是农业用地，想开发遇到国家空前严格的管制，招商引资难度大，想发展都困难了，就像上面说的安徽那个村子。结果，这些地区的人们多半只能去早开发、早发展地区打工了。

还有个重大问题："小产权房"（村民建设住宅）为什么不能出售变现？不是要增加居民财产性收入吗？

有人认为"小产权房"是人性贪婪的表现，应当禁止，一棒子把农民增加点财产性收入、对美好生活的向往都浇灭了。

"'小产权房'是城郊农民搭城市基础设施便车的逐利行为，本来没有任何必要美化。只要法治松弛，城市住宅用地即大产权地上居民违章乱建一样失控，是否也缴点土地出让金合法化呢？许多地方小产权房在一波波抢建中盖到二三十层，城区中在楼顶上建别墅等现象说明人的贪欲没有止境。"[1]

实际上，"小产权房"一旦转正，能为当地村民带来巨大利益，只不过要控制住腐败问题。比如，2014年前后，山东省青岛市李沧区上流村的"适园雅居"项目，经当地村委会同意，建在该村集体土地上的15栋668套房子，经历了拆除、没收、罚款等处罚后，又经当地政府组织的招拍挂而转正，并开始销售。据了解，该项目最初建设成本每平方米400多元，当时销售价每平方米为800多元。按照目前每平方米1万元的均价，这15栋668套建筑面积有7.5万余平方米的项目，市值将超7亿元。可惜的是，该项目所获的土地证、规划证、建设许可证、预售证等5证，不少是伪造的；当地一些党性修养低的公职人员未能把持住自己。

不过，该案例也

图5-7：高楼林立的山东青岛市区。摄影：作者

---

[1] 华生：《土地制度改革六大认识误区》，中国企业家网，http://www.iceo.com.cn/com2013/138/2013/1108/272403.shtml

提示只要政策允许,把土地开发权还给当地农民,"小产权房"转正为大产权,是切实可行的。如果政策真允许了,市民敢买了,上流村周边的商品房还会卖这么高的价格吗?所谓21世纪初中国大陆房地产发展的"黄金时代",其实当时就是个暴利产业。村民、项目运作者们还需挖空心思去伪造证件吗?

说不完的征地拆迁沉痛故事

目前农转征、征地拆迁建设模式带来一大堆问题。

因为现行法律法规限定的开发商品房必须是国有土地,所以,要建设,农用地就得转为建设用地,这是有"农转用"指标控制的。用地指标由国土资源部分配到各个省份,各个省级自然资源管理部门再将用地指标分到地级以上市。而县级政府报给省国土资源厅的用地申请,往往审批都要一两年。不知是工作量太大还是其他不能明说的原因。地级市分到下面各个县级辖区时,重点会向开发区倾斜,或者用来搞房地产开发用地。既然现行农村集体建设用地不能搞房地产,就干脆不给农村建设用地指标了。经济发达城市的用地指标不足时,甚至可以向周边欠发达城市购买。农用地、集体用地也不是沙漠一片啊,上面有庄稼、林木和住宅的,这就是征地拆迁了。

当前的征地拆迁还容易产生两个极端。

一个是一夜暴富型。经济发达地区,土地市场价值大,补偿很高,农民动辄拿到几百万甚至上千万元补偿款,产生一夜暴富(见图5—8)。这些靠命运垂青的村民,让那些在大城市努力奋斗的

图5-8：一张"7亿元"卖地支票。收款人是广东省佛山市禅城区张槎街道大富股份合作经济联合社，用途则是"土地转让地价款"。网友"雨夜流星"感叹道："我们厂一同事就是这村的，每人可分到100多万。本来4000元一月工资，瞬间变土豪。唉，还是要生对地方啊！"

另外，2016年1月，佛山乐从大墩村分9.9亿元卖地款，村民每家分红数百万元秒变土豪。大墩村为顺德区首个、佛山市内最大规模的整村改造项目，按照33.5万元一股进行补偿，去年壮年村民每人分红约67万元，老年人分红则逾百万。[1]

人黯然失色？错了，就像有人说，没有奋斗，再多钱也是苍白无力的。在巨大的利益面前，农民内部兄弟姐妹之间、外嫁女与女婿、土地历史遗留问题，时常会爆发，为各自利益而战，甚至走极端。征地拆迁的管理者、参与者，党性修养差的，也想分一杯羹，该领域产生的腐败层出不穷。

一个是雁过拔毛型。有的地方经济不发达，国家修铁路、公路或其他大型公共工程时路过、征地，或者开发房地产的，极少数征地拆迁的管理者、参与者像鲨鱼闻到血腥味，总想吃一口，徇私舞弊者有之，贪污者有之，挪用征地补偿款者有之，八仙过海、各显神通，群众对此深恶痛绝。

有的村民有个性，对征地补偿款不满意，不同意拆迁；或者有些贪欲，漫天要价。如果剩下一两家，在一片光秃秃的废墟上显得很突兀，就成了传说中的"钉子户"，形象生动。全国人民印象最

---

[1] 《广东佛山再现"土豪村"分红：卖地总价23亿多》，载《南方都市报》，2016年5月12日。

258 | 地权的转移与保障
——田园诗后的生活

深刻的,当属2007年的"重庆最牛钉子户"了。

有的时候,"钉子户"也是有道理的,应该充分尊重他们的合理诉求。2015年8月初,深圳市面对城市拆迁"赔不起,拆不动"问题,对《城市更新条例(草案稿150731)》进行内部征集意见。其中,有内容显示"如果不愿参与权益转换和签订搬迁安置补偿协议权利人不超过5%,则项目实施主体可以申请区政府强制征收不愿参与权益转换和签订搬迁安置补偿协议权利人的房地产并出售给项目实施主体"等突破性条款[1]。是公共工程还好,如果就是房地产开发项目,单一地按照"少数服从多数"原则可能就危险了。

图5-9:这张所谓"钉子户",是2015年底南方一座小城准备拓宽一条不到10公里的公路,结果剩下这家始终不肯搬迁。当地报纸引用一些教师、公职人员的话语,指责了户主这种罔顾公共利益的行为。远处的房地产项目正在如火如荼地建设着,而且卖得很好。摄影:作者

---

[1] 谢秀鎏:《"钉子户"不超5% 开发商可申请强征》,载《南方都市报》,2015年12月16日。

实际上，现在的土地开发链条模式是：农民—政府—开发商（建设者），政府直接参与其中是多余的，增加了土地价值实现的交易成本。政府其实应该集中精力制定、实施规划，盯紧工程质量，简政放权，将土地开发模式简化为农民—开发商（建设者）。如能实现，必将大大降低当前的商品房价格。当然，在目前土地出让金这个快钱占地方财政较大比例看，让地方政府自动放弃土地出让金、放弃土地财政的模式是不可能的，得有改革大动作，我们到第七章的土地财政时再详细讲讲。

当前征地拆迁政策还有一个重要的制度设计就是留用地。也就是征收一块农用地，政府要留出10%给集体作为发展生产使用，村民也可以采用货币补偿的形式直接让政府花钱买断不要这块地了。不过，留用地虽然是法定的，一些蛮干的地方官员却不给兑现，有的区县历史欠账达3000亩，触目惊心。社会高度关注，农民能不有怨言、多人反复上访吗？至于拖欠征地补偿款，现在倒是不多见了。因为2005年开始广东已经开始实行征地补偿款预存制度，做征地程序前置。即在征地报批前将征地补偿款预存到监控银行的市、区土地行政主管部门统一征地补偿款预存账户，取得进账凭证后，方可办理征地报批手续，并在征地批准后拨付征地补偿安置费用。

我国宪法规定："国家为了公共利益的需要，可以依照法律规定对土地实行征收或者征用并给予补偿。"

其实，任何国家都有征地权，因为国土的主权在国家手里，即使是实现土地私有制的英美等国，私人拥有的土地所有权还是在国土范围内的。

在美国，强制征购的法律概念称为"突出领域"（Eminent Domain）。这个概念实际就是指政府在违背当事人意愿的情况下获取其私产的权力。换句话说就是，当政府自己需要使用土地时，它可以代替民众决定任何一块土地该如何使用。这个权力主要用于建设道路、铁路、桥梁等公共设施。据称，美国政府建设"州际高速公路体系"（Interstate Highway，相当于我国的国家高速公路体系）时，曾使用"突出领域"达75万次。

长期以来，美国政府为公共设施强制征地已经形成了非常完善的程序。首先政府需要向法庭要求实施"突出领域"，对公共设施所实施的区域进行强制征购。法庭许可后，政府需要与相关户主就征购价格进行商议。最终，双方达成一个妥协价格。若无法达成一致，法庭将介入并代为决定。近年来，每次建设新的公路或拓宽已有公路的项目中，经常能看到相应的强制征购案件。[1]

征地权具有相当的稳定性。一是因为一些大型基础设施建设，如铁路、高速公路等跨度较大、占地较多的宏大工程和军事设施不可能一点不占用到私人土地，这些工程多半是名副其实的公共利益，一般的公民也能接受。二是土地作为一种不动产具有独占性的特征。如某高速路规划路线经过A地块比较经济可行是可以论证的，如果绕开，可能会增加工程预算成本甚至不太科学，最终会使工程质量和公共财政受到负面影响。再强调个人主义也不能忽略爱国主义，这在战争时期表现最为明显。三是补偿的公平合理性。土

---

[1] 冷哲：《美国来信：抗拆也有底线》，观察者网，http://www.guancha.cn/LengZhe/2013_08_24_167823.shtml

地作为公民的重要财产被国家征用了理应获得合理补偿，这意味着政府不能过分压低价格，土地所有者（使用权人）也不能漫天要价，怎么解决矛盾？这确实是个难题。

关键是，公共利益怎么界定。

政府直接参与征地拆迁的确容易滋生腐败，但退出后也要严格执法，公平补偿，打击开发建设者的不法暴力强拆。

比如，河南新郑市小乔村发生过村民半夜被"扔墓地"事件。2011年4月27日凌晨1点，300名统一着装的"黑社会成员"拉断电源后进村，先后将3个村民代表家正在熟睡的14人抬出，然后"扔掉"，接着用大型器械强拆。[1]《国有土地上房屋征收与补偿条例》不是都实行三个月了吗？不好意思，这是村民集体土地，不适用。他们强拆的理由是："地铁+物业"的开发模式，是为了村民好，是"公共利益"，村民不能漫天要价。

再如，2014年云南昆明发生的开发商雇人和村民械斗造成重大伤亡事件。当年，10月14日，昆明市晋宁县晋城泛亚工业品商贸物流中心项目施工过程中，发生企业施工人员与富有村部分村民冲突事件。经公安机关调查和现场勘验，事件共造成8人死亡、18人受伤。根据富有村多名村民的说法，近年来富有村的数千亩土地被征迁，用作建造物流中心，村民不满补偿，多次与施工方发

---

[1]《"扔墓地强拆"都怪漫天要价？》，腾讯·今日话题，第2884期，2014-08-13http://view.news.qq.com/original/intouchtoday/n2884.html

生冲突。[1]

2011年1月开始实施的《国有土地上房屋征收与补偿条例》规定：任何单位和个人都不得采取暴力、威胁或者中断供水、供热、供气、供电和道路通行等非法方式迫使被征收人搬迁。这在一定程度上抑制了野蛮拆迁行为。这部《条例》最大的亮点，是第八条用列举的方式界定了什么是"公共利益"，避免了之前"公共利益是个筐，什么都往里面装"的扭曲现象。开发商去搞房地产、建商场，总不好意思再说这是"公共利益"了吧？

> 第八条　为了保障国家安全、促进国民经济和社会发展等公共利益的需要，有下列情形之一，确需要征收房屋的，由市、县级人民政府作出房屋征收决定：
> （一）国防和外交的需要；
> （二）由政府组织实施的能源、交通、水利等基础设施建设的需要；
> （三）由政府组织实施的科技、教育、文化、卫生、体育、环境和资源保护、防灾减灾、文物保护、社会福利、市政公用等公共事业的需要；
> （四）由政府组织实施的保障性安居工程建设的需要；
> （五）由政府依照城乡规划法有关规定组织实施的对危房集中、基础设施落后等地段进行旧城区改建的需要；

---

[1]　《昆明一城建项目因征地冲突致8死18伤》，载《南方周末》，2014年10月16日。

（六）法律、行政法规规定的其他公共利益的需要。

遗憾的是，这部《条例》只是针对国有土地的，农村集体土地的改革还得提速。

2019年的新《土地管理法》增加第四十五条，再次明确："因军事和外交、政府组织实施的基础设施、公共事业、扶贫搬迁和保障性安居工程建设需要以及成片开发建设等六种情形，确需征收的，可以依法实施征收。"增加了扶贫这一块内容。

为了实施"世界上最严格的耕地保护政策"，我国创造了城乡建设用地增减挂钩政策，希望以此促进建设用地和耕地的占补平衡。占补平衡的计算标尺，就是前文提到的

图5-10：在广州市海珠区，著名的"最牛钉子户"，竟然成了摄影爱好者的必到网红打卡地。图片来源：图虫创意

"农转用"（农用地转为建设用地）用地指标，这个指标是由国土资源部层层下达到县级政府的，实行的是指标控制。2011年前后，为了避免有些地区在开发建设时占用了优质、肥沃的良田，补充开发的耕地、低丘缓坡地为劣质、贫瘠的耕地，又搞了个农用地产能核算分布，防止以次充好，"狸猫换太子"。

2011年上半年，国土资源部多次纠正地方政府在执行增减挂钩政策过程中出现的偏差行为，强调不能违背农民意愿强行拆村搬迁。学术界和大众传媒将这种现象称为"赶农民上楼"。由于近年来，山东、安徽等不少地方出现了与拆村有关的社会矛盾，有的产生了恶劣的社会影响，一时间，这个增减挂钩政策受到了社会的质疑。

所谓增减挂钩，按照国土资源部的定义，是指依据土地利用总体规划，将若干拟整理复垦为耕地的农村建设用地地块（即拆旧地块）和拟用于城镇建设的地块（即建新地块）等面积共同组成建新拆旧项目区，通过建新拆旧和土地整理复垦等措施，在保证项目区内各类土地面积平衡的基础上，最终实现增加耕地有效面积，提高耕地质量，节约集约利用建设用地，城乡用地布局更合理的目标。

广东省早在2005年就成为这个政策的试点省份之一，次年还出台了自己的管理办法。经过这几年的探索、完善，加上中央的高度重视，应该说这个政策逐渐成熟了。

问题到底出在哪里

其实，这个政策的初衷是很好的，只是少数地方政府在执行的过程中出现了政策扭曲。运用得好的话，它就可以在保护耕地的前提下，优化城乡用地结构，提高土地节约集约利用水平。

增减挂钩政策的出台主要是基于如下事实：一是村民向外甚至跨省迁居。随着我国经济的快速发展，社会转型的加快，工业化、城市化的不断推进，我国传统的社会结构正经历着深刻的变化。这一点，在中西部省份表现得最为明显。这里面又可分为两类：一类是中西部地区有大量村民外出务工，有些成功者已在城市购房定居；另外就是农民的子女上了大学或移居国外，不再回家乡居住。他们每年最多有在限的几次回乡探亲时才会用到老宅。

二是村内自然迁移。早期的住房建筑结构简陋，选址不科学，布局散乱。随着我国农村经济的发展、传统家族式聚居模式的瓦解，尤其是"村村通公路"工程的实施，农村的交通设施已大大改善，城乡规划渐趋规范，农民建新房首选往往是更接近公路的地方，或者是由低洼地区向地势较高地区迁移。时间一长，这种自然迁移现象导致的结果就是旧村的空置和新村的形成。

这些空置村既没有人居住，又没法耕作，岂不是浪费宝贵的土地资源？另一方面，部分城市建设用地越来越少，已不能满足我国经济社会发展的需要。国家出台这个政策就是要解决这个矛盾。但少数地方政府却违背这个政策基本的出发点和落脚点，纯粹为了换取周转指标而违背农民意愿强行拆村，引起全社会的强烈批评也是可以预料的了。

地方政府违法拆村的动机是什么

说到底，还是土地财政的依赖。

目前，依照我国的财税体制，中央和地方的收入和支出已经倒挂了。近十年来，从预算内财政收入，中央政府与地方政府之比是52∶48，而在支出比例上接近20∶80。农业税取消后，中央与地方财权事权的严重不匹配问题更加突出，地方政府只能靠财政转移支付和举债来解决财力不足的困境。地方政府性债务率，在不少地方存在较大风险隐患。它们都看到土地出让金是一种稳定而金额较大的收益，拆村复垦后的用地指标可以高价卖给经济发达城市。所以，有的地方政府就想方设法去获取用地指标转让收益，法治观念淡薄点的，强行拆村、赶农民上楼的现象就发生了。

另一方面，少数地方政府主要领导的政绩冲动也是一个重要诱因。固定资产投资对GDP的拉动效应明显，"拆旧"和"建新"两个过程都长GDP，在GDP仍然占政绩考核体系中核心地位的情形下，这对他们必然有着巨大的吸引力。这种短视行为无疑会走向伪城市化的误区，而且容易引发群体性上访事件，影响社会稳定。耕地如果太容易被占用了，久而久之，还会威胁我国的粮食安全。

应当从根源上解决问题

想解决这个问题，就不能就事论事、孤立地看待它，必须对症下药。一是要改革当前中央和地方收支失衡的财税体制，否则，地方政府的过度融资冲动和利用土地出让金"创收"行为无法从根源上解决。必须提高政府财政透明度，大幅降低行政成本占GDP的比例，当前"三公消费"支出的强制公开仅仅是一个开始。二是深化改革GDP考核所占比重过大的干部政绩考核体系，抑制地方GDP冲动，突出经济发展质量和民生保障，引导领导干部树立科学发展观和正确的政绩观。

另一方面，该政策的执行要严格规范，责任追究要严肃。要开展和实施好增减挂钩政策，至少要同时满足三个重要原则：

一是尊重当地村落发展历史及规律，尊重群众意愿，维护集体和农户土地合法权益。必须保障农民的知情权和参与权，尊重农民的主体地位。

二是项目实施后，须确保耕地面积不减少，耕地质量不降低，保持耕地占补平衡。一块良田的形成不是一朝一夕就能完成的，它需要多年的培育，尤其是村落拆迁后的土地含有大量的碎瓦砾和小石块，必须加强后续的精心管理，这样复垦的耕地质量才有保障。不能为了水田垦造转卖用地指标，就去破坏生态，开发一些质量较

图5-11：将开发完毕、已遭废弃的旧砖厂（建设用地）重新填埋、平整，可以复垦为良好的耕地，然后用复垦的田亩数向省国土资源管理部门申请"农转用"建设用地指标，用来建设基础设施或发展经济。摄影：作者

差的耕地。

三是必须给予足额的补偿和合理的安置。该事项可参照土地征收的程序执行，对补偿款未到位和安置未达成协议的项目绝不允许强制拆村。

我们坚信，只要这个政策逐步完善、运用恰当，就是一件对统筹城乡发展，促进节约集约用地，推进我国工业化、城镇化良性发展的好事。[1]

土地的开发利用，向来有多重矛盾，一要吃饭（耕地保护与粮食安全），二要建设（居住、基础设施、发展经济），三要环保（水土保持、污染土地如2016年常州毒土地事件、水稻重金属污染等），处理不好后果很严重，甚至引发群体性事件。

在这方面，我们已经有了探索的基础，美国也有比较成熟的经验可以借鉴，就能妥善处理好耕地保护与土地开发的关系问题。

"每个土地开发权的价格并不完全相同，政府依据土壤质量、前方道路的长度等等因素将土地开发权共分为5个等级，土地开发权所有者与购买者以土地等级为基础进行土地开发权价格协商……到2009年6月，蒙特哥马利县有71 353英亩农地获得了保护，其中52 052英亩是通过土地开发权转让程序实现的。由于任何人都可以参与相关市场交易，这就使得土地开发权如同期货或者碳排放指标

---

[1] 关于城乡建设用地增减挂钩政策、"赶农民上楼"等问题的论述，请参阅梧桐雨：《增减挂钩政策逐渐成熟完善》，载《广东国土资源》，2011年8月版。

一样，成了一种投资产品。"[1]

不过在当下，"农转用"用地指标的下发、控制和转移交易还是在政府之间进行的。如果实现了本书提倡的将建设用地或农用地使用权都确权到个人或法人了，那么交易主体就可以在社会上自由流转，也不会有那么多强行城镇化的例子了。

---

[1] 程雪阳：《地权的秘密——土地改革深度观察》，上海三联书店，2015年11月版，第272页。

第四节　住宅土地使用权70年后怎么办

一石激起千层浪

2016年4月，春暖花开，正是美好的季节，一则新闻迅速在大江南北、长城内外掀起轩然大波，一石激起千层浪。那就是温州有部分土地使用权到期，并传言要续缴高额的土地出让金。人们长久以来对"住宅土地使用权70年"的疑虑、恐慌和愤怒终于爆发。社会舆论开始一边倒地痛批温州国土局的有关解释，法学专家包括2007年前《物权法》的起草者、经济学家、政府官员、党报都纷纷站起来表达立场，这个模糊不清的问题确实让人头疼。处在风口浪尖的温州市国土局不停地指责"媒体误读"，但舆论大漩涡已经掀起，难以平息，毕竟这关系着亿万人民的安居大事和钱袋子安全啊！国土资源部紧急回应，甚至后来中央政法委的机关报《法制日报》也坐不住了，于4月20日发表评论文章痛斥温州地方官员。文章怒批温州国土局八大罪状：

1.骂名滚滚而来，只因温州市国土局这项所谓的"改革"引发了亿万民众的焦虑和恐慌。

2.他们不懂宪法和立法法。在我国,土地使用权、房屋使用权是公民依照宪法、物权法规定享有的基本权利,涉及扩大、减少或限缩公民基本权利的法律,必须由全国人大制定。

3.他们不懂行政法。依法行政是指政府的一切行为依法而为,受法之约束,在行政过程中须遵循依法行政、尊重和保护人权、越权无效、正当法律程序等基本原则。

4.他们不懂物权法。物权法固然没有规定土地使用权到期后应该如何续期,但法律同样也没有规定到期后必须收费。

5.他们不懂法律的道德性。法律是道德的体现,人民是国家的主人,从社会主义地权道德角度看,土地公有制的最终目的是让公民享受土地带来的利益,而不是一次次地向公民收取土地出让金。

6."温州土地金续费事件"也反映了一些政府官员法治素养和媒介素养的双重缺失。

7.温州是我国民营经济发源地,在依法保护私人财产方面,按理说也应该走在全国前头。但令人遗憾的是,温州一些地方政府经常不是越位就是缺位。

8.去年,浙江省政府首次进行法治政府建设标准化评估,温州在全省11个地级市中倒数第一,省高级法院同期发布的行政案件司法审查白皮书也表明,无论是行政案件数还是败诉率,温州尤其是国土等部门也名列全省前茅。

地权的转移与保障
——田园诗后的生活

好了，宪法、行政法、立法法、物权法，什么都不懂，还做什么国土执法机关的公务员？亿万人民骂得就更难听了，以下是当时腾讯网友评论的一小部分，这是能找到的比较文明用语的小小部分了，真难找。

> 地方政府现在很闹心，到嘴的肉不敢吃，吃了怕引起地产抛售硬着陆，不吃嘴馋啊。于是乎各种安抚和辟谣。心里在想，小样，你们等着，等去产能见成效了我再狠狠的治你们。
> 👍(0) ➡️回复(0)

> おだ のぶなが 4分钟前
> 汝国伟大的包皇何在？
> 👍(4) ➡️回复(0)

> 锦毛鼠 4分钟前
> 还好，我家房子没有房产证。什么都没有，我想住多久就住多久。你来拆可以，给我钱，我就让你拆
> 👍(2) ➡️回复(0)

> 無厘頭 4分钟前
> 一个大大红字：拆，问题迎刃而解！
> 👍(0) ➡️回复(0)

> 龍ㄗ児 4分钟前
> 不知道怎么想的，土地永久属于个人穷的人永远都买不起房，而有钱人可以放肆置办地产，从古到今，多少王朝毁在土地兼并
> 👍(4) ➡️回复(1)

> 瑶瑶的爹滴 ➡️ 龍ㄗ児 1分钟前
> 按你的意思所有发达国家的人都有一半以上露宿街头了？奇葩奇葩！
> 👍(0) ➡️回复(0)

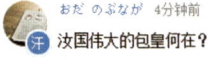

图5-12：温州土地证续期事件发酵时，腾讯网友的牛评。

骂归骂，问题迟早还是要解决的。面对同样问题，深圳特区当局就聪明、开明多了。

1994年深圳出台文件规定土地使用权最高使用年限为50年，1995年9月15日对该文件进行了修改，规定土地使用权最高使用年

限为70年，不同用途的土地使用年限按照国家规定执行。

2016年4月19日晚，深圳市规划和国土资源委员会及时发文称："深圳市规划和国土资源委员会决定，1995年9月18日前与深圳市规划和国土局已签订《土地使用权出让合同》的土地，顺延至国家法定最高年期，不用补交地价款。"及时顺应民众期待，不纠结那些快到手的土地出让金，深圳官员的网络舆情应对能力可要强多了。江平教授在2003年秋给政法大学大一学生开讲座时，曾经感叹过："深圳的城市建设确实光鲜漂亮，但不要忘记改革开放以来，千千万万打工仔、打工妹做出的巨大贡献啊。"的确，有部分艰辛的早期打拼者已经在深圳买房安家，深圳官员也许是明白这个道理的。那么，温州的情况到底怎么回事？

20世纪90年代，处于改革探索时期的温州鹿城区，确实有600多套房子是20年住宅用地使用权。现在年限到期了，总不能真缴纳几十万土地出让金续费吧？那么高的费用，几乎占了房价的三成，那还要住宅土地试用期到期后"自动续期"做什么？体现不了"自动"，所以老百姓难以接受。

深挖"自动续期"问题的由来

"自动续期"的说法出自《物权法》，那么，《物权法》当年的起草者是怎么看这个问题的呢？

据媒体报道，原来，部分起草者们想"这个问题随着经济发展再解决就行，当时认为大部分房屋都没到期，等到期以后再说"。所以，立法时，没说交钱，也没说不交钱，也就这样把问题留下来了。中国社会科学院梁慧星则说，在（《物权法》）三次审议中，针对有委员提出"土地使用权消灭后怎么办"的问题后，人大常委会征集社会各界针对上述规定的主要意见，并据此法律委员会研究认为："建设用地使用权续期的问题，宜区分住宅用地和非住宅用地，要着眼于保障老百姓安居乐业。"确实，只有住宅用地才有"自动续期"这一说。那到底到期后要不要续费呢？

全国人大法工委民法室巡视员扈纪华称："《物权法》上根本没说此事（续费），就是自动续期，它没有区分多少年，也未点明要不要补缴此期间的建设用地费用。如果要补的话，这是在法律之外画蛇添足，替自动续期加了条件。"

中国社科院法学研究所研究员孙宪忠认为，《物权法》第一百四十九条第一款规定："住宅建设用地使用权期间届满的，自动续期"。这里所说的"自动续期"，含义就是无条件的续期，不需要补缴费用，也不需要再次办理不动产登记手续，自动地继续合法使用土地。

中国政法大学终身教授江平认为："……一不是收回（土地），也不是再来签订一个新合同。二是自动延续仍然有居住权，仍然有所有权，但是转让受到限制。第三就是即使收费，也应该是一个数量比较少。"[1]

中国政法大学终身教授应松年提醒道："我不知道你们考虑时

---

[1] 《江平、姚红：房屋产权到期后，政府不该收钱》，载《凤凰网大学问·讲堂实录》，微信公众号同步内容，2016-04-20，第291期。

是怎么考虑的,这种事情得考虑周全。不过从公法理论说,我觉得这样一个重大事情必须通过重大决策程序,第一要有公众参与,必须遵循老百姓意见;第二要经过专家论证;第三还要有风险评估,必须经过实际调查研究,心里要有底。因为这件事情涉及的不是两个人,是亿万群众,关于这么多人的事,如果要去决定一个新政策,必须要慎重考虑。制定完之后还要有合法性审查,并且决策时应该集体讨论。"[1]

物权法起草者、全国人大常委会法工委原民法室主任姚红,则认为应该严格区分住宅生活用地和投资投机房屋用地。"续期要不要缴纳土地使用权出让金涉及民生,对老百姓利益影响巨大,怎么做比较合适?能不能画一个杠杠,比如用作老百姓生活的住宅建设用地使用权自动续期后不再缴纳土地使用权出让金,而用作投资炒房的,可以考虑缴纳?"[2]

可见,大部分专家学者认为是不应收钱的,即使收钱也只能象征性地收一点点,不能超出老百姓的接受范围。

当然,《物权法》虽重要但位阶毕竟有限,它的立法根据在于《宪法》,"自动续期"问题的根本来源还是对《宪法》实施的无奈变通。我国现行《宪法》第十条规定:"城市的土地属于国家所有。"如果城市的土地使用权可以无限期地使用,还怎么体现土地的国家所有权?土地是国家的,你只是有使用权,这是弄个70年产

---

[1][2] 《江平、姚红:房屋产权到期后,政府不该收钱》,载于《凤凰网大学问·讲堂实录》,微信公众号同步内容,2016-04-20,第291期。

权的基本逻辑。另一方面,城市土地价值变化周期也就是三五年左右,70年的周期造成房屋土地价格的巨大变动,业主拿出巨额资金进行续期,可操作性确实很小,所以又搞了"自动续期"。

以上是"自动续期"问题由来的完整逻辑。

土地永久产权?

笔者曾在国土资源局工作过几年,记得每次让市民、企业签订《国有土地使用权出让合同》时,他们问得最多的也是这个问题:"……那70年之后呢?"虽然《物权法》由我们政法大学的教授参与起草,但面对这个棘手问题,我也只能微微一笑道:"自动续期啊。这不,离70年还早着呢,到时候国家层面会出台解释,让大家满意的。"显然,群众对这个回答是不满意的、充满疑惑的,但作为基层公务员我们没有法律解释权。

当时,这是在广东的著名侨乡,2010年中央电视台中秋晚会就是在这里举办的。侨乡人的特点是满世界都是,并且以美洲最多,美国、加拿大或巴西、委内瑞拉等等,可是他们见到的土地房产证都是永久产权,对比之下,可能就有所思考了。

房地产开发商们也善于抓住国人这个心理,打起广告来毫不含糊、一击就中。比如,某大型地产商在2015年开发了马来西亚一个小岛上的房地产"森林城市",离新加坡也不远,该公司在自己网站、微信朋友圈及其他媒体里把某些国家的"永久产权"作为首要卖点。

我们在第一章末尾的《土地权利保障强度表》里,已经数字化

第五章 土地财产权利的重要性 | 277

资产安全

房子永久产权，子孙世代拥有
英联邦法律系统，产权隐私保护度高
不受经济环境限制，资产更保值

永久产权

森林城市永久地契产权，洋房和别墅业主都拥有房屋和土地的永久产权，别墅业主更永久拥有对应面积的土地、土地范围内的植被森林（不包括野生动物）、土地下自然资源等的永久所有权。

当地不征收遗产税，充分尊重私人财产，业主能通过房产实现财富的安全有效传承。

海外房产市场成熟、透明度高，更有律师监控开发商账户及开发进度，当地完善的英联邦法律和银行体系进一步保障购房者权益，让海外置业更安全。

图5-13：某大型地产商海外开发的楼盘"森林城市"广告语（马来西亚）。
摄影：作者

地总结过古今中外对地权保护的影响因素了。客观地说，如果不缴钱或少缴钱能实现住宅的"自动续期"，就相当于永久产权，比隔几十年缴一下钱续费，有点像租地、租房子好。

8个月后，2016年12月下旬，国土资源部召开新闻发布会，副部长王广华指出：温州住房产权到期自动续期不收费。

第一"不"，是不需要提出续期申请。少数住宅建设用地使用期间届满的权利人不需要专门提出续期申请。第二个"不"，不收取费用。就是国家法律没有规定之前，我们不收取相关的有偿使用的费用。第三是"正常"办理交易和登记手续。王广华指出，正常办理房地产交易和不动产登记手续时，涉及"土地使用期限"仍填写该住宅建设用地使用权的原起始日期和到期日期，并注明："根据《国土资源部办公厅关于妥善处理少数住宅建设用地使用权到期问题的复函》办理相关手续。"

王广华强调，"两不一正常"是现阶段的过渡性办法。之所以是过渡性办法，一方面是温州这次出现的问题牵扯面小，只涉及少量住房，属于改革初期先行先试造成的个别情况，有其特殊性；另一方面，相关法律安排尚未出台，地方行政管理部门先按特办法操作，待相关法律安排出台后再与之做好衔接。[1]

相关法律安排尚未出台，但中央的精神是以人民为中心的。当年11月颁布的《中共中央 国务院关于完善产权保护制度依法保护产权的意见》，也是以保护人民产权利益为出发点，给大家吃个定心丸。

---

[1] 《国土部回复温州房屋产权到期问题:自动续期 不收费》，搜狐网，https://www.sohu.com/a/122417332_155403

第五节　城乡一体化发展的基础

城乡一体化，就是在消除城乡二元结构的基础上，以农业生产为主的农村居民和以工商业为主的城市居民之间实现居民权益的平等化，核心是城乡公共服务均等化、收入均衡化、要素配置统一化，要义在于构筑平等、协调、相互融合的新型城乡关系，路径是统筹城乡建设规划、公共服务、产业发展、基础设施、劳动就业和社会管理。2002年党的十六大提出"统筹城乡发展"，党的十七届三中全会第一次从国家战略层面明确了城乡一体化发展的目标，推进城乡一体化成为国家发展战略。

真正实现城乡一体化发展的国家，无论是在城市和乡村，都可以过田园诗般的美好生活，最基础性的工作还是做好土地制度深度改革。

富裕农民是实现城乡一体化的核心

第一，促进农民致富带动农业生产力提高。

改革开放以来，我国的城镇化率由1978年的17.9%大幅提高到63.89%，减少了好几亿的农民。同时，粮食产量与农民收入也有了大幅增长。这说明，在推进新型城镇化的基础上实现城乡一体化发展，减少农民与提高农业效能、富裕农民并不矛盾，因为城镇化率每提高1%，则农村人口可减少1000万左右，GDP增长速度将提高0.7%。农村富余劳动力转移能增加户均耕地资源，促进农业生产规模化和机械化，总体上也节约集约利用了土地。农民通过转移就业提高了收入，释放了消费潜力，拉动了城镇固定资产投资，为经济发展和结构调整带来积极的作用。

当前，我国不仅城乡发展不均衡，东部、中部和西部差距较大，甚至一个省内的差距也很大。比如，根据第七次人口普查数据，广东省的城镇化率74.15%，珠三角超过80%，但粤东西北地区城镇化率较低。通过城乡要素配置统一化和新型城镇化道路实现人的城镇化，充分就业、富裕农民就成为城乡一体化的核心内容。

第二，推进农村土地制度改革是基础性工作。

一是加快实现农用地顺畅流转，促进规模经营。规模经营、专业化生产可以提高劳动生产率和农业利润，但改革目前的农村土地政策是前提。我国农村人口仍然过多、农户户均经营土地约9亩，不少家庭经过两三代继承"分田"后耕地不足1亩，农用地规模经营难以推行，传统生产方式路径依赖严重。农用地应在产权明晰基础上，实现土地交易中心平台建设全覆盖，破除市场主体身份限制。

根据有些学者测算，农用地规模经营也不是土地面积越大越好，最理想的是一两百亩。大规模机械化生产，相比于小农经济对小块土地的精耕细作，提高的主要是劳动生产率，土地产出率超过一定面积则会略微下降,这里有个边际面积的问题。机械化生产,对大大减轻农民的辛苦程度是立竿见影的,也是释放农村富余劳动力的最大推动因素。"锄禾日当午,汗滴禾下土。谁知盘中餐,粒粒皆辛苦。"我国千百年来的传统耕作方式,应该改改了。

根据我们实际观察,适合大型农业机械操作的最小土地面积是2亩,再小机器就不好转弯了,对播种、插秧、收割等作业,边边角角的土地也不好打理。土地越规则越好,最好方方正正、平平整整。零碎地、边角地、插花地,要设法整合起来,把不必要的小田埂拆掉,也能增加5%的耕地面积。当然,对一些山区的梯田,则改造难度较大。

图5-14:我国岭南山区的小块土地,至今还是人工用手插秧。而插秧是最累的农活之一,头、手、腰、腿都得用力,还得防止赤脚被锐器划烂,提防可怕的水生生物,比如蚂蟥。他们头顶的电线,可以看作是现代工业文明的一个代表物。摄影:锦群

地权的转移与保障
——田园诗后的生活

二是建立城乡统一的建设用地市场，促进农地入市。目前农村宅基地只能在村内流转，造成农村人候鸟式生活但"出不来"，城市人在市区买不起房又"不让买、进不去"郊区农村的尴尬局面，严重束缚了城乡土地等要素资源的双向流动，成为当前阻碍城乡一体化的最大不利因素。这也违背了《物权法》第三条："国家实行社会主义市场经济，保障一切市场主体的平等法律地位和发展权利。"农民和市民的法律地位平等了吗？可能还没有完全达到。国家可选取几个城市进行土地重大改革先行先试。

以审慎稳妥为原则，探索不再实行宅基地分配制度（事实上现在也没有什么空地可分配了），设定70年使用权；赋予宅基地用益物权和担保物权，享受和城镇国有用地同权、同价。在部分城市进行"小产权房"流转试点，补缴土地出让金，缴纳不动产销售税、契税等税费。有媒体估计，全国小产权房存量达7000万套，实际上可能更多，我们不能无视它的存在。

村社集体建设用地，可探索进行学校、医院、养老等公共服务设施建设，开发安居型商品房，建立兼顾国家、集体、个人的土地收益分配机制。农地适当入市将大大降低城乡房地产开发平均成本，降低城市商品房价格，破解征地成本越来越高的难题，促进城乡土地要素资源的共享。

第三，通过优化城市布局和定位促进农民市民化。

一是适当控制北京、上海、广州、深圳等特大城市的规模，增强中心城市辐射带动功能。注重产城融合，优化产业布局，将城市经济和公共服务功能适当向周边城市疏散，促进珠三角城市群一体化发展，继续吸纳农民进城就业。二是着力发展小城镇。珠三角地区"用工荒"背后的刘易斯拐点问题和产业布局也有关系，要加强产业转移和公共服务资源引导，增加小城镇数量，提升质量，就地吸引农民转为市民。所谓"刘易斯拐点"，是指在工业化过程中，随着农村富余劳动力向工商业的转移，农村富余劳动力逐渐减少，最终达到临界状态，劳动力由过剩转向短缺。

壮大县域经济是推进城乡一体化的重要路径

郡县治，天下安。县域兴则省域兴。县域经济是和城市经济相对应的一个概念，是具有独立行政管理权的县级区域，可以自主配置资源、功能完备的区域经济系统。县域经济是国民经济的中观层次，是全面建成小康社会的基本载体。没有县域、地市范围的充分就业，农民还是得背井离乡去外地打工。

我国能不能跨越中等收入陷阱，关键就看能不能解决好"三农"问题，不是看大城市发展得怎样，主要还是看县域城镇对产业和人口的承载力，看县域经济的发展情况。县域经济发展得好可以有效促进要素资源的优化配置和自由流动，推进城乡一体化。首先要推动集体经济体制改革和农业现代化，推动欠发达地区实现新型工业化，壮大县域经济。

第一，促进农村集体经济组织改革。

农业是国民经济的基础，农村集体经济是发展县域经济的重要内容。短期内，在不触及一些基本制度前提下，尽量提高农民组织化程度，扶持发展农业龙头企业和特色专业合作社，创建示范性家庭农场，探索"公司+农户"的新生产组织模式。在当前体制下，村官往往兼任村社集体经济组织的领导，权力与资本的结合产生腐败是难免的，珠三角地区层出不穷的"亿元村官"和超过50%的上访为土地纠纷案就是其外在表现。从长期看，要在经济发达地区探索实行农村社区的"政经分离"改革，将合作社转为纯经济组织，有条件的地方实行股份制改造与固化，进行公司化运作，从源头上减少村官腐败。建立健全村社公共服务财政补贴或转移支付，实现社区全覆盖，适当补贴农村社区公共开支。

北京大学教授王敏和苏州大学副教授程雪阳等学者，均支持区分农民的政治权利和经济权利，推进政经分离改革。"应当区分农民的政治成员权和经济成员权之间的区别。所谓政治成员权就是某个公民在某个行政村居住到一定年限，就可以参与这个村庄的政治生活，比如，可以参加行政村村长的选举和被选举等政治事务。就像一个公民获得国家国籍那样，这种成员权可以基于出生和居住期限而获得，也会因为迁出和死亡而消灭；而经济成员权则是基于财产而形成，其不因人的出生死亡以及户籍所在地或者居住地发生变化而取得或者灭失。凡是想在某个农村居住或耕种土地的公民，其应该通过从家庭内部继承或者在市场上购买的方式获得农地或宅基地，而不能仅仅基于其出生在某个农村，就要求这个村给其无偿分配宅基地和农地。目前新生农民之所以有这种'特权'，也是中国改革不彻底的结果。"[1]论述得相当到位，也很尖锐。

---

[1] 程雪阳：《地权的秘密——土地改革深度观察》，上海三联书店，2015年11月版，第211页。

目前，珠三角地区率先在全国探索的农村集体资产股份合作制改革，是充分借鉴了现代公司化管理制度，是推进农村产权制度改革的一种尝试。如，南方的XN村，在2009年下半年启动了农村股份合作制改革试点工作，到2010年5月13日，试点村的股改工作已顺利完成。XN村根据自身的实际情况制定股改实施方案和章程，每年以不超过40%的村集体经济收益作为集体股的分红。没有实行股权固化的模式，每年根据实际情况重新调配股东股权，设置集体股和个人股，个人股分年龄段配股，未满18周岁每人配10股，18—59周岁每人配11股，60周岁及以上每人配12股。成熟的股改探索对建立规范运作、民主管理、公平分配的农村经济发展新体制，夯实农村基层治理基础，有一定的进步意义。

不过，第四章已经提到，这种股份制改革，土地所有权、使用权仍然在村社集体，农民是没有产权的，改革并不彻底。最深入的改革，需要将土地使用权确权到每个农民，像国有土地一样同地、同权，可以买卖。

第二，加快推进农业现代化。

没有农业现代化，就没有城镇化，农业现代化可释放剩余劳动力，劳动力向二、三产业转移、集聚就形成了城镇。农产品消费具有稳定性，需要提高农业现代化水平，降低农业产值比重，将土地、人力等要素释放出用以发展二、三产业，壮大县域经济。

鼓励和引导工商资本到农村发展适合企业化经营的现代种养业，实现产业化生产经营，传播生态农业理念。不能老是把工商资本视为洪水猛兽，关键是政府进行有效监管。比如，有的南方山区县耕地本来就很少，但他们根据本地的气候特点，合理引入工商资本，大力发展特色兰花种植业，结果国兰的市场占用率在全国超过50%。不仅让本县的知名度、美誉度上去了，农民的荷包也鼓起来了。

着力规划建设现代农业园区，集中优质项目资源，发展农产品深加工业，带动农民就业，成为壮大县域经济的重要引擎。鼓励城市周边地区发展都市型农业和休闲观光农业，加快构建农业生产与经营性服务相结合的产业体系，融合发展餐饮业和住宿业，延伸农业产业链、价值链，促进一、二、三产业交叉融合（第2.5产业），增加农民收入。统筹规划农产品流通网络布局，充分发展线上经济，支持农产品集散地建设，稳定农产品价格。

第六章　完善基层社会治理是地权的保障

本章内容提要：

- 土地违法案例：高危岗位、村干部腐败与城镇更新。
- 基本公共服务与社会保障：迁徙自由。"管地不管人"。
- 基层社会治理：参政议政、协商民主、稀释宗族势力；政经分离。

第一节　土地违法典型案例的背后

高危的国土规划部门

大凡一种制度如果设计得比较完善，执行得比较到位，是不太可能出现层出不穷的违法犯罪问题的。然而涉及土地的纠纷诉讼、贪腐贿赂甚至暴力冲突在我国时有发生，故不得不察也。

我们在区县基层巡视巡察，在群众信访举报的总量中，有30%左右的信访是涉及征地拆迁、土地权属纠纷的，这说明应当从土地管理制度的顶层制度设计上根本解决问题，否则，案件永远查不完，总是治标不治本。

2010年4月，《人民论坛》杂志针对官场岗位做的一项调查，调查结果显示，干部群众认为官场十大高风险岗位分别为国土局长、交通厅长、县委书记……房管局长。这一结论得到社会舆论的普遍认同。尤其是国土局长，一般也管理着矿产资源，更是高居官场十大高危岗位之首，现实中一点也不夸张。这里的"国土局长"只是一个代名词，主要指国土资源系统，包含征地拆迁、城市更新、土地储备等部门，还有经常承揽相关业务的测绘公司、土石方公司和土地调查公司等。现在十年过去了，制度完善了不少，廉政情况好转了一些，但仍未实现根源性治理。

在经济发达地区，一个国土资源系统基层的科级干部都能弄到一个亿，轻松实现"人生小目标"。比如，"小官巨贪"的典型黄×辉。"2005年至2014年，黄×辉在担任广州市人民政府征用土地办公室、广州市土地开发中心土地征用与整理一部副主任科员、业务指导部副部长、土地整理部副部长期间，利用负责广州市白云区金沙洲地区的有关征地拆迁、工程计价审核及管线拆迁改等相关工作和广州市白云区钟落潭征地拆迁工作的职务便利，为谭×裕、骆×基、倪×等3人（均另案处理）谋取利益，先后多次非法收受上述人员贿送的款项共计8891万元。"[1]

因为在现行土地政策下，地方政府完全垄断了土地出让一级市场，是政府和开发商在讨价还价，公开透明的政务环境尚未完全形成，农民、市民的知情权、监督权都得不到保障。国土局长掌握着土地证登记发证权，可快、可慢，短则几天，长则一两个月。而国有土地使用权证是可以到银行抵押融资的，谁不想快点？还有旧城、旧村和旧厂房（"三旧"）改造，征地拆迁，土地储备与挂牌出让，补充耕地，探矿权、采矿权发证……正因为国土局长掌握着如此巨大的行政审批权，是社会公认的"实权"职位；接触的又是财大气粗的开发商，权力与资本一结合，极易产生腐败。稍有不慎，局座们就在权力的快感、幻觉中飘飘然，在不良老板们的围猎中中招，在灯红酒绿的诱惑中沉沦了。

---

[1] 董柳：《一科级干部涉受贿8891万今受审》，载《羊城晚报》，2016年3月22日。

比如，2015年11月，广东茂名高州市国土局长韩×旺因受贿1847.64万元被开除党籍、开除公职。高州国土资源局，连续三任局长贪污受贿被纪委查处了，是名副其实的前"腐"后继。一个基层科级干部能够弄到数千万的不义之财，可见其职位"含金量"确实高。邓××曾6次给韩×旺送上230万元，帮助个体老板江×华获得园林、山坡地开发补充耕地减少项目，并在该项目验收上给予关照。韩×旺还利用职务便利，在高州市高标准基本农田建设工程及农田垦复工程方面，先后收受个体老板余某、张某酉等人送给的293万元，并对他们承揽的工程给予关照。[1]

再如，2015年，广州市国土房管局原局长李××也是受贿上千万元被查处。他是广州支援汶川大地震援建项目的功臣，坊间有言他帅得号称"官场梁朝伟"，被誉为学者型官员的博士，但他仍然没有抵御住各方面的诱惑。他一人兼任了国土房管局局长、广州住房保障房办公室主任、广州征用土地办公室、广州土地开发中心主任，大权独揽，我行我素。你想修墓，少数不良老板们就给你出资修祖坟；你夫人信佛，他们就送你高价沉香、和田玉。天下没有无缘无故的爱，这背后是大家都懂的权钱交易、官商勾结。

有人反思认为："工程建设领域监管约束机制相对薄弱，是李××等人有机可乘的客观因素。从该系列案可以看出，领导干部插手工程现象非常严重。除人为因素外，现行政府投资项目工程招投标监管制度不完善是主要原因。现行的工程建设领域法规体系中存

---

[1] 任远中：《不知敬畏　必栽跟头》，载《广东党风》，2016年第3期。

在弹性空间，招投标制度更多注重办事程序，而投资控制没有到位，企业利润空间太大，容易给权力寻租带来可乘之机。正是制度上的漏洞，使李××等人在工程建设方面有缝可钻，权钱交易的图谋能够得逞。"[1]

虽然现在土地出让很少搞一对一的"协议出让"了，但土地招标、拍卖和挂牌出让仍然有人认为操作的空间，他们可以设置特定的门槛条件，比如，企业年营业收入，在某些行业排行榜的位次，等等，让特定的房地产开发商中标，一些非本土小公司连报名竞拍的机会都没有。相关的制度仍需进一步完善。

除了国土部门，还有规划部门的权力也不可小觑。然而，2018年全国的机构改革却将这两个部门合并了，而且还并进去海洋渔业、林业等部门，成立了超级大部门——自然资源局。从提高行政效能角度说，这对于整合资源，防止政出多门、多头管理确实有进步意义，我们要坚决拥护。但是从廉政建设的角度说，规划部门在容积率调整、土地用途改变方面容易出问题，本来还能与国土部门相互制约一下权力，合并后的自然资源部门恐怕会面临更加严峻的反腐压力。

利益纠葛的城市更新项目

城市更新项目（或称"三旧"改造项目），为解决土地管理历

---

[1] 《广州厅官李某某落马原因剖析：扶植亲信，贪恋美色，插手工程》，凤凰财经、澎湃新闻网。
http://www.thepaper.cn/newsDetail_forward_1366078

史遗留问题、节约集约用地、优化城乡规划布局和提升城镇形态形象等方面发挥了重要作用。

同时，由于"三旧"改造属于建设用地的二次开发，是随时可用的熟地，加上政策性强、涉及利益群体多，存在规划容积率调整、土地用途改变、土地使用权转让出让与收益分配等多个环节，投入资金巨大，从而也是职务犯罪易发高发的领域，廉洁风险防范不容忽视。

一是以"招商引资"的名义低价转让土地。

我们抽查近年来珠三角X市"三旧"改造项目，发现近四分之一的项目土地成交价远低于评估价，动辄相差过亿，价差最高的改造项目相差六七亿元，造成巨额国有资产流失。2011年，该市有区县自己直接规定"认定为区重点招商项目的，公开交易起始价可按不低于基准地价设定"。此条款在本市有代表性，造成一系列低价转让国有资产现象。该文件严重违反了《国务院办公厅关于规范国有土地使用权出让收支管理的通知》（国办发〔2006〕100号）精神："任何地区、部门和单位都不得以'招商引资、旧城改造……'等各种名义减免土地出让收入，或者以土地换项目……补贴等形式变相减免土地出让收入。"2014年11月，《国务院关于清理规范税收等优惠政策的通知》（国发〔2014〕62号及国发〔2015〕25号文补充通知）在规范非税等收入管理方面，"严禁对企业违规减免或缓征行政事业性收费和政府性基金、以优惠价格或零地价出让土地"。

从实践看，这些地块招商引进的有的是连锁百货零售企业，并不属于国家鼓励的战略性新兴产业、"中国制造2025"等企业，可替代性强，难以为当地经济结构调整或产业转型升级带来明显改观，有的干部可能是向特定企业进行利益输送；有的企业被引进几年，看到地价大幅升值后，就以股权转让的形式撤离当地投资，有炒卖土地的嫌疑。鉴于基准地价与土地市场价严重脱节，S市在2017年通过的《"三旧"改造地价计收和分配办法》中，坚持市场地价评估原则，以第三方专业评估确定的区片市场评估价作为"三旧"改造地价计收体系基础。这种做法对防止国有资产流失是有利的。

二是自行改造项目的利益分配机制容易失衡。

广东作为国家建设节约集约用地试点示范省，"三旧"改造对有些国家政策有所突破（粤府〔2009〕78号文），如对改造地块土地的出让方式没有做出硬性规定，是有条件允许协议出让的。但"三旧"改造用地由工业性质调整为经营性土地（商住）时，采用协议出让而非公开招拍挂交易方式，利益输送的风险较大。那么，自行改造怎么完善各方利益分配机制？如果土地公开挂牌出让，原权属人可能会失去使用权，造成改造意愿大幅下降；如果土地协议出让，若土地管理部门把关不严，原权属人可能滥用"三旧"改造政策，故意规避土地公开招拍挂，出现低价转让土地的现象。

有的区县为了规避风险都采用了公开出让的方式，这种模式是否能够复制推广有待进一步观察。有的区县作为国家土地改革试点地区，探索出一条新路子，如规定：土地使用权人拟将非公益性质的国有建设用地转变用地功能发展经营性项目（不涉及商品住宅开发建设），可采取协议方式出让。通过出让方式取得的土地转变用地功能的，土地出让金按改变用途后的土地市场评估价减去原用途土地剩余年限市场评估价的余额的40%计收。"工改商"项目无偿移交给政府的公益性用地面积不足15%的，对移交不足部分在计算应缴土地出让金时既不扣减原土地使用权价值，又不享受土地出让金按40%计收的优惠。可见，土地出让金的收取依据是市场评估价而不是基准地价，试图兼顾原权属人、开发商和公共利益。

因此，对以协议出让方式自行改造或改变土地用地性质的"三旧"改造项目，必须由市、县政府常务会议集体研究决定，地市应当严格把关；对改造方案、过程与结果酌情公示，接受群众监督，确保项目公平、公正、公开进行。对土地评估价失真问题，为了防止原权属人自行委托熟识的土地评估机构进行直接利益输送行为，应当由当地公共资源交易中心用随机抽签的方式确定中介机构；另外仅有1家公司评估价作为起始价参考的做法风险较高，有的地市积极探索选取两家以上评估机构评估取平均值的方法更科学合理，同时可增加原权属人搞私下交易行为的违法成本。

三是"工改工"项目仍存在较多模糊的薄弱环节。

当前城市化进程及经济发展的深入推进，很多地区招商引资、产业转型升级因土地限制瓶颈而踌躇难行，促使了各方积极探索推进工业用地升级改造的热情，但也存在一些突出风险点。

1.对工业用地的升级改造的范围不够明晰，存在"打擦边球"现象。在工业用地的升级改造过程中，对旧厂房的认定是有标准的。但在实践中有的地区在地价飙升的巨大利益驱动下，让近几年刚完工投产的工业项目也搭上了"旧厂房"改造的便车，与该政策的本意背道而驰，也不利于工业的稳定发展。

2.对工业用地的升级改造的土地利用总体规划应从严把握，谨防搭便车、搞违建；对项目改造后要加强监管，防止变相改变土地用途。粤府〔2009〕78号文中规定，对现用工业用地改造后不改变用途，提高容积率的，不再增缴土地价款。有的项目就利用这点申请进行"工改工"，以提高容积率的名义打通"关系"，未经法定程序突破现有土地利用规划，在地块内搞违建。有的申请改造时虽未改变项目土地用途，但改造完成后通过变相出租商住或商业用途以攫取巨额利益。

3.防范"借壳"改造项目中的廉洁风险。有的地区为了招商引资，甚至不用国企入股成立项目公司，就以国企名义承租私人厂房，通过"私人申报，国企实施"的方式推进项目升级改造。这种以国有资本出资为私人企业进行项目改造的做法容易滋生腐败。所以，对"工改工"项目要从严审核，在实践中实现层层有效监管，防止搭便车、搞变通。对采用混合所有制方式开展、疑似"借壳"运作的项目，必须加强评估论证，防止国有资产流失。

4.工作人员在"三旧"改造时滥用职权，损害村民利益、公共利益时有发生。有的在测量认证阶段受贿，虚构拆迁户名单，虚增土地、房屋等的面积数量，造成国家财产损失；有的用言语威吓、暴力威胁等非法手段逼迁不配合的所谓"钉子户"；有的利用改造项目专业性、技术性强的特点借机"完善"用地手续，欺骗上级；有的截留、贪污或挪用征地拆迁补偿款等。如广州市住房保障办公室征收储备处一名科级干部受贿的数额竟高达8891万元！他的主要犯罪事实就是利用了负责白云区金沙洲征地拆迁等相关工作的职务便利。

鉴于以上廉洁风险点，建议省级相关主管部门加强对各地市"三旧"改造政策的审查把关，加强业务指导、确保规范操作，使它始终运行在中央和省委土地管理框架范围内；建议各地区把"三旧"改造项目列为重点审计内容，详细追踪涉及资金使用情况；建议纪委监委部门、巡视巡察部门加强同步监督和事后监督，减少国有资产流失，确保拆迁补偿款按时足额发放到原权属人手中。要深入浅出地宣传教育关于"三旧"改造的基础知识、政策，防止有人利用复杂的政策蒙蔽欺骗村民、徇私舞弊；对参与"三旧"改造的工作人员，也要不定期组织开展警示教育、廉洁教育，划清纪律法律红线。[1]

广东是改革开放的先行地，很多领域带有先行先试的探路者意义，城市更新方面产生这样那样的问题是必然的，也是正常的。不断加以政策完善，就能给全国其他地区提供宝贵的经验，吸取教训，从而减少改革成本，减轻改革阻力。

苍蝇乱飞的村干部腐败

1600万元好处费是怎么被私分的？

2012年6月在白云区一家酒店里，经人介绍，原广东申

---

[1] 梧桐雨、邱俊敏：《"三旧"改造中廉洁风险与防范的思考》，载《广东党风》，2018年第12期。

通公司的董事长认识了人和镇4个村的4名村干部，4人在各自村里或是党支部书记或是村委会主任。几次饭局后，他们达成了一个协议，同意将各自村中的土地低价租给广东申通，并承诺回村后尽力促成此事。作为回报，每名村干部有400万元的好处费，供他们"打点"其余人。最终4个村的"事"都办成了，其中有的村干部独吞400万元，有的则"惠及"了下面大大小小20多个村干部，形成碉堡式受贿，无论职务大小，收受贿金时人手一份。

白云区共有18个街道和4个镇，包含166个村，其中人和、太和、钟落潭和江高4个镇就有118个村，可以说农村问题是白云区的一个重头。而农村问题的核心是土地，随着城市化进程，集体土地的价值日益凸显，附着其上的厂房、门面等都能产生经济价值。征地、招标、拆迁、安置、出租等，用土地"换"钱的现象越来越多，而同时农村的民主程序落实不到位，党支部和村委会两委的委员就能决定整条村的重大事宜，由此衍生出的贪污、受贿、灰色收入等情况也层出不穷。[1]

《南方都市报》分析得在理。

我们反复强调，现行土地制度框架下，没有基层民主的力量，村集体土地实际上就是村干部把持土地。老实巴交、淳朴善良的中

---

[1] 《村官碉堡式受贿黑金链条》，载《南方都市报》，2014年8月19日。

国农民，自古以来就容易受到不良芝麻小官的欺骗。白云区作为广州市城乡接合部，修条地铁、高速公路、开发个楼盘等，在城镇化过程中必然带来某些地段的集体土地大升值。面对一大笔巨款，有些素质低下的村官就豁出去了。村两委官员开个闭门会议把大事定了，村民的民主权利无法保障，所以产生腐败就容易发生了。

白云区有一个镇的拆迁办主任，因为收受测量公司老板的贿赂被抓，他说上级部门督促得紧，村民经常出现"钉子户"需要搞定，如果走申请法院强制执行进行强拆耗时太长，是难以按时完成拆迁任务的，所以自己夹在中间工作实在不好做。最终，还是采取政府行为效率高，但依靠村干部的得力工作，有时候对他们就监管不到了。

村民缺乏维护自身权益的法治意识，还会导致不良村干部破坏城乡规划，擅自改变土地的农业用途。

一些基层组织和村干部，为追求经济效益，规避了农用地转用和土地征收审批程序，与土地使用权人通过签订租赁合同的方式非法占地，盲目进行开发，用于修建厂房、开挖鱼塘和开采瓷泥等用途，盲目开发，影响很坏。如某村四西社负责人张××非法占用农用地案。为了使得该社闲置的5.127亩基本农田能获得收益，张××代表合作社与何×飞签订合同。将这块土地以4万元的价格出租给何×飞开挖鱼塘，鱼塘归合作社所有，挖出的余泥由何×飞处理，致使这块基本农田被破坏。

再如，×村村委主任何××，以1.5万元与该村一个合作社承包了一块地，当日即将该土地使用权以53万元转让给姚××进行非法开采瓷泥矿,造成属水源涵养林的地表植被严重损坏。

辽宁发生的一起承包地纠纷案(也就是赵彦清案)让人深思,该案例来源于最高人民法院《行政裁定书》(2016)最高法行申281号。

赵彦清的母亲关秀珍生前系营口市老边区路南镇崔家席坊村村民。

2005年6月29日,辽宁省政府做出辽政地字〔2005〕239号《关于营口市老边区实施乡级规划用地的批复》(以下简称239号用地批复),同意将包括崔家席坊村水田3.1740公顷在内的老边区9.5326公顷农用地转为建设用地并征为国有。其中包括关秀珍当时承包使用的5亩水田。

2005年10月,营口市人民政府做出营政土字〔2005〕226号《关于向营口市老边区防火隔音板厂出让土地使用权的批复》,将包括关秀珍曾使用的5亩水田在内的1.5660公顷土地出让给营口市老边区防火隔音板厂,该厂于当年建设完毕。该宗土地的征地补偿费60万元已支付给了崔家席坊村。另查明,239号用地批复项下的土地被征收后,崔家席坊村对征地补偿费未进行分配,而是对被征地农户进行了土地调剂。经调剂,关秀珍获得3亩承包土地,并于2009年4月9日续签土地承包合同。

2013年12月,关秀珍去世,该承包土地由赵彦清继续耕种使用。

2014年8月,赵彦清开始信访,要求返还其母亲承包的水田,并要求签订承包合同。2014年11月5日,赵彦清向营口市国土资源局老边分局申请公开营口市人民政府批准将崔家村23.49亩土地出让给营口市老边区防火隔音板厂的相关批文。2014年11月17日，赵彦清向辽宁省政府递交《行政复议申请书》，要求撤销239号用地批复，返还承包地并赔偿经济损失。

2015年1月26日，辽宁省政府做出辽政行复驳字〔2014〕246号驳回行政复议申请决定（以下简称246号行政复议决定），认为赵彦清于2014年11月17日申请行政复议，已经超过行政复议申请期限，决定驳回赵彦清的行政复议申请。赵彦清不服，提起本案行政诉讼，请求撤销246号行政复议决定，确认239号用地批复违法，判令返还承包土地并赔偿经济损失。

此后，该案后来到了辽宁省高院，最后到了最高人民法院。[1]

60万元的土地征地补偿款支付给了崔家席坊村，可是村里没将补偿款分配，钱到哪里去了？本来赵彦清家承包5亩良田，被重新分了3亩，不知是不是好地，连亩数都没补齐。

对一些可能存在党风廉政建设的问题，如果有，是否能移交纪检监察、巡视巡察或公安部门呢？多提提合理的建言献策，说的人多了，也许就形成了言路，继而可能纳入公共议程，转化为更好的公共政策或法规。

---

[1]《赵彦清与辽宁省人民政府行政复议申诉行政裁定书》，中国裁判文书网，http://wenshu.court.gov.cn/content/content?DocID=52e46293-811a-4689-b117-a4e68542bf13

第二节　基本公共服务均等化与社会保障

第五章提到财产尤其是土地等不动产对保障个人自由的重要性，反过来，尊重公民基本权利、提供基本公共服务对捍卫个人财产是根本的，两者之间相互作用。

迁徙自由与"管地不管人"

1954年，我国颁布的第一部宪法，是赋予公民"迁徙和居住的自由"的。但自1958年发布《户口登记条例》后，就对人口自由流动实行严格管制，并将户口分为"农业户口"和"非农业户口"。之后，1975年、1978年和1982年的三次修改宪法，均没有恢复公民迁徙和居住自由。不管有没有这些规定，农民生活困难时，靠小块土地的农业生产难以维持生活时，只能去城镇打工了，他们本着实用主义的生活方式，因为生存权才是最基本的人权。

2019年开始的各大城市抢人大战，又对人才落户重视起来，毕竟人才是第一资源。尊重居民迁徙自由，人们才有地区认同感和归属感。社会形成的共识是：加快剥离户口所附着的福利功能，以居住证为载体，在城市建立健全与居住年限等条件相挂钩的基本公共服务供给机制，并作为申请登记常住户口的重要依据。取消城乡户籍差别，有序推进农业转移人口市民化。放宽中小城镇入户门槛，完善积分入户制度，探索以拥有住房所有权为标准作为户籍登记的条件。大力发展保障性住房和异地务工人员公寓，给中低收入家庭人员适当的安居过渡期，增加城市人情味。这一点，广东深圳的探索走到了全国前列。

早在2006年，广州市就有人建议实现集体土地和国有土地"两种产权、一个市场""同地、同价、同权"。他们指出："随着经济发展和城镇化水平的提高，城市郊区和经济相对发达的乡镇，农民集体所有的建设用地大量入市转让、出租的现象十分普遍，且呈不可逆转的发展趋势，已成为土地市场建设中不容回避的热点难点问题。"[1]

所以，放开农村土地、"小产权房"，使城市低收入者或较高收入小群体也可以到农村置业，促进农民、市民的双向流动，这是真正的公民迁徙自由。靠行政命令限制城镇居民不得去农村买房，就是剥脱了公民的迁徙自由。

我国的台湾省，在2000年以前也是"管地又管人"，即去农村购买土地必须具备农民身份。修订土地法规后改为：只要不改变农用地的性质，任何自然人包括城镇户籍的人也可以去农村从事农业生产，即"管地不管人"。这个方法很有借鉴意义，因为正常的农

---

[1] 孟昊等人：《调整土地利用模式　集约高效利用土地》，载《广东经济蓝皮书2006》，广东省人民政府发展研究中心编著，广州：南方日报出版社，2006年2月版，第172页。

业生产和土地利用并没有改变，而且带来农业人口整体素质的提升，能够促进城乡一体化发展。

有人认为，如果允许城镇居民可以到农村买房，会危及农业生产和粮食安全。这要看配套政策怎么制定，你可以规定：闲置一年不耕种，政府将处以罚款；连续两年撂荒耕地者，并有权收回承包土地，像对待国有闲置土地一样。关键一招，即可破解这个担忧。城乡一体化发展，一定是人的自由流动，并且土地、户籍制度是基础性制度。现在有不少省份如云南已经不去刻意区分农业和非农户口了，有一定进步意义，未来还需推进解决户籍附加的教育、医疗等权利问题，这是更深层次的难题。

基本公共服务均等化与社会保障

目前我国城镇常住人口中有2亿农民工及其随迁家属难以享受到优质的公共服务；农村留守儿童、妇女和老人公共服务体系滞后，造成城乡居民权益的不平等，部分居民幸福感指数不高。

怎么办？应加大财政转移支付力度，建立健全优质教育、医疗、养老、文化资源城乡共享机制，加快公共服务向农村覆盖，推进公共就业服务网络向县以下延伸。引导职业院校、三甲医院等在中小城市布局。实施"快递下乡"工程，扶持发展快递综合服务企业，扫除发展电子商务的农村盲区。

当前中国城市的发展水平也尚不足以支撑起所有的"农民工"享受均等的社会福利和公共服务，如何解决资金来源是关键问题，也是新型城镇化必须面对的核心问题之一，而这些问题的突破口都

图6-1：广州珠江两岸，高楼林立，但仍有冼村等城中村穿插其间。摄影：作者

集中在土地制度改革上，我们预期未来可能有重大政策突破。[1]

我们来剖析一下天津的"宅基地换房"模式。

2005年，天津在全国率先试点"宅基地换房"的农村城市化之路，所谓"宅基地换房"，就是坚持农民在自愿的前提下，按照政府公布的置换标准以其宅基地换取小城镇的一套住房，而现有的承包责任制保持不变。现在，全国各地在建经济开发区或重要项目需要搬迁村庄时一般也会考虑给搬迁农民建安置房。所以，实际上这就是一种征地拆迁的补偿手段而已，要么货币补偿，要么配建安置房甚至商业物业等，已经成为地方政府减少拆迁阻力、增加建设用地的一种普遍做法，本身并没有根本制度上的突破和创新。

这种类似于城乡建设用地增减挂钩政策的操作模式既保护了耕

---

[1] 邵宇：《中国如何消解土地财政？》，见英国《金融时报》中文网，2013年6月20日。

地，又实现了土地的节约集约利用，有重要的社会意义。但是，其城市化模式仍然是强制性的外延式城市化，问题的关键就是在社会保障上的不平等。据天津市华明镇书记介绍，"全镇16岁至55岁的适龄人员中已有88%参加了城镇职工养老保险，男60周岁、女55周岁以上平均每月可领取470元的社会保障金，80岁以上的平均每月570元。这是一项深得民心的举措。此外，华明的农村合作医疗保险投保率是百分之百"[1]。这和征地一样，给拆迁对象办社保只是一项"举措"（政府工具），只是为了能让征地拆迁更为顺利，维护社会稳定，而没有上升到政府恒定责任的认识高度。社会保障本来就是政府应当承担的责任，这是目前世界公认的第三类人权。

社会保障的滞后现在已经成了我国农村土地流转的一大障碍，农民即使进了城仍然缺乏安全感和没有保障感。这也是少数学者反对农村土地大规模流转的核心理由，认为那样会导致印度和南美洲快速城市化的弊端，即城市聚集了规模较大的贫民窟人群，加剧了社会的动荡和不平等。但是，这也不能成为政府不给农民更多土地权利的理由，农民自己掌握的土地权利越完整，应当更有保证才符合逻辑。目前，我国的社会保障水平仍有待提高。

我们国家有个基本国情是未富先老，人口老龄化严重。但解决社保力度不强这个问题的关键，是政府需要加大对民生的投入，尽快构筑多层次、全覆盖、保基本的社会保障体系，尽量减少让农民进城有后顾之忧的事项。

---

[1] 张国：《天津土改试验中的留守与希望》，载《中国青年报》，2008年10月16日。

第三节　参政权、协商民主与财产保护
——基于国内农村基层治理创新主要模式比较研究[1]

近年来尤其是十八大以来，各地涌现出一大批探索农村基层治理的先进案例，如浙江温岭的民主恳谈会、四川南充的"支部领导、群众主导"模式、成都"3Z+1"治理模式等，都反映了群众的智慧。但是，这些"模式"多数只是实践案例，全国有影响力的、可复制的模式不多。本文选取几个有代表性的模式进行比较研究，并对广东的启示提出建议。

一、国内农村社会治理创新主要模式

（一）浙江衢州的协同治理模式

1. 协同治理模式的特点

浙江衢州市从2009年8月开始，在全市农村（社区）全面推行"三民"工程。

第一，建立民情档案，搭建协同平台。

---

[1] 参阅梧桐雨：《国内农村基层治理创新主要模式比较研究》，载于广东《领导参阅》，2015年第46期，有删改。

一是全面收集民情信息。以村为单位,按照"一村一册、一户一档、一事一表"的要求,分村情、户情、事情三大类全面建立民情档案。二是实行网格联户管理。全市共确定网格1.53万个,每个网格确定一名村干部按月收集、更新本网格单元的民情档案信息。三是建立网络化运行机制。借助电子办公技术,建立了网上民情档案信息系统,分级汇总相关信息。

第二,深化民情沟通,培育协同主体。

一是确定沟通主题。村党支部召开村两委联席会议进行讨论协商提出。二是开展干群沟通。由村两委传达党的政策和决策部署,通报上次民情沟通承诺事项的办理情况,组织村民群众对本次民情沟通主题开展讨论。三是分头组织实施。村两委研究制定工作方案,明确职责分工和具体责任人;重大事项还要召开村民会议进行民主决策。最后,由村委会负责组织实施,村党支部负责全程监督。

第三,实行为民办事全程服务,构建协同机制。

以乡镇为单位,在全市106个乡镇设立便民服务中心,建立办事大厅,配备了400多名专职工作人员,实行集中办公。还在有条件的1238个村居设立了便民服务代办点,负责受理群众的各类审批事项。国土、计生、民政等部门授权乡镇便民服务中心全程代办,部门驻乡镇站所实行审批前的审核把关。

2. 协同治理模式的成效

一是提高了服务群众的效能。

针对多头管理、资源分散造成群众"门难找"的实际,整合服务平台。通过采取"一人多岗,一岗多责"的办法,归并乡村便民服务中心,整合各类服务窗口、服务项目和服务人员,实现"一站式办理、一条龙服务"。

二是方便了群众办事。

衢州把"方便留给群众、麻烦交给干部"作为出发点和落脚点,广泛设立了便民服务中心,将36个与群众生产生活相关的项目全部纳入为民服务全程代理范围。建立了村级基础服务团队、乡镇基层服务团队、社会化专业服务团队等,基本实现了生产性技术服务、一般性矛盾调解、基础性审批事项、经常性文体活动不出村。

(二)湖北恩施的"三位一体治理模式"

1. 三位一体治理模式的主要特点

恩施州探索以"村医村教进班子、法律顾问进乡村、农民办事不出村"的"三位一体"基层治理创新模式在湖北及全国有一定影响力。

第一,村医村教进村级班子。

村医村教,是村卫生室的医务人员和村小学教师的简称。恩施州村医村教进入村级班子的流程是"四个三"制度。一是坚持三条原则选人。即个人自愿与群众认同,岗位需要与业务对接,业务能力与管理能力结合。二是按照三个环节进入。即多种方式推荐,县乡联动考察,依法进行选举。三是采取三种方式培养治理能力。即集中进行上岗培训,定期配发学习资料,实行传帮带培养。四是实行三项措施管理。即按照人岗相适原则分配工作,建立目标责任制考核工作表现,落实村干岗位报酬,每人每年发放3000元左右的工作补助。

第二，法律顾问进乡村。

在全部乡镇和村委会建立法律顾问制度，在村一级建起"法律诊所"，进行法律知识宣传，提供法律咨询，参与乡村社会矛盾纠纷的调解和信访案件处置工作，为基层群众开展法律援助服务。由乡镇人民政府统一聘请，采取政府预算资金，集中购买法律服务的方式进行。法律顾问进村服务采取"定时定点"与"提前预约"相结合的方式进行。

第三，农民办事不出村。

恩施州全部村级组织都建立了"五务合一"（党务、政务、村务、事务、商务）的村党员群众服务中心，设有村民办事大厅，并利用光缆宽带与外界相连。服务中心有三大系统：一是政务信息系统。将各级各部门可以授权的审批事项，全部授权到村级组织直接受理并代办。二是村务商务信息系统。整合金融、供销、商务等单位，建立村务商务信息系统。三是综治信息系统。整合综治和通信公司，在乡村构建

图6-2：湖北恩施是个多山的地区，村民的居住很分散，交通强国任务较重。这是从著名的云中栈道俯瞰村落。摄影：妙旭

"十户联防"的治安防控网络警务系统,方便邻居亲友及时给予帮助。

2. 恩施三位一体治理模式的成效

第一,加强了基层组织建设。

村医村教进班子,很好地解决了青壮年农民外出务工造成农村基层组织"空心村"的问题,加强了基层组织建设。据调查,92%的村医村教表示赞成优选村医村教进村级的做法,并表示愿意到村任职、服务群众。村医村教帮助任职村完善发展规划656个,参与化解各类社会矛盾纠纷1850多起。

第二,推进法治政府建设。

这种模式所秉承的民主、法治等基本理念与十八届四中全会的精神是完全吻合的。一是促进决策合法化,推动了基层组织决策进一步规范化和制度化。可以审阅项目建设合同,完善招标程序。二是协助社会矛盾的调解处置,促进了社会稳定。恩施州律师顾问团为100件重点信访积案出具了律师意见书,有效推进积案办结。

第三,提高了为民服务的质量和水平。

农民办事不出村,转变了服务方式,打通了农民群众办事的"最后一公里"。现今恩施不仅重视公路、水电等硬件设施建设,还利用现代信息技术建立网络服务平台,实现全面、快捷、便利、透明的服务。例如,仅巴东县就累计受理行政审批事项1.01万件,办结9418件,办结率94%。

(三)广州市增城区的民主议事厅制度

1. 下围村村民代表议事制度的特点

第一,强化了村党组织对会议的主导作用。

下围村村民代表议事制度规定,村民代表会议由村两委负责召集,由村党支部书记主持,村民代表会议一般每个月举行一次;特殊情况时,经村两委提议,可随时召开会议,而且每次会议到会代表人数必须超过总数的三分之二以上,方为有效。

第二,参会人员构成广泛。

下围村村民代表议事制度规定,村民代表会议由村民代表和村委会成员组成,不是村民代表的村党支部委员和合作社主任应当列席村民代表会议,享有议事权,但对需要决定的事项没有表决权,并规定村务监督委员会成员也应列席会议,进行现场监督。同时还设立旁听制度,允许村民到会旁听。

第三,议事内容全面具体。

下围村村民代表议事制度规定,村民代表会议的议事内容即权力清单涵盖村中大小七个方面的事项,涵盖了村庄建设规划、村民自治章程和村规民约的修订、村集体经济项目处理、村集体资产(土地)的承包、租赁和处置使用等内容,最大限度减少和压缩了权力在制度的笼子外运行的机会和空间。

第四,建立会议议题会前公示制度和会议过程实时转播制度。

议题一般由村两委提出,经由村两委联席会议充分讨论,并形成初步方案后提交村民代表会议审议。同时,规定村两委要将村民代表会议议题及相关方案细则提前公示3天。公示期间,村两委干部和村民代表要广泛征集意见。同时,村民还可以通过微信问政平台对商议事项进行讨论和发表意见。

第五，建立会议发言、纪律处罚和功能区分的议事制度。

与会代表以及列席人员可以申请5分钟的发言时间和3分钟的补充发言时间。借鉴足球赛规则，对与会人员违反会议纪律情形实行红黄牌警告制度。给予红黄牌警告由主持人及村两委提议，并经到会代表总数的三分之二以上投票表决通过方为有效。议事大厅并按主持席、代表席、列席席、旁听席、监督席、发言席六个板块进行功能分区和布局，要求与会人员须佩戴相应的会议牌证对号入座，营造了庄严的会议氛围。

第六，建立会议决议公开确认制度。

村民代表会议决定事项须经到会代表总数的三分之二以上通过为有效，表决结果应当场宣布。通过的决议、决定，要通过微信平台、村广播站或村务公开栏等方式予以公开和公告，任何人不得擅自改变或另做决定，村两委和全体村民必须执行，并由村两委负责组织落实。会议由专人记录，对形成的决议和决定，需经村民代表签名及按手印确认，并及时做好会议资料在村的收集归档工作；所有

图6-3：岭南的典型农村，常见宗族祠堂和所谓风水池塘。
摄影：作者

决议和决定须同时送镇政府备案。

2. 下围村推行村民自治带来的成效

第一，加强了村两委的领导力。

改革后，所有的村务财务都摆上议事平台，公开透明，寻租谋私的空间被消除。自2014年1月，共召开村民代表会议17次，对38个议题进行了民主商议，否决事项1项。有32项表决通过的事项得到落实办理，其余事项也无一受到村民阻挠。现在村两委班子团结、干群关系融洽，当年的"上访村"，现在实现了"零上访"。

第二，增强了社会治理能力。

以前村里到处脏乱差，治安问题多，公园和文体设施严重缺乏。改革后，修建了公园、广场和休闲平台3.65万平方米，清理了臭水涌，安装了治安视频和有线广播，建立了"五位一体"的环卫保洁网格化目标管理责任制，组建了"两违"巡查管理队伍。村容村貌焕然一新，社会管理秩序井然，于去年8月份成功创建为第九批广州市文明示范村。

第三，促进了经济的发展。

改革后，闲置达20年的酒店、商贸城等项目每年可为村集体经济增加50多万元的租金收入。一批闲置土地得到盘活，并引进多个优质项目。300多家"散小乱"养猪场也得到了全面取缔，人居环境大大改善。2014年全村集体经济收入也从2013年390万元迅速提升到720万元，人均收入增加了800多元。此外，还建立了老人生活福利金制度。

二、三种模式的启示

（一）要以加强和改进党的领导为前提

一要防止民粹主义扩大。

有的地方搞基层治理改革，搞所谓彻底民主化，从两委成员到选举全部实行海选，使当选的人有一种"只对村民负责"的权力幻觉，不愿接受上级党委的领导，造成党在基层运行失灵。在制度设计时，还是要从人性、伦理和社情国情出发，坚持民主集中制，充分发挥党组织的把关领导作用。在增城模式中，把村民代表大会的议题征集、结果执行、两委班子成员选举等各个环节都由党支部把关，是一种防范自由散漫倾向的有效探索。恩施模式中，医生和教师行业力量强大，对党的正常领导构成了一定威胁，因为干部结构过于单一。

二要制度有效解决村两委的矛盾。

比如，顺德政社分离模式和南海政经分离模式试图利用权力之间的分立制衡原理来实现基层有效治理，思路是非常好的，但改革成本较高，在全省推广的适应度有限。据估算，佛山市南海区政府若推政经分离，平均每个村投入约需500万元，总计投入11.2亿元每年，这在经济欠发达地区推进须缓步进行。同时，这给佛山实现"两个80%"要求（书记、主任"一肩挑"和两委干部交叉任职比例都是80%以上）带来较大困难，会出现村级经济组织"绑架"两委运作的局面，不利于加强和改进党的领导。据调查，在现行村居组织架构下，若不实行"一肩挑"，湖北、江西等省党支部和村委会之间能够紧密合作的比例不超过50%，广东的情况也类似。

为什么政经分离的改革思路好?

因为行政管理权和经济管理权合一,容易导致权力滥用。经济合作社本质上是一个经济组织,是要牟利的;而村委会是个行政管理性质的政治组织,权力与资本一结合,后果可想而知,尤其在我国经济发达地区更明显。"在市场经济中,追求收益必然是一切经济活动的最终驱动力。……经营活动的全部商业利润都会在某个阶段以某种形式转化为从事经济活动的个人的收益。在一种调整性经济中,调整的主要目的总的来说就是以某种方式影响收益的分配。"[1]

我国在改革开放后的相当一段时间,农村是政经合一式管理的。先以广州地区为例,"2008年以来,广州某区纪检监察机关查处农村党员干部违纪违法案件115件120人,占违纪违法案件总数的57.2%。2011年,某区信访部门受理群众来信来访2609件次,其中60%的来访涉及农村问题,80%举报来自农村"[2]。2012年地方政府换届,某区共有3286个经济合作社(集体经济组织),其中有23个社拒不移交财务账簿;从化共有2768个经济合作社,其中有17个社拒不移交财务账簿(引自广州市纪委监察局的调查数据),且检察院、纪委、政府经多次催促仍无效。这种行为涉嫌构成隐匿会计凭证犯罪、侵占挪用集体资产犯罪。

---

[1] [德国]马克斯·韦伯著,阎克文译:《经济与社会》(第一卷),上海人民出版社,2019年10月版,第381页。

[2] 雷海泉:《黄先耀到我市调研农村基层党风廉政建设工作》,载2012年9月7日《增城日报》。

这些村社经济实力雄厚，规模小的有资产数十万元，大的有上千万、过亿元。它们甚至不经告知上级政府就把集体资金几十万、几百万元地借进借出，村级财务管理黑幕重重。虽然广东省规定了"村级财务由镇代管，社级财务由镇代收"的权力上收做法，但仍堵不住这些资金黑洞，因为不少镇也和村干部结成利益同盟。

珠三角地区有个镇长给人办事，一出口就是索贿上千万。"2005年，时任佛山市顺德区陈村镇镇长的郑年胜，使郑某茂顺利得到陈村镇庄头村800余亩集体用地的使用权后收取1200万好处费。"[1]还有深圳、东莞等地先后爆出"亿元村官"问题等，都暴露出村社政企合一、农村集体土地资产交易缺乏透明的平台和有效监管等制度性根源。

（二）要充分利用现代科技手段

一是采取优惠政策加强基层基础设施建设。

技术的普及可以促进人们沟通和拥有信息资源的扁平化，比如衢州建立网上民情档案信息系统，方便更新与查询。恩施市在财政收入不宽裕的条件下，投入了巨大财力建设和改善电信、网络设施，方便了群众。在智能手机进入4G、5G时代（哪里有手机信号，哪里就能实现高速联网）和电脑普及的今天，要彻底摈弃那种每年送几场戏或电影等不适应互联网时代的施舍式"送文化"旧思维，把信息高速公路建好，并优惠相关资费，让基层群众自主、自由地选择"开什么车，怎么开车"，实现自我教育、自我提升。社

---

[1]《街道办书记挪用亿元 有7处房产》，人民网，http://hi.people.com.cn/n/2012/0726/c231187-17284134.html

会上各式各样、数量惊人的微信群，是人们讨论工作生活的便利手段，并实现了超越时空，不再受地理距离的阻隔。

二是让技术融合进制度改进设计中。

比如广州增城下围村召开村民代表大会，在2014年就同步利用微信群向全体村民直播，如果有人会场闹事，不仅会被惩罚，而且在熟人社会的村子里会颜面扫地，在村里抬不起头，具有巨大的震慑力。这种政务公开的范围和力度是超前的。中国农村外出打工者众多，利用手机、电脑组建通信群落，能突破地域、时空限制，不仅让他们能第一时间了解家乡政务，满足知情权；还能通过互动行使政治权利，履行参政权、监督权。

（三）要能使决策充分民主化

一是要有一套规范细致的议事规则。

无规矩不成方圆，现行相关法规政策过于抽象，可操作性差。协商民主的本来就是各利益主体相互博弈的过程，有明确的、共同遵守的规则是前提。增城下围村的制度能够贯彻实施，就是因为从基层实际出发，对村民代表议事制度进行了完善和创新，建立了会议发言、纪律处罚和功能区分的一整套制度，使议事规则更容易操作，有效解决了儒家文化圈国家"怎么开会"的大问题（东亚国家或地区议会开会，意见不合时常大打出手，其民主化水平和意识还处于初级阶段），常见的形式主义和会场暴力得到有效遏制。这样开的会才能有效产生说服力强的决议，大大降低了决策暗箱操作的可能性，使决策充分民主化。相比之下，衢州模式在建设服务型政府上更胜一筹，但缺乏对决策的纠错机制，决策的民主化和规范化程度较低，容易导致内讧和腐败。

二是村民的法定政治权利不应打折扣。

比如，恩施三位一体模式的村医村教进村级班子制度的确解决了村中无人领导的尴尬局面，但并不是必然选择。这种用职业来区分、限定干部候选人的做法，有违反选举精神的嫌疑，和增城的海选模式相比，其代表性和民主化程度较低。若长期执行，当选的村干部很可能对医生、教师两个行业产生职业上的政策偏好，有产生利益输送的高危险倾向。

三是要严厉打击选举舞弊问题。

2012年底，湖南衡阳破坏选举案的发生震惊全国。"2012年12月28日至2013年1月3日，湖南省衡阳市召开第十四届人民代表大会第一次会议，在差额选举湖南省第十二届人大代表的过程中，发生了以贿赂手段破坏选举的严重违纪违法案件，一届市人大代表几乎全军覆没。……当选的76名省人大代表中，56人送钱拉票总计1.1亿元。参会的527名市人大代表中，518人收受钱物1亿余元。……案情极其严重，影响极其恶劣，教训极其惨痛。"[1]

其实和农村基层的村官贿选相比，这也没什么可震惊的了。根据笔者掌握的情况，至少华东、华南地区的村官选举，用钱（物）买选票早已是一些村社公开的秘密了。例如，"据村民反映，山东济南市兴隆山村2011年选举，当选的村委会主任给全村每人发400元，该村连老人小孩共约2000人，估计这项现金支出即达80万元。

---

[1] 邬焕庆、丁文杰、陈文广：《衡阳破坏选举案：一届市人大代表几乎全军覆没》，载《中国青年报》，2014年8月19日。

该村当选的村委会副主任给全村每人发一桶花生油、一袋大米。当选的妇女主任则给全村每家发一桶油、一袋大米"[1]。

80万元，在中国普通家庭看来已经是一笔巨款了。可是在经济发达的珠三角地区，有不良村干部想当选实际上要花的钱更多。这些人想着法子去当选村干部，心理盘算的肯定不是全心全意为村民服务，克己奉公，而是想着通过贪污贿赂，再把巨额选举成本给"捞回来"。村民的土地财产权利，怎么可能得到充分保证？于是，村干部背着村民私自倒卖土地给不法商人的案例就出现了。

如果将宅基地的流转范围扩大到地市合格人群（详见第四章论证），有助于2019年新《土地管理法》支持的村民有偿自愿退出宅基地之路，还会产生一个附带好效果：大幅稀释宗族势力，削弱宗族势力对基层民主选举的干扰。我国的自然村是几百上千年来形成的，往往一个村90%以上都是姓刘、姓赵、姓吴等单一姓氏，单一姓氏中又分为几派宗族力量，选举时往往都不是投票一个德才兼备的能干人士，而是投票给与自己关系密切的家族人士，真正出于公心的并不多。所以，农村传统伦理思想根深蒂固，不改变人口分布结构就很难削弱宗族势力的破坏。

我们听说过在城镇住宅小区有什么宗族势力干扰选举吗？

没有。

因为业主们来自各个镇街、各个区县，在北上广深等一线城市，业主们还来自湖南、江西、广西等各省，人口结构越复杂，各

---

[1] 张千帆、党国英、高新军等：《城市化进程中的农民土地权利保障》，北京：中国民主法制出版社，2013年1月版，第162页。

方势力越均衡，往往在民主选举时更为公平、合理，减少多数派群体"绑架"少数派，掌握话语权现象。打破村社宅基地的村内内循环，不断输入交换不同姓氏人员，时间一长，人员结构自然就均衡了，哪还有宗族势力干扰一说？

（四）要以服务基层群众为宗旨

一是村居设立便民服务中心应当是"标配"。

我们的改革和探索，最终目的是方便群众办事。在非珠三角广大地区，村民居住较为分散，仅靠当事人自己的力量去办理事务成本是很高的，这就要求每个村集中设立一个办事大厅，完善服务功能，方便群众办理计生、民政、建房等常见事务。目前，恩施三位一体模式和衢州协同治理模式都做到了这一点，也是机制创新的精髓所在。

二是正确把握政府和市场的边界。

有些镇村居的探索过犹不及，完全把自己当成了"保姆"，不利于培育现代公民的公共精神。比如，恩施的村务商务信息系统，除提供惠农补贴领取、电费收缴服务，发布党务村务、产品供求等信息外，甚至还提供电话费充值、网上购物、汇款转账等服务。这对文化素质普遍偏低的农村来说短时间内过渡是可以的，但模糊了政府和市场的边界。对培育一个现代公民的独立人格和保护个人信息、财产安全的意识是不利的，应该把这部分服务功能推向市场，控制好服务价格；同时把注意力用在加强对村民的引导和教育上。

（五）要能促进农村的稳定与发展

一是每个镇村都要配备法律顾问。

据了解，现在全国的信访案件中，超过60%是涉诉涉法的；由信访途径转移到司法途径，是培育社会法律意识和信仰的重要体现，是建设法治国家的必由之路。

恩施三位一体模式和增城模式，共同点都有在每个村庄配备法律顾问，可见随着我国经济社会的发展，农村再也不能成为法律的空白地带，而是有广阔的需求市场。纠纷矛盾在法律框架内得以解决，能大大促进农村的稳定、和谐。比如："2014年，广州市各区（市）部署开展'一社区（村）一法律顾问'工作，并推进了律师驻社区、村。无论是婚姻关系、劳动争议纠纷、医疗损害赔偿、人身损害赔偿、赡养费、工伤保险，还是老人儿童维权等方面'疑难杂症'，都可以找驻社区（村）律师搞定。……而来自广州市司法局的数据显示，仅2015年，广州市村（社区）法律顾问共办理各类业务108 869件，受益群众312 350人次。"[1]经过五年多的磨合，现在这项制度越来越完善了。

另外，通过村集体律师的普及，带动村民法律知识的教育引导，以后的个人法律事务具有委托私人律师的意识，可以增强全社会的法治观念，推动全面依法治国，而不是动不动就集体上访。目前，农村基层是我国建设社会主义法治国家最薄弱的环节，首先要从教育引导开始。

二是可探索新乡贤治理。

---

[1] 谢源源、李应华、卢佳、方阳麟、朱清海、邓毅富：《法律顾问坐镇村居　一年解决十万余件麻烦事》，载《新快报》，2016年7月11日。

中国传统的农村乡绅治理模式在清末科举制度废除后日渐式微，五四运动尤其是党的革命活动创造出"土豪劣绅"的主导话语，严加打击后形象更加不堪。恩施模式将教师和医生吸纳进村两委领导班子，他们就是农村中最常见的乡贤。现在仍然可以将德高望重的老人或群众公认的成功人士聘为村务顾问，他们可自己捐款或组织村民、村内出去的精英募集资金为村里开展修路、建小公园、建体育文化设施等公共事务。乡贤们应当常住在村居，或者至少经常返回家乡，村居则根据村民意见授予1～3名这类人士乡贤荣誉。此制度可充分利用国人浓厚的地缘、血缘的乡土观念，为公共事务服务，是基层实现善治的有力补充。

综上所述，改革和探索是要成本和代价的。增城的模式是几乎没有触及现行基层党政领导体制、经济体制的框架内完成又是证明行之有效的，改革的成本最低，可复制性强。总体来说，适合自己的才是最好的，2014年中央一号文件提出："探索不同情况下村民自治实现的有效形式。"如果是初步的改革，可以尝试。

本书认为广州增城和佛山市的本土化探索更适合我国，前者适合经济一般或中西部地区，后者适合珠三角、长三角、京津等经济发达地区，但两者仍需补充其他地区的合理因素，进一步完善管理体制。

第七章　改革财税体制是走出土地财政的必由之路

本章内容提要：

- 土地财政及其风险。

- 房产税：沪渝试点；征税原则——间架税与窗户税；新征收方案。

- 继承权与遗产税。

- 阳光财政与债务控制。

先看一段笔者与某乡村教师的对话。

广东某乡村教师："老C（区委书记）如果多干几年，Z区一定能实现大发展、大跨越。"

"但是，这种大干快上、大拆大建的方法也会欠下巨额债务吧？谁来还呢？"

"下一任书记来还啊！上级政府不会让（下级）没钱用的。"

"这个……"我竟一时语塞。

这种想法很有代表性。可见，中国的基层百姓，有时可能说不出高深的专业政治学、法学和经济学词汇，但他们冷眼旁观，话粗理不糙。对政府财政运作的实质，群众的眼睛确实是雪亮的。

第一节 土地财政的现状与风险

什么是土地财政

所谓土地财政，我的理解，是指地方政府靠卖地赚快钱，房地产业税费收入占财政收入比例达40%以上，有的区县甚至超过60%，依赖性过高，不具有可持续性的、不正常财政收入现象。

中央反复强调，要坚持房住不炒，不把房地产作为短期刺激经济的手段。但是，有些地方的房地产业税收收入占财税收入比重偏大，构成潜在的财政和金融风险，对经济的健康、可持续发展显然是不利的。

首先，先从区县级微观经济视角看。

2009—2013年，Z区房地产业税收收入占公共财政预算收入的比重由44.48%降到41.38%、税收占比由53.03%降到50.24%，占比虽然略微下降，但与发达经济体相比总体比例仍偏高。从2013年房地产税收占比看，东莞市是23%，佛山市顺德区是31.1%，Z区的相应比重仍然较高，应当适度调整结构，注意均衡发展。从珠三角一些城市经济发展历程和抗经济波动风险能力来看，房地产业税费收入占财政收入的比重控制在25%以内，经济还是比较健康、可持续的。

即使到了2020年，全面建成小康社会的决战决胜之年，此类情况仍无根本性改观。

表7-1：近年Z区房地产业税收收入和财政收入情况

（单位：万元）

项目	2011年	2012年	2013年
公共财政预算收入	466573	529320	629948
税收收入	360169	406008	518864
房地产业税费收入	161700	191108	260677
财政收入占比（%）	34.66	36.10	41.38
税收收入占比（%）	44.9	47.07	50.24

表7-2：Z区房地产税收收入构成情况

年份	收入（万元） 2011	2012	2013	占比（%） 2011	2012	2013
房地产总税收	161700	191108	260677	100	100	100
其中：营业税	51161	54309	77773	32	28	30
契税	38110	44129	57477	24	23	22
土地增值税	27572	46580	45709	17	24	18
企业所得税	12278	11844	26131	8	6	10
房产税	12867	15460	18450	8	8	7

数据来源：当地政府有关部门

以契税为例，广州市的征收政策和操作在全国算比较好的，但政策漏洞和欠合理性也有一些。

一是仍然是以家庭为基础征收的。因为家庭首套房在90平方米以下的，契税只要缴1%，一般是要缴3%，所以业主必须拿出证明来。在查询个人名下房产时，其配偶、未成年子女的登记情况也要查询。又是要身份证，又是要户口簿，这时户口簿又发挥出它的作用来了。中国现在的离婚率高，婚姻关系分分合合的，这个政策还要盯住。用假离婚、假结婚等方式规避此项政策的例子时有发生。

二是主要看自己的城市"小圈子"。所谓"首套房"，该政策并不管业主配偶在全国其他城市有没有房产，有几套，而只要在广州是首套就行了。假如有家庭在武汉有5套房，妻子无房产，老公由于工作关系迁到广州，又买了一套房，按照这政策，还是被认定为首套房，享受1%的契税优惠。这样的政策，怎么能抑制投机性购房？怎么能促进社会资源分配公平？

不过，这能怪广州吗？当然不能，其他大都市的操作手法大同小异。

广州的政策执行依据是2016年2月17日财政部、国家税务总局、住房城乡建设部联合下发的《关于调整房地产交易环节契税营业税优惠政策的通知》（财税〔2016〕23号）第一条第一项：

> 对个人购买家庭唯一住房（家庭成员范围包括购房人、配偶以及未成年子女，下同），面积为90平方米及以下的，减按1%的税率征收契税；面积为90平方米以上的，减

按1.5%的税率征收契税。

当然，这是很无奈的事情。因为到现在全国住房信息还没有联网，没办法查询个人名下房产在全国的分布情况，最多只能让业主出具一份无法核查的承诺书了。至2016年6月底，广东全省不动产信息接入国家不动产登记信息平台的只有中山市，惠州市到2019年5月还没实现全市联网。全省、全国联网查询之日真是遥遥无期。

再次，从全国宏观经济角度来看。

根据财政部和国土资源部的数据，2012年，城镇土地使用税收入达1542亿元，土地增值税收入达2719亿元，土地相关税收超过6000亿元，占地方财政收入的约7%，注意这仅仅是指相关税收，不含土地出让金。2013年，土地出让金收入超过3.9万亿元，创了历史新高，占地方本级财政收入的近60%！触目惊心啊。到了2020年，这个比例有所下降，但各市县仍占比50%左右。

最近几年，全国经济下行压力增大，山西、辽宁等省份甚至出现了负增长，而一些中西部省份则保持较高增速增长，重庆甚至在2015年GDP还保持着11%的高速增长，2014年增速是10.9%。

其实，重庆的"经济奇迹"值得商榷，看看下表房地产业占比就知道了。2013年，GDP达12656.69亿元，固定资产投资占比88.5%；2015年，全市完成固定资产投资占当年GDP总值的95%，达到15 480.33亿元！其中，房地产产业链占固定资产投资的比重约为30%。从2009年到2019年，重庆在基础设施建设上投资4.23万亿元，而广州仅为1.5万亿元（智谷趋势统计数据）。

近年来,重庆的房地产业对经济的贡献位于首位,是第二位的近四倍,而其他大城市一、二级级差都不超过两倍,其畸形程度远高于深圳、苏州等产业较为扎实的城市,若不及时调整政策,从中长期看经济发展后劲不容乐观。

表7-3:部分城市分行业地税贡献(单位:亿元)

城市	第一行业		第二行业		第三行业	
北京	房地产业	520	金融业	366	居民服务	293
深圳	制造业	235	房地产业	195	金融业	184
天津	房地产业	164	制造业	93	金融业	88
苏州	房地产业	234	制造业	194	其他服务业	134
重庆	房地产业	293	制造业	75	金融业	71

数据来源:当地政府有关部门

2014年7月15日的《新京报》曾刊文说:"地方之所以如此依赖卖地收入,深层次问题是在现行财税体制下,地方缺少稳定的收入来源和增长机制。新一轮财税体制改革明确了房地产税、资源税、环境保护税、消费税等税种的改革任务,以房地产税等为主的土地生财新机制和地方税收体系呼之欲出,能够彻底扭转地方对'土地财政'的依赖,为地方提供新的收入机制。"

可惜的是,上海和重庆从2011年1月28日开始,试点了好几年的所谓房地产税,似乎也没什么明显效果,社会反响一般。这并不是房产税本身的错,而是政策定位不够明确、设计不够科学。治大国若烹小鲜,先做政策试点,未来会逐步探索完善的。

最后，从中央与地方财权事权的划分来看。

对土地财政，我们要辩证地看。一些地方政府疯狂卖地赚快钱，除了有长期的制度积弊和地方主官错误的政绩观，其实也有无奈的成分，这就是在中央与地方财权事权的匹配方面，仍然有改进的空间。保障和不断改善民生，是地方政府一切政策的出发点和落脚点，为官一任，造福一方，这是古代官员都懂的道理。

现在我国东部地区政府的民生支出普遍占到一般公共财政支出的80%以上，要知道，这笔钱是通过科学、教育、医疗、救灾、扶贫等渠道"发"下去的，不像政府性投资或PPP（公私合营投资）是有多大回报的。

那么，这么一大笔钱从何而来？现在一些经济欠发达地区的区县政府就是"吃饭财政"，除了维持发放公职人员和财政供养人员工资福利，民生投入后就所剩无几，剩下的渠道除了向银行团体举债就只能靠卖地了。对各省份来说，就产生了去中央财政部等部委要钱、给优惠政策的问题，即"跑部钱进"。

中央与地方税费分成情况

（时间点：2016年7月1日）

A类：全部归中央的税费

关税、进口增值税、车辆购置税、船舶吨税、消费税。

证券交易印花税：从2016年1月1日起，由现行按中央97%、地方3%比例分成，全部调整为中央收入。

B类：中央和地方税费分成

企业所得税：中央60%，地方40%。

个人所得税：中央60%，地方40%。

国内增值税：中央75%，地方25%。

资源税、城市建设维护税、地方教育费附加，除了部分跨省经营的央企外，归地方。

C类：全部归地方的税费

土地房产相关税费：耕地占用税、土地增值税、土地使用税、房产税、契税。

其他的税费：车船税，烟草税。

2016年，"营改增"覆盖所有行业，营业税成为历史。

2018年，国税、地税两个税务局合并了，不过中央与地方的税收分成原则变化不大。

所以，土地财政在我国改革开放后的前30年，对弥补地方政府财税收入的不足，促进城镇化快速发展，是发挥过一定历史作用的，但那只是一种无奈，决不能当作一种"模式"进行神化。

现在，我国的城镇化率已达60%，按照发达国家经验，还有20%的空间缓慢进行，不过这个过程应该是有质量的、内涵式的。土地财政逐步走到了历史舞台的边缘，我们对土地财政的风险要保持清醒的认识。

地权的转移与保障
——田园诗后的生活

土地财政的风险

在当前不动产政策设计下，房地产业相比于工商业，具有自身的特点和风险，做房地产实际上是做金融。

一是房地产税费收入具有不可持续性。

土地资源也具有稀缺性。一块地卖了就没有了，再想旧城改造、旧厂房改造，可能要再等30年甚至半个世纪，你去把一个刚建没几年的现代化小区拆掉？让已经建成的大型小区开放小区内道路都是一边倒反对的，最后不了了之。现在的公民，权利意识已经觉醒了。

一味卖地、寅吃卯粮，只能是短视行为，为自己的政绩着想。缺乏产业支撑，造成"空心化"，后续经济发展一定是后劲不足的，比如内蒙古鄂尔多斯的"鬼城"现象。相反，广东佛山整体上把握得比较好，他们坚持制造业实业立市。佛山既不是经济特区、直辖市、副省级城市，也不是省会城市，但它2019年GDP顺利迈过一万亿元门槛，其上市公司数量位居全国第七。佛山的房价一直不温不火，价格也不算高，是一座实现产城融合的典范城市。

从1998年房改到2008年国际金融危机，我国房地产一直享受着单边上涨的"黄金时代"，土地价格也是一路飙升。可是，自那以后，就处于高位稳定期了，实际上全国范围内已经过剩了，尤其是城市新开发地和郊区，房屋空置率普遍较高，有的达到50%。

房地产业占经济和财税收入比例过高；产业链又太长，从卖地、钢材水泥、房产销售（中介）、多种房地产交易税、建筑安装装修、家具……又是吸纳农民工就业的主要领域之一，国家要下狠心去调控，抑制过度投机，就会投鼠忌器，怕打压了经济，影响了就业，甚至可能会引起一些社会矛盾。房地产业已经成了地方政府"不能承受之重"。所以，才有2016年中央要求的房地产"去库存"政策。

有些地方政府曲解中央的政策，搞房地产强刺激政策，可能会产生短期效果，但对房地产市场健康长远发展不利。房地产已经成为部分地方政府抗击经济压力的"鸦片"，形势不好时就吸几口。

比如，河南安阳市在2015年出台了22号文件，主要内容是"要促进房地产市场持续健康发展"。凡购买新建商品房的，市政府每套给补贴2万元。该补贴政策仅仅实施了3个月，就花了纳税人3.3亿元，给当地财政造成压力。与其投入这么多钱去不加区分强势、弱势群体，还不如用在建设保障性住房上，给低收入者更多的安全感。郑州大学教授王海杰认为："去库存只是表面，深层次的问题是，如果产业支撑力弱、群众购买力弱，补贴政策效果便难以持续。"[1]王教授说得可谓一针见血。

另一方面，房地产市场过热时，一旦遭受国家房地产调控政策、国际国内金融危机等因素的冲击，很可能拖累经济发展。所以，土地价格从整体上讲，不会再出现单边大幅上涨的情形，最多也是个别城市个别区域的小气候。不改变房地产业一家独大的局面，对经济很危险。一些地方的房地产业独木难支，最终会嘎吱嘎吱作响，然后就是轰然崩溃，经济硬着陆。这原理就像山西省，没

---

[1] 马跃峰：《待遇等同市民 留住购房农民》，载《人民日报》，2016年5月12日。

有从长期战略规划煤炭以外的替代产业，"一煤独大"的经济结构没有及时改变，造成今天经济发展的被动局面，曾经风光无限的煤老板们，而今光环不再。

二是房地产金融风险绑架拖累实体经济。

当前，全国房价上涨预期明显减弱，授信风险加大，银行在授信时更为审慎。经济下行压力大的时候，个人购房信贷保持收紧，部分银行出现限制按揭或停止按揭贷款审批现象，给房地产投资带来了风险。

以清理税收优惠政策为例。2014年11月，国务院下发《国务院关于清理规范税收等优惠政策的通知》，准备对各地开发区土地、优惠政策泛滥，为招商引资而盲目恶性竞争的情况动大手术，探索破解土地财政之路。这本来是刮骨疗毒的一件大好事。结果，这个统一清理优惠税收、土地的政策在全国推行困难，遭到地方政府的变相抵制。毕竟，以前为了引进汽车整车制造这样的大项目、纳税大户，各个省份、城市相互比拼给税收、土地优惠政策，制造"税收洼地"，"零地价"或变相零地价是常见的，影响公平竞争，破坏了正常的市场经济秩序。不过，在当前的政绩考核体系下，它们这样做似乎也有自己的道理。

仅仅半年后，5月11日，国务院又发布25号文《关于税收等优惠政策相关事项的通知》进行了大幅修订，对于一些招商项目继续有优惠政策支持。可能是经济下行压力大，招商更加困难，62号文过于严苛、政策缺乏可操作性广受市场质疑所致。

"去年62号文发布时，中国政法大学教授施正文曾向《南都》

记者提到，地方政府的承诺如无法履行，清理过程中纠纷或增多。昨天他再次指出，很多企业正是冲着税收优惠来的，政府如果因为政策变化就不认旧账，不补偿企业损失，信誉将受损。此番国务院发文叫停自己部署的专项清理工作，并不常见。施正文对此给予肯定，认为这是勇于纠偏、敢于担责的表现，也是法治政府和责任政府建设的题中之意。通知明确，已出台的税收优惠按规定期限及合同约定执行，这也能减少纠纷和负面影响。"[1]

我们从这个事可以看出要破除土地财政是多么困难，对政策出台实施的精准度要求有多高，一定要狠下决心、对症下药才行，但这并不意味着土地财政碰不得，更不能容忍地方短期利益绑架整个国家的长远利益。

图7-1：南方地区某大都市的城中村与新建现代楼盘交错。摄影：作者

---

[1] 商西：《国务院发文暂停税收优惠专项清理》，载《南方都市报》，2015年5月13日。

三是卖地赚快钱容易掩盖政府性债务风险。

以前，我国地方政府借债制度不完善，政府向银行借款融资只需开个常务会议或常委会即通过了，随意性大。加上地方官员平均任期较短，缺乏相应的责任追究机制，权责不一致，容易出现本章开头提出的一届政府要政绩大肆借钱、下一届政府擦屁股的怪现象。

"权力架构错位是导致当前地方政府债务风险加大的一个之一。目前的政府举债渠道，缺乏规范化的财税决策程序，导致全国地方政府性债务余额已膨胀到超过10万亿元。部分地方官员盲目追求'政绩'，且不全然出于公共项目的目的进行大规模举债，几年后调走，却由继任者和当地人民偿还巨额债务，构成詹姆斯.M.布坎南所概括的'时段性歧视'问题。这对继任者和子孙后代显然不公平，是权力和责任的不匹配造成的。"[1]

同时，通过储备国有土地、征地，然后卖地赚快钱，也能拖一拖还债压力，掩盖了矛盾和危机，地方官有恃无恐。这样，政府性债务只会越积越重，极大地透支地区长期发展潜力。

早在2013年6月底，国家审计署发布的公告就显示，全国各级政府负有偿还责任的债务20.69万亿元，负有担保责任的债务2.92万亿元，可能承担一定救助责任的债务6.65万亿，合计30.27497万亿元。

截至2020年6月底，全国地方政府债务余额24.16万亿元。其

---

[1] 梧桐雨：《控股智慧对健全公共部门权责调控机制的启示》，载《领导科学》杂志，2013年7月下。

中，一般债务12.48万亿元、专项债务11.67万亿元，政府债券23.97万亿元、非政府债券形式存量政府债务1889亿元。

可见，地方债务风险总体是可控的，但负债总额居高不下，时不时还有市县进入了"风险警示区"。这里面，通过PPP模式、借道国企举债等形成的隐性债务有多少？防范化解此类债务风险需要重视。

我们知道，地方政府用于土地收储的支出是排在第二位的，仅次于市政建设，可见其重视程度。借钱—收储土地—卖地—还债—再收储土地—卖地……这样的恶性循环只会让土地的价值更多地流入地方政府、开发商和银行，推高了房价，最终由买房子居住的市民承担。为什么农民们委托建筑公司开发的房价往往只有商品房价的三分之一？土地及其相关税费成本高企，就是这个道理。

有的学者担忧另外一个社会问题：地方政府的土地财政和计划生育政策实施的历史结果，可能导致20年后出现中产阶层没人买房的景象。"4-2-1"家庭结构（即四个老人，父母两个，一个孩子），房子最终还是被后辈继承的，过多的房产都集中到一个孩子及其家庭手里，这个孩子会没有买房需求。没了刚需，房地产市场将面临更多的过剩。这个孩子本身，会不会成为新的"迷茫的一代"呢？

第二节　房产税到底怎么征

要走出土地财政的过度依赖，政府需要新的稳定税源来替代，除了消费税外，最被看好的就是财产税，主要是学习美国收房产税。

2016年，在G20税收高级别研讨会上，时任财政部部长楼继伟表示："应该积极推动房地产税改革，解决收入分配问题，这是一个难题，但要义无反顾地去做。"一句话使得稍显沉寂的房产税又被媒体热炒一番。复旦大学教授谢百三于深夜在其新浪微博发文，他愤然写道：

"一边央行大发货币，一边房价推高，一边财政部部长又要征税，何等如意算盘。如果把中国经济推向日本失去的20年，楼部长担当得起吗？相信一定是前几年上海重庆的房产税，名存实亡，或北京的增值税，导致很多很多家庭假离婚，以失败而告终一幕的重演。"[1]

本书要与谢教授商榷。货币超发在古今中外都是个大问题，确

---

[1] [新浪个人认证]谢百三的博客, http://blog.sina.com.cn/xiebaisan

实是不对的。但假离婚可以通过制度设计来规避，这些不是反对征收房产税的理由，房产税不是要不要征的问题，而是怎么征的问题。

本书认为，楼部长说得很好，人民政府就得这么做。实际上，党的十八届三中全会通过的决定已经明确提出，要"加快房地产税立法并适时推进改革"。

征税注意事项

首先，当然是税收法定原则。

征税是主权在民的体现，不能不经过议会、人大立法，一个部门就随意征收。

西方国家有谚语：无代表，不纳税。1696年，英国威廉三世国王感觉缺钱，决定征收窗户税。每户起征点2先令（相当于现在的100多元），超过10个窗户的人家额外加税4先令，超过20个的加税8先令。这种奇葩税收让人感觉十分不适，人们纷纷把能堵的窗户封住，以降低税负；但由此也导致人们缺少光照和新鲜空气。窗户税直到1851年7月才被废除，实施了156年，取而代之的是更为合理的财产税。

1984年和1985年，全国人大及其常委会两次授权国务院立法。有的"暂行条例"已经"暂行"了几十年，一直延续至今。目前的18个税种中，企业所得税、个人所得税和车船税是人大立法确立的，还有15个没有经过人大立法，税收法定原则落实不到位。立法不作为后果是不容忽视的，因为社会总是在不断发展变化的，而法律条文是死的、固定的，法律只有适时修正才能适应社会。

直到2015年3月15日第十二届全国人民代表大会第三次会议通过《关于修改〈中华人民共和国立法法〉的决定》，修正后的《立法法》第八条规定：下列事项只能制定法律：

……

（五）对公民政治权利的剥夺、限制人身自由的强制措施和处罚；

（六）税种的设立、税率的确定和税收征收管理等税收基本制度；

……

终于把税收法定原则，提高到限制人身自由立法的高度。

其次，要明确的一个政治学理论是：任何重大改革，尤其是关乎人民生活的财税改革，要做到给最广大人民"最轻负担原则"。《管子》中说："取民有度"，适当的税收标准是治国理政的基本原则。

司马迁在《史记》中提出了"善因论"的思想，他说：对经济活动，政府"善者因之，其次利道（导）之，其次教诲之，其次整齐之，最下者与之争"。就是说，国家经济政策最好是顺应人们的经济活动，要适当进行引导、教育，注意调控经济行为，"与民争利"是最下策的经济政策。

然而，汉武大帝照样对房子、土地、牲口、马车、奴隶甚至丫鬟一律估价，然后征收财产税"算缗"，以应付持续不断对外战争的巨大开支。

不过，真正意义上的房产税鼻祖还是要溯源到大唐帝国，那就是横空出世的间架税。唐德宗时，各方节度使更加不听中央号令，唐王朝东征西讨，花费军费是惊人的。皇帝一拍脑袋，就决定向有房一族开征房产税，以补充军费。缴税标准主要看房屋的好坏、大小，每间房子从500文到2000文不等；若有瞒报者，每隐瞒一间杖六十！这个税遭到全社会的抵制，不到一年就搞不下去了。平叛藩镇的泾原军队在途经首都长安时发生哗变，口号就是"不税汝间架除陌矣"，唐德宗只得仓皇出逃。

后来，北宋赵匡胤讨伐南汉、清朝康熙平定吴三桂等藩王时，也短暂征收过屋税、房税。不过，他们都是为了补充军费，并且都是一次性征收的。

英国著名经济学家亚当·斯密认为，一般赋税征收要遵从四个原则，即：比例原则，要对各群体平等征收；确定性原则，防止滋生腐败；最大便利原则，要有可操作性；量出为入原则，不能劳民伤财，供养过多食利阶层。

美国供给学派经济学家阿瑟·拉弗（Arthur B Laffer），针对税率和税收收入、经济增长的关系，提出了一个叫"拉弗曲线"的理论。即税率较低时（类似西汉初期刘邦搞的休养生息政策），税收收入随着税率的增加而增加，老百姓生产积极性还处于"无痛期"，但当税率增加到一个临界点时，老百姓就得忍受辛苦，品质差的人，可能就不去生产想点别的歪点子了。

不遵守经济规律和大众心理的后果，不仅可能改革无法顺利推进，甚至政权也会被颠覆翻船。再施压，再征，苛捐杂税造成沉重

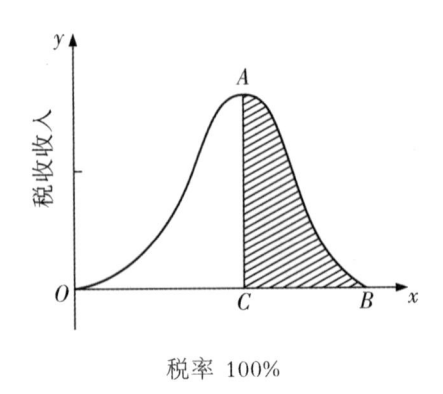

地权的转移与保障
——田园诗后的生活

图7-2：拉弗曲线揭示的道理容易理解　图源：百度百科

负担，就可能爆发革命，揭竿而起了。古今中外，这样的例子不胜枚举。看看明末崇祯皇帝的征税政策，就是踩到了这个地雷。

据学者黄仁宇研究："唐宋帝国的财政税收带扩张性，从前至后我们可以看到数字逐渐扩充。明清带收敛性，几十年后税收数额尚赶不上人口增加，或通货膨胀的系数。……全明朝二百七十六年所铸铜钱数，北宋只要两年即可全部铸成。"[1]

所以，房产税的征收范围和税率必须设定一个合理的限度，既保证能够征到可观的税收，促进经济发展，又不能给人民群众增加过重的负担。

本书认为，任何税种如果按比例税率征收，实际税率都不应超过15%。可以配套一些其他政策，而不是单一上调税率。

像我国目前的企业所得税为25%，实行了多年，相比于累积征税制的40%不算高，但企业也只有获得"高新技术企业"认证后，

---

[1] 黄仁宇：《中国近代史的出路》，载《我相信中国的前途》（增订本），北京：中华书局，2020年5月北京版，第55页。

所得税税率才会享受到15%（德国实际水平），对普通企业真是不小的负担。

美国总统特朗普于2017年4月正式启动税改进程，当年底通过税改法案，成为30年来美国税制变动最大的一次改革。企业所得税减税幅度较大，从累进的35%下降为单一税率21%。而瑞典、巴哈马、开曼群岛（是的，香港的李嘉诚把其公司迁到了这里）实际税率只有10%左右。2021年6月，G7集团发表声明，支持把全球最低企业税率设为15%，此举意在打击大企业到"避税天堂"逃税。

这种局面存在了不少年头，可是没有企业家敢说出来，或者有人说了但没有引起社会极大关注，因为大家认为我们依然是"世界工厂"。直到2016年"玻璃大王"曹德旺的言论掀起社会热议，这事成了"皇帝的新衣"。曹尖锐地指出，他之所以花10亿美元到美国设厂，因为"中国劳动力优势已失去"，"中国制造业的综合税负比美国高35%，比如，6000块的手机要缴1020块的增值税。……我只是为了提醒政府，也提醒企业家，提醒大家危机感，告诉大家要小心"[1]。需要强调的是，曹累计个人捐款已达80亿元，是慈善达人，他对华夏这片土地的爱是有目共睹的。

另外一些企业为了避税，就想歪点子去了科技管理部门搞官商勾结了，通过这个"高新企业"认证换取低税率，2013年广东省科技厅的腐败窝案诠释了这点廉政风险。为什么不少正规的小微企业也是两

---

[1]《曹德旺谈税负重：6000块的手机要缴1020块的增值税》，新浪财经，http://finance.sina.com.cn/roll/2016-12-21/doc-ifxytkcf8272606.shtml

套账本？除了个别企业恶意避税、逃税的外，情况不言而喻。

几年前，一位地税系统的基层公务员痛惜地说："如果现在的企业老老实实地纳税，那可能就真为地方政府打工了。"所以，合理降低企业、人民的税费负担，是我们始终要高度关注的问题。

近年来，我国政府一直都在设法降低中小微企业的税费负担，受到社会广泛好评。

最后，要有征收的可操作性。

我们都知道公民有纳税的义务，可是想从群众口袋里掏钱，自古以来都不是一件容易的事儿，即使在资本主义发达国家的大本营美国，逃税、漏税起来也是毫不含糊的，甚至有专门的注册税务师专门为你服务，所以制定的房产税征收方案必须有可操作性。我国国务院2014年8月12日出台《关于取消和调整一批行政审批项目等事项的决定》（国发〔2014〕27号），果断取消了注册税务师职业资格许可和认定事项。

好在我国税务部门有很多税款征收的手段，纳税计算分类有：查账征收、查定征收（控制原材料或进货销货情况）、查验征收（进货或加工后，出售前向税务机关报税，方可上市营销）、定期定额征收（针对一些小便利店之类的微店，按季度、月份征收定额税金）。此外，对江西铜业、广汽本田这样的大型企业、地方重点税源，税务机关是可以派驻专人进行税收征管的。极端情况下，税务机关可以通过税收保全措施和税收强制执行措施来履行职责。

不过，大量的房地产交易中介中，总有少数会想方设法去钻政策的漏洞，帮客户一条龙"搞定"交易和逃税事项的。虽然税收本身具有强制性、固定性和无偿性的特征，但实际征收过程总带有政府和纳税人某种程度上进行博弈的性质。

当前的房产税征收及试点

除了上海、重庆试点个人住房房产税外，我国城镇其他营业性房产是要缴房产税的。农村住房不用，理由是为了减轻农民负担。房产税计税依据有两种形式：依据房产计税余值计税的，税率为1.2%。依据房产租金计税的，税率为12%。个人住房出租还是用于居住的，是闲置资源的充分利用，税率为4%。

对房产税的减免也有不少情况。比如：

1.国家机关、人民团体、军队自用的房产免征房产税。但上述免税单位的出租房产不属于免税范围。

2.由国家财政部门拨付事业经费的单位自用的房产免征房产税。但如学校的工厂、商店、招待所等应照章纳税。

3.宗教寺庙、公园、名胜古迹自用的房产免征房产税。但经营用的房产不免。

4.个人所有非营业用的房产免征房产税。但个人拥有的营业用房或出租的房产，应照章纳税。

5.对行使国家行政管理职能的中国人民银行总行所属分支机构自用的房地产，免征房产税。

6.老年服务机构自用的房产免税。

7.损坏不堪使用的房屋和危险房屋，经有关部门鉴定，在停止使用后，可免征房产税。

8.纳税人因房屋大修导致连续停用半年以上的,在房屋大修期间免征房产税,免征税额由纳税人在申报缴纳房产税时自行计算扣除,并在申报表附表或备注栏中做相应说明。

9.在基建工地为基建工地服务的各种工棚、材料棚、休息棚和办公室、食堂、茶炉房、汽车房等临时性房屋,在施工期间,一律免征房产税。但工程结束后,施工企业将这种临时性房屋交还或估价转让给基建单位的,应从基建单位减收的次月起,照章纳税。

10.为鼓励地下人防设施,暂不征收房产税。

11.从1988年1月1日起,对房管部门经租的居民住房,在房租调整改革之前收取租金偏低的,可暂缓征收房产税。对房管部门经租的其他非营业用房,是否给予照顾,由各省、自治区、直辖市根据当地具体情况按税收管理体制的规定办理。

12.对高校后勤实体免征房产税。……

13.对非营利性的医疗机构、疾病控制机构和妇幼保健机构等卫生机构自用的房产,免征房产税。

14.从2001年1月1日起,对按照政府规定价格出租的公有住房和廉租住房,包括企业和自收自支的事业单位向职工出租的单位自有住房、房管部门向居民出租的私有住房等,暂免征收房产税。

15.对邮政部门坐落在城市、县城、建制镇、工矿区范围内的房产,应当依法征收房产税;对坐落在城市、县城、建制镇、工矿区范围以外的尚在县邮政局内核算的房产,在单位财务账中划分清楚的,从2001年1月1日起不再征收房产税。

16.向居民供热并向居民收取采暖费的供热企业的生产用房,暂免征收房产税。

17.经费自理事业单位、体育社会团体、体育基金会、体育类民办非企业单位拥有并运营管理的体育场馆，同时符合三项条件的，其用于体育活动的房产、土地，免征房产税和城镇土地使用税……

沪渝两地的住房房产税试点

不经试点比较，观察评估政策执行效果，就推向全国的做法，在我国风险很大，也吃过很多大亏。2011年1月，为了顺应社会改革呼声，上海、重庆两地开始试点个人住房房产税改革。

上海的做法是：

征税对象：对本市居民家庭第2套以上住房或非本市居民新购住房，征收房产税。非本市户籍家庭：有满3年居住证或居住证满120分的可免征房产税。

计税依据：住房市场交易价格的70%。税率为0.4%和0.6%；对应税住房每平方米市场交易价格低于本市上年度新建商品住房平均销售价格2倍（含2倍）的，税率可暂减为0.4%。

征税面积：对本市居民家庭给予人均60平方米的免税住房面积（指住房建筑面积）扣除。合并计算的家庭全部住房面积为居民家庭新购住房面积和其他住房面积的总和。比如，如果一个三口之家原有住房A，面积48平方米，现新购住房B面积90平方米，合计面积138平方米，人均面积46平方米，则新购住房B免征房产税。

上海房产税的计算公式为：应纳税额=应税面积×新购房单价×70%×税率符合国家和上海本市有关规定引进的高层次人才、重点产业紧缺急需人才，持有本市居住证并在本市工作生活的，其在本市新购住房，且该住房属于家庭唯一住房的，暂免征收房产税。

重庆的做法是：

征税对象：在本市同时三无人员（无户籍、无企业、无工作）新购第2套普通住房、在本市主城区九区拥有个人独栋商品住宅（一般是别墅）、个人新购的高档住宅，这三大类情况要缴房产税。

征收方式：以家庭为单位，扣除免税面积后，按房屋面积计算。税率是按房产交易价的0.5%、1%和1.2%。

在税收征收管理上，上海、重庆都差不多，防止居民偷税、漏税。以上海为例，凡逾期纳税的，应到住房所在区县的房地产交易中心税务窗口缴纳，其他征收点不再受理。税务机关将按规定对滞纳税款按日加收万分之五的滞纳金。

两地的房产税都是按照国际惯例，按年度缴纳的。

对经催报催缴仍拒不纳税的，税务机关将依照《中华人民共和国税收征收管理法》和上海本市试点办法有关规定处理。同时，根据《上海市个人信用征信管理试行办法》将未纳税信息纳入联合征信体系。

沪渝两地房产税试点效果如何

从2011年两地试点到现在，房产税仍然没有扩容。2013年2月20日召开的国务院常务会议，明确要求："其他城市房价上涨过快的，省级政府应要求其及时采取限购等措施。严格实施差别化住房信贷政策。扩大个人住房房产税改革试点范围。"房产税扩围的措施，后来并没有实施。

一方面，确实说明学者们一边倒地反映综合试点效果差是真实的，如果试点效果好也许就扩展到全国了。另一方面，当前中国经济进入了新常态，国家由抑制房地产价格过快上涨转为"去库存"，战略导向和该政策的定位模糊甚至逆转了，这时候扩围征收房产税，显得有些"不合时宜"。但是，从实证的角度来说，试点确实是不成功的。

第一，征税数额太少，总体上不能发挥替代土地出让金的财政作用。2011年重庆市地方财政收入2900多亿元，增幅超过40%，房

图7-3：暴雨后被水浸的高档别墅群。新闻报道后，社会反应平淡，可能不少网友认为即使淹了房子，也是"富人的"。摄影：燕子堂

产税收入仅1亿元，占比仅为0.034%。上海的房产税占比也和这个比例相当，几乎可以忽略不计，谈不上什么财政贡献。

第二，征税范围过窄，税率过低。为什么收不上来税？两地征税主要是针对新购住房，这里面又主要是高档住宅，对存量住房涉及得很少，可能考虑是不加重居民负担。两地的税率主要是0.6%和0.5%，而且用的是交易价，上海还打了七折。一套100万的房子，一年只要缴五六千元，对于有钱人来说，根本不算什么，如果房子年出租收益远大于房产税支出，那么就不能发挥明显的抑制房产投机行为。

第三，缺乏科学完善的房产估值系统。两地的计税基础都是按照房子的交易原值，但房子的价格总是在波动，尤其是最近十几年更是大起大落。这样先建成的房产税负转嫁给后建成的房产，出现旧房的税负轻、新房的税负重的现象，违背税收公平原则。房产税的设计初衷，不是要在交易环节上增加居民过重税负，而重点是在房产保有环节上抑制投机，促进社会财富的公平分配，防止"富人更富，穷人更穷"的马太效应。

房产税到底怎么征

一是农村住房和LOFT小公寓同样要纳入征收范围。

"小产权房"（宅基地）与城市应该同权同价，补缴出让金后可自由买卖，但也要纳入土地、房产登记信息全国联网平台，对属于第三套的也要缴纳房产税。这样，才是实现农村土地房产和城市的完全平等对接，"小产权房"就可以退出历史舞台了。

图7-4：现代LOFT复式小公寓。摄影：作者

现在一些开发商热卖的所谓LOFT公寓，挑高达到4.5～5米，基本上都是隔成两层使用，上层一般用于睡觉，下层可以会客、做饭（一般不给用明火，怕有油烟污染商业、办公区，可用电磁炉），带有卫生间和阳台，明显带有居住功能，现在仍然没有纳入限购范围。它们的土地用途一般是商住，土地使用年限不同于普通住宅，一般是40年或50年。本书方案，这种小公寓，应当视为住宅，一样要征收房产税。

二是要整合房地产相关税收后方可执行。

征收房产税，和前面讲到的征税注意事项一样，要尽量不增加纳税人税负，遵守"最轻负担原则"。因此，当前的房地产相关税收实在是太多、太滥了，最终税负都转嫁到购房者身上了。相近的城镇土地使用税就可以整合进房产税，不用重复再征了。

三是土地、房产信息应当尽快实现全国联网。

这是操作层面的基本要求。"房产是房产税的基本征税对象，要对其征税，掌握房产的准确信息是前提，这就必须改革我国的房产登记制度，改变目前不动产登记多头管理、分级登记的现状，建立统一的财产登记与清查制度，为财产税后续征收奠定基础。"[1]因为房产不可能浮在空中，是和土地紧密联系在一起的，所以我国正在推进不动产登记，但速度非常慢。如果底数不清，情况不明，还怎么征税？怎么监管？国土资源部早在2009年，就基本上让全国的挂牌出让土地信息联网了。对房产信息全国联网，只要下定决心，我们相信也一定能做得到。未来的中国不动产查询，应该像个人或企业名下的银行卡和证券账户一样，给个身份证号码或者组织机构代码、营业执照，名下房产、地产一目了然。既方便征税、抑制贪官转移财产，甚至在一定程度上可以遏制"小三"泛滥。

四是不能以家庭为纳税单位征收，而应该以个人计算。

上海、重庆的试点方案都是按家庭为单位征收的，结果有利令智昏的男女就可以用假离婚的欺骗手段，在轻松愉快的离婚氛围中，轻易就破解了房屋限购、多套房征税比例高等问题。这样的制度设计本身是不明智的，甚至是匪夷所思的。应该像社会保障卡一样，改为以个人为征收单位，用居民身份证号登记查询即可。

2016年，全国房地产市场开始新一轮大幅上涨，其中，厦门、南京、苏州和合肥号称地产"四小龙"，涨幅都在三成以上，这四个城市出台的调控招数仍然主要是政策性限购，仍然是按家庭计

---

[1] 沈萌：《我国房产税改革方向刍议——兼议沪渝试点成效》，载《中国房地产》，2013年第6期。

算，消耗了政府的时间、精力，调控效果已被历史多次证实是微弱的、不稳固的。

要坚决打击层出不穷的"房叔、房姐"现象。2006年前后，在中国房地产市场高涨时期，活跃于国内各大城市的"温州炒房团"让国人颇为无奈，只能感叹有钱任性。一个人占据着十几套甚至几十上百套住房，在不动产市场上兴风作浪，除了推高房价，让稀缺资源更加稀缺，对社会没什么益处。比如，江西南昌市一检察院职工徐某及其家人名下在南昌房产共计149套（间），购房时间为1995—2015年，购买时价格总计1.1亿余元。[1]温州经济发展早，率先完成了资本原始积累，不想着去投资实业，而去炒房子。炒高自己的房，让别人无房可买。其思维模式是：走自己的路，让别人无路可走，倍加痛苦。

对炒房现象，是制度设计存在漏洞使然，不能全怪资本的原罪，因为资本是逐利的，哪里利润高就往哪里去。2016年底召开的中央经济工作会议，明确发出"房子是用来住的，不是用来炒的"信号，极大地振奋了城乡之间节衣缩食、艰苦奋斗的亿万劳动者。最近几年来，房住不炒的政策主基调一直没变，哪怕是波谲云诡的2020年。但在地方操作层面，始终没有实行有效的抑制方法。

英国的房产税（Council Tax），对房屋闲置的还打五折，主要是他们连租房的人也要缴房产税，税负太重，对应的是高税收、高福利的政治思想。欧洲国家普遍的债务危机，就是这种政治思想

---

[1] 《南昌检方证实副科长拥149套房　批捕其女婿》，南昌检察发布·新浪微博、腾讯新闻。

的后果。西方经济学的鼻祖亚当·斯密曾经批判过荷兰的房租税过于苛刻。他说:"在荷兰领土内,所有房屋,不管实际房租多少,也不管有人住着,还是空着,一律按其价值,课税2.5%。对于无人居住的房屋,即所有者不能由此取得收入的房屋,亦勒令纳税,尤其是纳如此的重税,未免苛刻。"[1]作为发展中国家,我国不适合这样做,要吸取这方面的教训。

要解决"鬼城"房屋空置问题。这是国家房产"去库存"政策的要求,不动产资源是有限的空间资源,占着不用就是浪费。按照我国的土地政策,对连续两年由于企业或个人自身原因造成土地闲置的,政府有权收取土地闲置费甚至收回土地。房产虽然不便收回,但可以通过房产税的经济"挤压效应",用经济手段把业主手中多余的房产挤出来,重新投放社会,给有刚性需求的人居住,发挥住房的居住效用。

现在,北京、上海、广州和深圳仍然执行着房产限购政策,这个理论和买火车票时,每人每天一趟车只能买1票;办银行卡时,每人每家银行只能有4张卡的道理是一样的。全面放开二孩的政策,我们就不举例了,因为这涉及生育权问题,属于人权的范畴,何况随着时间推移,政策演变最终结果应该是允许自由生育的。其实,武汉等城市搞房产限购是没必要的,还剥夺了公民的城市投资选择权。我们仍然可以用房产税的挤压效应和累积税率进行自然政策长期调控。

---

[1] 亚当·斯密著,郭大力、王亚南译:《国富论》(下册),上海三联书店,2009年3月版,第333页。

本书方案：课税对象在全国不动产信息联网后，应该从个人的第3套开始征收（含原福利分房、共有产权、小产权房），并且按个人拥有的住房平均面积每年计税，税率为市场评估值的1%；第4套以上的，一律按税率3%每年征收。

如果一个三口之家，该方案理论上允许他们在全国有6套住房不用纳税，包括农村老家住宅，完全可以满足他们宽松的居住要求和房产投资保值需要，一举两得。抑制房产投机和挫伤不动产投资拖累经济担忧的两难，自解了。这样就不会出现"房叔、房姐"那样一个人拥有几十套住房那样的夸张现象。每人全国范围两套以内不征税，是小孩还是成人，是单身还是已婚不用考虑，让假结婚、假离婚瞬间石化、没用。

当然，男人有钱可以用老婆、孩子甚至是未成年孩子的名义购买。孩子的名义暂且不论，用老婆的名义，恐怕不是每个男人都那么放心的。据国家民政部统计，自2003年以来，中国的离婚率已经连续12年增长。2014年全国共有363.7万对夫妻离婚。仅2015年上半年，广州平均每天有64对夫妻离婚。不管是真离婚还是假离婚，这说明了什么？人和房子一夜之间不见了也不鲜见，他自然也不会把房产什么的都放在老婆名下；女方更是如此了。其实按照现行《民法典》，婚后财产当然是属于夫妻共有的，含金融类资产和不动产；但对于婚前房产，是属于自己的；结婚后，在房产证上要不要加个对方的名字问题，处理不好还是离婚。当今社会上，也不乏一些骗婚者，一般为女性。男人要是长个心眼儿，可能会以父母的名义购买，不过父母是年长者，应该已经有房，同样适用于房产税。

地权的转移与保障
——田园诗后的生活

可见,这个制度设计有自动调节抑制功能,一个三口之家在全国购房最多可能达不到6套,而是5套以内。

为防止海外炒房团兴风作浪,这个"个人"的第三套,包括了外国人。即每个外国人在中国可持有两套不用纳税的房产,第三套以上的照征不误。

1%~3%的税率高不高呢?从发达国家发展经验看,处于中等水平。如,法国和西班牙都是3%;新加坡自住房的房产税税率为4%,其他房的税率高达10%!

美国的房产税税率也在1%~3%。其中,为体现尊重印第安人的原住民身份,印第安人聚集区印第安纳州再打九六折。位于美国五大湖地区的底特律的房产税高居全美前列,购房者每年要被征收2%的房产税,并且计税依据不是售价而是市场评估价。这个昔日繁华的美国汽车之城有180万人,现在不到70万人,除了汽车产业转移造成产业空心化之外,高额的房产税杀伤力也可见一斑。

其实,这个方案已经综合考虑了几种情况:

1.一些市民在农村老家尚有祖宅,在常住城市工作买一套房后,共两套房,仍然是不用纳税的,可以回家度假。

2.一些年轻市民开始买了90平方米以下的小户型住房,打拼后有一定经济基础或者有了孩子,有换套大户型住宅的改善性需求;原先的这套小房子可以拿来出租,两套房仍然不用纳税。如果老家还有一套房子,就得纳税,吃不住就卖掉,留给真正需要的人居住。

3.一些白领或老板,在常住城市有一套大宅,再在郊区买一套

图7-5：国内某地征地拆迁后建的农民安置区，除了洋房，还有双拼别墅的。图源：当地政府部门

别墅，可以享受新鲜空气、优美生态环境和悠闲生活，不用纳税；但如果再在全国任何城市买第三套住房，就要纳税。买写字楼、商铺等商业地产，则不适用住房房产税的限制，照样可以投资。

4.关于分到的回迁安置房处理。根据《广州市农民集体所有土地征收补偿试行办法》（穗府办规〔2016〕2号）第四十二条规定："被征收房屋权利人可以选择复建安置、产权调换、货币补偿的补偿安置方式。……选择复建安置或者产权调换的，被征收房屋权利人应当与征收部门结清货币补偿金额与复建安置或者产权调换的房屋价值的差价。"广州市的回迁安置在全国有代表意义，全国的普遍做法是让农民自己选择分钱、分房或者两者结合补差价。

有的农村家庭人少地多或原先房子大，如果一家3口人分到7套房，怎么办？按本书方案设计，也要缴纳房产税，因为平均每人超过两套房了。一个人不通过劳动，一夜暴富占有这么多资源，这和

358 | 地权的转移与保障
　　——田园诗后的生活

突然继承一笔巨额财产差不多，要通过税收手段进行财富二次分配的社会调节，把多余的房产资源挤压出来让刚需族居住。不能纵容或默许暴发户们聚众赌博、吸毒，也不能讲不用读书了吧？社会价值观不能导向负面。你总不能说："我儿子就算考最后一名也没关系，因为家里的钱够我们家花一辈子的了。我现在开Uber（优步）也是为了体验新事物，打发时间！"[1]

5.未来可能实现的官员财产公示制度，也能配合该方案震出房叔型官员手中的多余房产资源，投放到社会。这些官员虽然不是考虑的经济投资收益与成本问题，但一定会爱惜自己的"羽毛"和政治前程，放掉多余的"烫手山芋"。这对改善官民关系，促进社会财富二次分配，提升公平正义，都是有积极意义的。

"从发达国家的财产申报力度看，对这项源于18世纪瑞典的制度实施，我们步子迈得并不算大。英美俄国家领导人、我国港澳台地区的行政首脑，都把向社会公示家庭财产作为一项常规制度了，事实证明只要执行规范，就和保护个人隐私并不矛盾。在传媒高度发达的今天，可以说，发达国家或地区领导人每公示一次财产，群众对我国党员干部的期待就强化一次，不能始终没有公示时间表。从目前县处级以上财产申报的范围看，只是组织人事部门、纪检监察机关和检察机关等少数部门有权查阅，属于内部监督，并没有向社会发布。近几年，也有些领导干部主动表示，只要组织要求他会公开自己的财产，其积极态度得到社会赞许。

---

[1] 黄征宇：《在上海有七套房的家庭，孩子还要努力读书吗？》，微信公众号：政商阅读，2016年7月7日。

"所以，建议将连同存款在内的个人财产申报，列入中长期规划，勇敢地走出这一步，逐步实现财产公示，顺应群众的高期待。"[1]

讲一个案例解释下"挤压效应"。在全国范围内，第三套住房征房产税后，如果有人花100万元买了第三套以上房，每年要缴房产税1万～3万元。房子若用于出租，每月收房租2500元，一年收租金3万元，扣除管理成本和其他折旧，也就2万多元。这样对他就是得不偿失，只能逼出手中的多余住房，给有需要的人居住。

即使房产不出租，业主准备持有待涨，也是不可行的。因为该方案的征税基础是房产的动态评估价，而不是按早期的交易价计税。何况，中国房地产发展黄金时代已经过去，不太可能再出现单边上涨市了。业主自己可以去投资股票、基金，为实体经济服务，或者直接做产业甚至慈善。让每个家庭、企业的余钱，直接或间接流入产业发展、科技创新和社会事业进步，而不是固定到房地产这个巨大建筑群里，造成流动性匮乏。这对经济的健康、可持续发展，建设创新型国家多多少少是有好处的。

五是征税依据应该以基本估值为基础。

应该像评估土地价值一样，把房产的实时价值用独立的评估机构来界定，不能按若干年前的交易价格。"组织具有专业评估资格

---

[1] 梧桐雨：《这样顶层设计才是更靠谱的"领导干部个人有关事项报告制度"——完善领导干部个人有关事项报告的四点思考》，载于"我们都是纪检人"微信号（后改名：我们都是担当人），2016年5月21日。

的人员组成工作组，与税务部门和具有代表性的房地产开发部门联合，制定房价评估方法细则。在对房产税基本税法完全参照的前提下，细化纳税人的分类，精准界定不同的购房、用房类型以及相应的政策。房价的评价系统要充分考虑到房屋的开发成本和物价的变化，应建立一个随市场变化而调整的动态系统，方便征管部门及时调整评估方法和参数。位置、配套设施等是评估房产价格的重要参照。"[1]

各城市在辖区内仿照基准地价程序制定各区域、地段的"基准房价"，每三到五年动态更新一次；以此图为准绳，防止评估机构和不法市民勾肩搭背逃税。

说了这么多，如果有人就是不缴交税怎么办？也不难，可以借鉴美国的经验。为此，财政部财政科学研究所所长贾康建议："中国推行房产税时，对于不愿意缴房产税，或者找不到房屋主人缴税的这种情况，可以在媒体上进行公示，若公示后三年内都未前来缴税，国家可以直接把这间房屋充公。"[2]也就是由政府强制收回，进行拍卖。

---

[1] 申悦佳：《房产税改革试行效果分析及完善》，载《财经纵览》，2016年第8期。

[2] 贾康：《房产税2017年实施 三年未缴房可充公》，载《凤凰财经》，2014年8月10日。

第三节　继承权与遗产税

关于继承权

一个好的土地制度，不能光看一时的设计，除了陌生人之间的顺畅流转，还要有其继承制度是否科学。我们在第二、第三章中外土地制度演化史时，已经提到中欧土地继承的不同，相同点就是女儿基本没有继承权。欧洲的长子继承制，可以防止土地越分越小，造成土地碎片化，从而不利于土地资源的整合利用和规模经营。而中国、俄罗斯的男子继承制，的确造成了土地的分散。

在我国北魏时期，即隋朝再次统一全国前的大分裂时代，对土地继承权的规定几乎空白。太和九年，北魏政府为了稳定统治中原地区，决定将土地分配给农民。朝廷规定：男子满15岁，可分得40亩露田；女子分20亩。每户若有一头耕牛，可额外再得30亩，上限是4头牛。农民去世或者耕牛死去，相应的土地会被朝廷收回。农民耕种了几十年，早已视土地为命根了，产生了深厚的感情，怎么会无偿让你收回？他的子女怎么办？再等长大到15岁？所以，大家对父母离世都隐瞒不报或延迟报告，想方设法把土地隐藏起来。

因为没有明确的土地继承权，自然资源归属无法实现正常有序流转，造成北魏政府的土地管理制度执行大打折扣，也增加了行政管理成本。

卡尔·马克思于1869年8月初，在瑞士巴塞尔举行的《国际工人协会第四次年度代表大会的报告》中专门讲到了继承权的问题：

> 我们在考察继承法时，必然要假定生产资料的私有制继续存在。如果私有财产在人们生前已经不存在，那么它就不会被人转让，同时也不会在人死后从死者那里传给别人。因此，有关继承权的一切措施，只能适用于社会的过渡状态，那时，一方面，社会目前的经济基础尚未得到改造，另一方面，工人群众已经积蓄了足够的力量来强迫采取旨在最终实现社会的彻底改造的过渡性措施。
>
> 从这方面来考虑继承法的修改，只是所有导致同一目的的其他许多过渡性措施中的一种。
>
> 在继承方面这样的过渡性措施只可能是：
>
> （1）更广泛地征收在许多国家中业已存在的遗产税，把这样得来的资金用于社会解放的目的；
>
> （2）限制遗嘱继承权，这种继承权不同于没有遗嘱的继承权或家属继承权，它甚至是私有制原则本身的恣意的和迷信的夸张。

这就是马克思的"限制继承权"理论。

目前，我国《财政部、国家税务总局关于个人无偿受赠房屋有

关个人所得税问题的通知》(财税〔2009〕78号)第一项规定:

> 为了加强个人所得税征管,堵塞税收漏洞,根据《中华人民共和国个人所得税法》有关规定,现就个人无偿受赠房屋有关个人所得税问题通知如下:
> 一、以下情形的房屋产权无偿赠与,对当事双方不征收个人所得税:
> (一)房屋产权所有人将房屋产权无偿赠与配偶、父母、子女、祖父母、外祖父母、孙子女、外孙子女、兄弟姐妹;
> (二)房屋产权所有人将房屋产权无偿赠与对其承担直接抚养或者赡养义务的抚养人或者赡养人;
> (三)房屋产权所有人死亡,依法取得房屋产权的法定继承人、遗嘱继承人或者受遗赠人。

可见,常见的长辈赠与兄弟姐妹和晚辈等,不仅遗产税,连个人所得税都不征收。第五项又规定:

> 受赠人转让受赠房屋的,以其转让受赠房屋的收入减除原捐赠人取得该房屋的实际购置成本以及赠与和转让过程中受赠人支付的相关税费后的余额,为受赠人的应纳税所得额,依法计征个人所得税。受赠人转让受赠房屋价格明显偏低且无正当理由的,税务机关可以依据该房屋的市场

评估价格或其他合理方式确定的价格核定其转让收入。

根据上述规定,继承人转让该房屋时,依法按20%的税率缴纳"财产转让所得"个人所得税。这就是说,继承人、受让人将房屋变现时才缴税。现实交易操作中,这部分税直接这算进房价里了,一般继承人、受让人是不管的,缴税由接盘者出。20%的税率确实也有点高,按照减税降费的指导思想,建议降至15%以下。

关于遗产税

1998年房改后,我国的商品房价格经历了连续十多年的单边上涨,房产价值在居民总资产中的比重大大提高。20年过去了,第一批按揭购房为10年、20年的,也基本上还清了贷款,脱离了"房奴"生活,成了真正业主。不过,这一代人也渐渐老去,这些房产的价值由谁来继承?按中国的传统,当然首推自己的子女,子承父业嘛。

由于我国还没有明确的遗产税,一些征收高额遗产税的西欧国家学者调侃说:"死也要死在中国划算啊!"近代遗产税始于荷兰、英国、法国、意大利、日本、德国、美国等发达经济体都是征收遗产税的,似乎是经济发展到一定阶段的"标配"。

4000多年前的古埃及,为了筹措军费,埃及法老胡夫开征了世界上第一笔"遗产税"。真是和东汉末年曹操一样,设立专门官职去挖掘古墓,筹措军费。两者本质上都是向死人要钱。

遗产税要不要征收呢?我国的传统文化是子承父业,天经地义，如果开征西欧那样高比例的遗产税肯定是困难重重，行不通的。我国的产业经营和家世延续向来是"富不过三代"居多，似乎只要过了七八十年，房产、土地就会被坑爹的败家子儿重新释放到社会中，征遗产税似乎是多此一举？

国务院参事、中央财经大学税务学院副院长刘桓也认为："中国房产只有70年使用权而无所有权，传代困难造成了征收遗产税难。此外，征收遗产税不符合当前中国的养老模式。在中国，赡养父母的责任是子女的，如果推出遗产税，必然会遭受很多反对。"[1]

遗产和赠与本质上是相似的。不可否认，征收遗产税对于抑制社会财富向少数人手中集中，防止造成贫富差距扩大化，减少不劳而获行为，是有一定作用的。为防止财富过度集中，还是应该征收，只是征收比例不要那么高。比如，日本的税率是70万人民币以下征收10%，210万人民币以下征收50%，2100万人民币以上，征收高达70%，太离谱了。虽然有些人的财富是不义之财，但大多数还是自己辛辛苦苦积累的吧，一半都被政府拿走确实不公平。美国和法国都搞了个免税额、起征点，像我国的个人所得税5000元以上的才征收，超过定额的再进行累进征收。不过，法国的遗产税税率是5%～45%，比例最高时也接近了50%，不合理。

综合对比我国文化和外国经验，我国的遗产税尤其是土地房产

---

[1] 《深圳地税辟谣："2016年试点开征遗产税"消息不实》，魅力深圳网，http://city.shenchuang.com/szyw/20151112/269269.shtml，2015-11-12. 注：土地才是使用权。

要征，但要以轻度、有效为基本原则。应当设定一定的免税额，比如100万元；定额以上征收比例不宜超过10%。比例征收的计税依据，仍然是按交易时的市场评估价计算。有人说，我国包括官员在内的财产还没有申报，不具备征收的技术条件。他们错了。从实际操作层面上说，你不缴税，自己实际占有、用着，税务局没有发现，不是问题。你总要过户的吧？就从交易环节征收就行了，类似于契税，纳税程序前置，不纳税不给办理不动产证；迟办理的，缴纳滞纳金。

征收遗产税还有一个附带的积极作用，那就是能促进我国慈善事业的健康发展。

近年来，两笔巨额捐款引起人们的热议，一个是社交软件公司facebook（脸谱）创始人扎克伯格，一个是腾讯公司创始人马化腾。

小扎和华裔妻子普莉希拉·陈写了一封给刚出生的女儿的信，宣布未来将把所持公司股份的99%捐出。按当时的市值估值约450亿美元，这可是一笔巨款。而美国微软公司创始人比尔·盖茨、"股神"沃伦·巴菲特等早已做出类似安排，为人们所熟知。美国这些超级富豪的捐款行为，除了与自己的人生境界和价值观高度相关外，美国社会的慈善文化和制度安排也是重要因素。

这个因素主要是税收。美国规定，企业和民众向社会捐款捐物可减免相关税务，捐款数额会在每年缴纳所得税额时被相应扣除。美国对富人施以高额的遗产税和赠与税，自1797年首度开征遗产税，1916年成为固定税种。免税额变来变去，从2001年的67.5万美元增加到2009年的350万美元。遗产税税率也高低起伏，从2001年的55%降低到2009年的45%。2011年的免征额下降为100万美元，税率又上升为55%。2013年遗产税起征点为525万美元，超出部分按40%征收。如果不是美国公民，则遗产税起征点只有6万美元！当然，这里有通货膨胀的因素，总体上说现在继承者们负担是轻了一些。

美国计税方法还是累进计算，资产越多税率越高，富二代、星二代们要想继承遗产必须付出相当的代价，超额部分四成都贡献给政府了。有人说，那如果直接把房产继承给孙子呢？像朱元璋直接把江山社稷托付给孙子。这是隔代继承，按照美国国税局的理论，你少缴了一代人的税，所以还要另加50%的税！国税局真是与五角大楼一样强大啊。

我们来看一个案例来更好地理解当前美国的遗产税政策。

中国公民王君（化名）的父亲是一位民营企业家，自2009年始以自己的名义在美国各地购置了20套美国别墅！其中包括加利福尼

图7-6：别墅群与"鸽子笼"洋房一起开发建造，是比较常见的现代化小区。好处是可以避免"富人区、贫民区、公租房区"等身份标识。摄影：作者

地权的转移与保障
——田园诗后的生活

亚州10套、夏威夷州6套外加一个豪华游艇、纽约州两套、马萨诸塞州两套。

不幸的是,近期父亲因病去世了,王君就想去美国继承这些房产。到那儿一看,惊讶不已,他父亲在纽约州和马萨诸塞州的房子里面已经被人"鸠占鹊巢"了!仔细一问,人家还是合法的。原来,王君的父亲持有上述房屋多年却没有过来居住,也没有安排当地中介负责照看经营,结果拖欠了多年房产税,欠缴房产税就被政府拍卖了。[1]

美国对资产跨国转移也进行限制。因为伴随着经济全球化的深入发展,一些跨国公司的老板喜欢标榜自己是"世界公民",而不属于某个特定的国度,本质就是不想在美国纳高额税收,所以逃起税来是毫不含糊的。什么瑞士、开曼群岛、百慕大群岛等避税天堂,都是他们的最爱。

据我国原外交部部长李肇星回忆(2016年,河北),他本人曾经和比尔·盖茨讨论过类似问题。盖茨感慨地说:"我一直想和中国的富豪们共同推动你们的慈善事业发展,但就是找不到(愿意合作的)。后来我想通了,原来你们中国还没有遗产税啊!"

2016年4月,腾讯公司CEO马化腾捐赠一亿股股票约合140亿元,注入正在筹建中的个人公益慈善基金,支持中国的医疗、教育、环保等公益慈善项目。这使他超过阿里巴巴创始人马云,成为中国大陆的首善。这笔钱接近马化腾个人财富的八分之一了。至于

---

[1] 《中国富豪美国买房血泪史:给孩子的20套房最后竟然……》,载于微信公众号:新财富杂志,腾讯理财频道有转载。

有关避税的猜测，马化腾专门强调：这次捐赠是不可撤销、不可取回的，与个人税务安排无关。至少从遗产税来说，我国确实还没有。

所得税呢？根据我国《企业所得税法》《个人所得税法》的相关规定，企业和个人发生的公益性捐赠支出，我国现行的免税扣除比例分别为企业利润的12%，以及个人应纳税所得额的30%。如果以企业的形式分年捐，则好处就是可以分年进行税前抵扣，分5年、10年捐，压力不大，缴税也较少，可以鼓励企业家捐款。

2016年9月1日，我国《慈善法》生效后，明确规定了企业超出扣除限额的部分可结转以后三年扣除。这种事后管理法，一定程度上缓解了企业发生一次性大额捐赠或在亏损年度进行捐赠而得不到扣除的问题，给予企业更多参与慈善的自主权，可以灵活处理。

土地和房产的赠与，所得税可以参照股票处理进行改革，但赠与税收还是要参照遗产税处理，不过土地的变现要稍慢一些。

第四节　阳光财政与债务控制

我们在第一节里关于地方政府债务风险，已经做过一些数据分析。中央政府经过几年的努力，政府整体债务风险尚在可控范围内，但对潜在的风险，依然不能放松警惕。

房产税可以完全替代土地出让金吗

有人掐指一算：

"国家统计局公布的数据显示，2014年全国城镇居民7.49亿人，人均住房33平方米，商品房均价6300元/平方米，按此估算，城镇住房共247.2亿平方米，全国住房总价值156.3万亿元，按1%税率征收房产税，房产税收入共计1.6万亿元。考虑一定比率免征，实征房产税收入还要再打折扣，不足以完全替代土地收入。按照目前土地收入下降趋势推算，到2017年土地收入将减少到1.5万亿元左右，相当于可征收房产税总额，而很多地方财政的土地出让收入会更早一些下降到不及可征房产税收入的程度。"[1]

---

[1] 袁钢：《开征房产税迎契机　预计可收1.6万亿》，网易财经，http://money.163.com/15/1214/22/BAR2HSPR002534NU.html

对于买房子这档子事儿，人民群众的压力山大和痛苦袁先生真是没考虑到？

其一，很多人买一套房都很困难，比如进城农民工。他这个1.6万亿的房产税是把所有人的房子包括唯一住房、存量住房全部都算上征收了！比上海、重庆的方案还狠。个人唯一住房，你征税干吗？

其二，对房产税的征收动机没搞清楚。我们说征收房产税，并不是说政府新增建设用地逐渐卖完了，得找找新的替代税率了，这样的出发点和旧社会苛捐杂税有什么区别？我们的出发点是通过科学设定税制，有效抑制房地产领域过度投机，让更多的有限资源更公平地释放到社会，促进社会公平正义，而给政府带来一定的稳定收益则是次要的。

在我们这样拥有14亿人口的大国，只要是过于稀缺的公共资源都应该设法管制，防止别有用心的人投机倒把、内幕交易搞腐败，侵害群众利益。比如，春运时的火车票、大都市的车牌号、紫禁城的参观门票等都是这类资源，不能用完全市场化的手段去管理，还要考虑社会效益。

其三，没有考虑到实际操作的难度。存量房都征了，你怎么征收？老百姓怎么想？这是没有基层工作经验的表现，相关内容，读者可参考第二节关于房产税征收的制度设计。

即使按照本书设计的房产税征收方案，所能收上来的税收总额也是有限的，很难与这几年的巨额土地出让金匹敌，但它却能促进社会公平，让更多的资本流进实体产业和科技创新。整个社会经济繁荣、健康，后劲十足，科技创新能力强，其他方面的税收收入自然增加，整体财政收入就有保障。这个原理类似于汉朝初年的与民休养生息政策和商业上的薄利多销策略，是相对明智的，对民众的负担也小一些。

2017年

- 3月15日，南京六合区、溧水区、高淳，非本市户籍限购第二套，本地户籍不限购。主城区本地户籍全面限购第三套。
- 3月20日，句容住房公积金贷款首付款比例由20%调整为30%。限购一套。
- 3月21日，嘉兴本地人购买首套住房首付比例不低于30%，非本市户籍最低首付比例将不低于50%。
- 3月24日，镇江取消外地人购房补贴。
- 3月28日，杭州本市户籍成年单身（含离异）在限购区域内只能限购一套。
- 3月29日，南通二套住房申请住房公积金贷款最低首付款比例调整至40%。
- 4月8日，常州新购买商品住房，取得产权证后满2年方可上市交易。
- 4月10日，上海公布土地出让新规，商办用地禁止建类住宅。
- 4月11日，扬州第二套住房、非市区范围第一套住房未满2年的，不得上市交易。
- 4月17日起，平湖、海宁、嘉兴港区、桐乡、海盐陆续开启限购。
- 4月23日，宁波限购区域内居民家庭限购第3套房，非本市户籍居民家庭限购第2套房。
- 4月28日，无锡商品住房价格备案后1年内不得调高。
- 5月2日，镇江本市户籍人口在市区购买首套住房，给予应纳税房价1%的政府性补贴政策停止执行。
- 5月4日，上海明确要求新开盘摇号方式公开销售。严格落实购房实名制。不得以任何名义收取价外价。
- 5月8日，芜湖购买新建商品住房，取得产权证2年后方可转让。
- 5月13日，南京新买住房须取得不动产权证书满3年后方可办理转让合同备案和登记手续。

图7-7：地方政府调控楼市十分频繁，但实际效果总是有限。图为长三角地区城市在2017年出台的调控政策。引自《焦点里的长三角楼市》，载于2020年9月7日《21世纪经济报道》。

加强财政监管十分重要

房产税和遗产税只是财政收入的"开源","节流"也是不可或缺的。对加强财政资金收支来说,犹如车之两轮、鸟之两翼。我们看问题,要总览全局,不能就事论事、偏执狭隘。

目前,靠土地收储再拍卖的"土地银行"融资模式,不太透明。地市以下政府经过省政府批准是可以发债的,但仍有需要完善的地方。

2021年6月,由财政部、自然资源部等四部门联合公布通知:将国有土地使用权出让收入、矿产资源专项收入等四项政府非税收入,由自然资源部门划转税务部门征收。这个决定对抑制地方政府土地财政冲动、调整央地财税收入分配是有益的探索。根据统计部门的数据,2018—2020年全国土地财政收入每年增长率都在15%以上,2020年达到了8.4万亿元之巨;而税收收入基本稳定,减税政策得以落实。

第一,加强对全口径预算内外财政资金的监督。

包括土地出让金及相关税费、国有资本资产等的全面监督。按照2015年新《预算法》规定,政府的全部收入和支出都应当纳入预算。政府性基金预算、国有资本经营预算、社会保险基金预算应当与一般公共预算相衔接。这个政府性基金包括了土地出让金,而且是主要基金。预算法可是有"经济宪法"之称,非常重要。对人大的监督作用,新《预算法》是这样规定的:

第二十一条 县级以上地方各级人民代表大会审查本级总预算草案及本级总预算执行情况的报告；批准本级预算和本级预算执行情况的报告；改变或者撤销本级人民代表大会常务委员会关于预算、决算的不适当的决议；撤销本级政府关于预算、决算的不适当的决定和命令。

县级以上地方各级人民代表大会常务委员会监督本级总预算的执行；审查和批准本级预算的调整方案；审查和批准本级决算；撤销本级政府和下一级人民代表大会及其常务委员会关于预算、决算的不适当的决定、命令和决议。

乡、民族乡、镇的人民代表大会审查和批准本级预算和本级预算执行情况的报告；监督本级预算的执行；审查和批准本级预算的调整方案；审查和批准本级决算；撤销本级政府关于预算、决算的不适当的决定和命令。

人大作为人民的代表，有体制内监督的优势，应当发挥更大的作用，对财政有更强的话语权才行。可是现实操作中，地方政府还是每年春节前把当地上一年财政预算执行情况和下一年度财政预算草案交给人大，人大在代表大会上和《政府工作报告》一起通过就完事了。而且财政预决算是一门专业性较强的工作，目前少数人大代表整体素质是达不到纠错的水平。这样一年搞这么一次，很难起到动态监督的效果。

所以，如果人大能够实现重大项目的动态监督，批准预算决算报告、草案，那么，全国的形象工程和政绩工程就不会那么多。掌握了一定的钱袋权,替人民理好财、为政府算好账,人大代表们也能真正找回"人民代表"的职业殊荣。

第二,继续严控包括三公经费在内的行政成本。

进入21世纪,有的地方经济社会发展很快,但是行政成本的增速有点匪夷所思。财政收入7个亿时,对外宣称是"吃饭财政",首先要保运作,公职人员的收入不降低;到了财政收入70个亿时,还说是"吃饭财政",因为不少钱都拿去还上届政府欠下的一屁股烂债去了,公职人员的收入也水涨船高不断增加了。对此,老百姓是深恶痛绝,他们的获得感、幸福感在哪里?

中共十八大以后,出台中央八项规定精神,《厉行节约、反对浪费条例》等规范,对收紧财政资金浪费发挥了很大作用,人民群众是拍手欢迎的。其中,对问题突出的公务接待、公务用车、因公出国(境)等三公问题进行了集中整治,各地三公经费均呈下降趋势,节约了大笔财政资金。

比如,公车问题。车改之前,老百姓说公车基本上是三个"三分之一",即:三分之一时间司机在私用,三分之一时间领导在私用,只有三分之一时间是真正公务活动用车。更可怕的是,极少数不良司机三天两头去"修车"或更换零件,耗费惊人。2013年,全国党政机关一年公车费用耗费达4000多亿元[1],如果以300亿元建造一艘大型航空母舰计算(按美国尼米兹级航母标准),能打造11

---

[1] 严格、徐乐静、邵思翊:《公车消费超四千亿 专家建议挂特殊牌照区别私车》,中新网,http://www.chinanews.com/sh/2013/03-28/4685493.shtml

艘！一年就够打造美国全部数量的航母了！车改后呢？以江西南昌市为例，"从支出成本看，改革前，南昌市每年公务交通支出约5.14亿元；改革后，测算运行费用、公务出行补贴约4.75亿元，南昌市每年可节约3900万元左右"[1]。

我国的行政成本，相比于发达国家，仍然有进一步压缩的空间。我们到一些单位去开展巡视巡察，少数单位第一次报上来的"三公"经费统计数据不仅数量不大，而且基本没增长，与官方网站上挂的数据基本一致。实际上，专业人士深入分析便知，他们有的就是小口径统计数据，就是花财政资金的才算进去，而不是全口径统计数，用自有资金的没算。事业单位性质的因为资金来源多样，容易出现这种问题。在老百姓眼里，只要体制内拿了财政钱的行政花费都算，发生了费用就得算进去。

再如，少数官员喜欢搞沽名钓誉的政绩工程和劳民伤财的形象工程，如果能控制好，节约出的财政资金也是相当惊人的。比如，建一个歌剧院可能要花费三四个亿，喜欢去的是少数人；这些

图7-8：中部省份江西的车改。图源：中国江西网

---

[1] 《南昌停用公车4048辆 每年可节支3900万元（组图）》，中国江西网，http://jiangxi.jxnews.com.cn/system/2016/02/18/014690184.shtml

钱如果用在民生或教育上，发挥的社会效益会更好。

第三，继续推动财政收支明细情况的政务公开。

2016年11月，上海财经大学公共政策研究中心发布了《2016中国财政透明度报告》，重点考察了各省份的信息公开程度，并进行排名。[1]评判指标分为九项，分别是：一般公共预算、政府性基金、财政专户、国有资本经营预算、资产负债、部门预算、社会保险基金预算、国有企业和态度。结果，只有宁夏和湖南及格了，而且也只是65分，说明我国财政透明之路任重道远。

阳光是最好的防腐剂。实行阳光财政、预算公开入法，有利于从源头上预防腐败。

> （财政部长）楼继伟认为，将预算公开实践成果总结入法，形成刚性的法律约束，是预算法修改的重要进步，有利于确保人民群众知情权、参与权和监督权，提升财政管理水平，从源头上预防和治理腐败。
>
> 而对于预算不够细化问题，新《预算法》第32条、37条、46条等多处做出明确规定，如强调今后各级预算支出要按其功能和经济性质分类编制。楼继伟说，按功能分类能明确反映政府职能活动，知道政府支出是用到教育上还是水利上；按经济分类则明确反映政府支出按经济属性究竟是怎么花出去的，知道有多少用于支付工资、多少用于

---

[1]　《2016中国财政透明度排行榜　仅两省份"及格"》，载《新京报》，2016年11月26日。

办公用房建设等。两种方式不能偏废，分别编制支出功能分类和经济分类预算有利于更全面理解预算是怎样实现的。[1]

对于财政公开，并且敢在网上晒的，广州市政府是首个吃螃蟹的。仅凭这一重要指标，就为广州在法治政府建设指标上大大加分。

广州2014年前后多次在全国法治政府建设排名上，夺得榜首，值得称赞。

2012年11月22日，按照广州市财政局统一的时间要求，广州市各政府部门在官方网站挂出了2011年的部门决算，单独列出"三公"费用。此次广州市财政局给出了格式，部门决算和"三公"情况的公开已详细很多。但大部分区县对于"三公"公开持回避态度。晒账有模板并首次推及三级政府是在2013年。

2013年市财政局首次给出部门预算的范本，并首次单列"三公"预算。要求市政府66个部门和直属机构必须公开，其余部门可自行选择公开。结果要求的这些部门、机构全部公开，未纳入主动公开范围的民主党派、市工商联、各人民团体等13个单位，也主动公开了2013年本单位部门预算和"三公"经费预算。当年9月，越秀区公开了2011年的"三公"账单。至此，广州市所有区县及职能部门完成了"三公"账单的公开。广州成为全国首个实现三级政府

---

[1]《财政部长：新预算法折射下一步改革方向》，中国青年网，http://news.youth.cn/jsxw/201409/t20140910_5729018.htm

全面"晒三公"的城市。[1]广州自由、开放和包容的城市底色,决策者的魄力和相对发达的媒体及监督,是广州能够引领全国财政信息公开的主要因素。

政府信息公开,一般是以公开为原则,不公开为例外。目前的"三公"经费是强制要求公开的,但有些地区、部门还是遮遮掩掩,内容不够细化,生怕被群众尤其是专业的传媒抓住点什么小漏洞,弄出个黑天鹅事件,危及自己的职位安全。

所以,要全面推进预算乃至财政信息公开,打造阳光政府、阳光财政,让纳税人的钱花得清清楚楚、明明白白。这样,才能更好地规范政府支出行为,在中国,这个"政府"是指广义上的政府,包括了党委、政府、人大、政协和人民团体等行使公权力的部门。上级财政部门、政府部门和人大机构都有义务对下级地区、部门的预算决算和包括"三公"经费在内的财政开支公开的时间节点、完整内容及规范格式进行监督检查。专项检查与日常监管相结合。一级抓一级,层层抓落实,接受社会的监督。

---

[1] 《广州财政公开是这样炼成的》,载《新快报》,2015年3月17日。